"十二五"职业教育国家规划立项教材

幼儿园保育

You'eryuan Baoyu

（第二版）

陈 华 张海丽 主 编

高等教育出版社·北京

内容简介

本书曾荣获"首届全国优秀教材建设一等奖",是"十二五"职业教育国家规划立项教材,依据教育部《中等职业学校学前教育专业教学标准》,并参照《幼儿园教师专业标准(试行)》《3—6岁儿童学习与发展指南》等标准,结合三年制中职学生专业技能实际需求和教学要求,在2016年第一版的基础上修订而成。

全书共分三个模块十五个项目,重点教授幼儿园保育工作的基础知识、一日生活常规中保育工作的基本内容与要求、教学活动中的保教配合和幼儿园的安全工作等相关内容。本书特别注重实际操作能力的培养、训练,紧密结合国家人力资源和社会保障部颁布的《保育员国家职业技能标准》的内容进行编写,力求做到教学内容与岗位需求有效衔接;同时,把相关操作环节用图文详解的方式呈现,直观、具体,易于学生的理解和操作。任务设置"学习目标""情境导入""基本知识""知识链接""指导策略""案例展示厅"和"巩固练习"板块,便于学生自主学习。

本书可供中等职业学校幼儿保育专业及学前教育专业学生使用,也可供幼儿园保育员在职培训阅读与参考。

图书在版编目(CIP)数据

幼儿园保育/陈华,张海丽主编.-- 2版.--北京:
高等教育出版社,2022.3
ISBN 978-7-04-056855-4

Ⅰ.①幼… Ⅱ.①陈… ②张… Ⅲ.①幼儿园-工作
-中等专业学校-教材 Ⅳ.①G617

中国版本图书馆CIP数据核字(2021)第177792号

策划编辑 于 腾　　　　责任编辑 张文若　　　　封面设计 于 博　　　　版式设计 王艳红
责任校对 刘娟娟　　　　责任印制 朱 琦

出版发行	高等教育出版社	网　址	http://www.hep.edu.cn
社　址	北京市西城区德外大街4号		http://www.hep.com.cn
邮政编码	100120	网上订购	http://www.hepmall.com.cn
印　刷	三河市骏杰印刷有限公司		http://www.hepmall.com
开　本	889mm×1194mm　1/16		http://www.hepmall.cn
印　张	15.25	版　次	2016年10月第1版
字　数	320千字		2022年 3 月第2版
购书热线	010-58581118	印　次	2022年 3 月第1次印刷
咨询电话	400-810-0598	定　价	37.80元

第二版前言

本书曾荣获"首届　全国优秀教材建设一等奖",是"十二五"职业教育国家规划立项教材,本着完善学科建设,填补保育员岗位教材空缺,指导中职幼儿保育、学前教育专业学生岗位操作,实现理实一体、课堂与岗位无缝对接的编写指导思想,在2016年第一版的基础上修订而成。

本书第一版出版四年来,随着社会发展、科学进步和政策的调整,幼儿园保育工作在工作内容、操作步骤、面对公共卫生事件方面,都提出了更高更细的要求。本着对保育工作负责、为儿童身体健康和生命安全负责的需要,我们对《幼儿园保育》教材进行修订。

本次修改重点突出了以下特点:

一是体现规范性。在国家执行学前教育三个三年行动计划过程中,出台了一系列规范性文件,包括《幼儿园工作规程》《幼儿园教育指导纲要(试行)》《幼儿园教师专业标准(试行)》《3—6岁儿童学习与发展指南》《新时代幼儿园教师职业行为十项准则》《托儿所幼儿园卫生保健工作规范》等纲要法规,对学前教育各岗位工作人员规范行为、质量标准、科学管理提供了依据。本次修订更加严格遵循各项法规制度,去粗取精,科学严谨地对保育员的职业道德和职业操守进行说明;此外,还增加了"幼儿园资产管理制度""班级财产管理制度""公共物品管理制度",规范幼儿园各方面的管理。

二是突出实效性。本次修订正值全国新冠病毒防疫期间,指导幼儿园教职工、幼儿家长和全体幼儿自我保护、防疫卫生知识迫在眉睫。公共卫生事件下,传染病的防控重在日常卫生保健的良好习惯养成,特别是公共环境卫生的安全保护。为此,我们增加了"呕吐包的使用方法",强化了幼儿园晨检的工作流程,修改"六步洗手法"为"七步洗手法",在教会幼儿洗手的正确方法的同时,培养幼儿养成良好的洗手习惯。

三是彰显时代性。随着时代的进步,垃圾分类的内容进入到我们的生活中,因此需要将垃圾分类的知识和分类操作在学前阶段落地,让幼儿从小养成垃圾分类的习惯。本次修订增加了垃圾分类相关内容,通过案例展示"垃圾分类好处多""请把'我'送回家",让幼儿从小培养环境保护意识,明确垃圾分类的划分,养成垃圾分类投放的习惯。

四是强化实践性。幼儿园保育作为一门实践性较强的学科,重视学生动手能力的培养,教材中增加、替换了部分案例、习题,根据幼儿园工作实际,在课堂中重现幼儿园中的工作场景,培养学生的分析问题、解决问题的能力。

教材使用说明：

本书分两部分内容，三个操作模块。绪论部分重点是对保育工作的意义、目标、内容和相关政策法规的介绍，增强学生对保育工作的职业认同。三个操作模块中，模块一：保育工作的基本内容与要求，介绍了保育工作内容、工作环节、工作标准和相关制度要求，这部分内容是本教材的重点和难点；模块二：配合教学活动的保育，重点是让保育员熟悉教学环节中的保育工作，做好保教配合，明确教中有保，保中有教，保教不可分割；模块三：安全工作，特别强调了幼儿园中安全工作存在于所有岗位、所有环节之中，做好安全防护的同时，学会应急处理是我们的职责所在，掌握应有救护技能，保证幼儿的健康和安全。

课时分配表（供参考）

模块	项目	任务	课时分配
绪论		幼儿园保育工作的基础知识	3
模块一　保育工作的基本内容与要求	项目一	环境卫生	4
	项目二	消毒工作	2
	项目三	晨、午、晚检	2
	项目四	组织并指导幼儿进餐	2
	项目五	指导幼儿饮水	1
	项目六	指导并照顾幼儿盥洗和如厕	2
	项目七	指导幼儿午睡	2
	项目八	特殊儿童的保育	2
	项目九	常用护理技术	2
	项目十	物品与设备管理	2
模块二　配合教学活动的保育	项目一	配合室内教学活动	3
	项目二	配合室外教学活动	3
模块三　安全工作	项目一	常规工作中的安全措施	2
	项目二	防止意外伤害	2
	项目三	意外事故的应急处理	2
合计			36

本书由陈华和张海丽主编。具体分工如下：绪论、模块三，由石家庄学前教育学校的陈静老师编写；模块一中的项目一、项目六、项目七、项目十由甘肃省职业技术教育中心的陈华老师编写；模块一中的项目二、项目三、项目八、项目九由甘肃省保育院的宁玲老师编写；模块一中的项目四内容由甘肃省保育院的高莉老师编写；模块一中的项目五和模块二由石家庄学前教育学校的张海丽老师编写；全书的统稿工作由陈华和张海丽负责。

本教材在修订过程中，得到了河北省石家庄学前教育学校、北京春天教育督导园—聪明树幼儿园的大力支持;同时对我们参考、引用、借鉴的国内相关政策、制度和相关书籍资料的同行们,一并表示衷心的感谢! 由于编者水平有限,书中难免有疏漏和不足之处,敬请同人和专家批评指正。读者反馈信箱:zz_dzyj@ pub. hep. cn。

编 者

2021 年 4 月

第一版前言

本书是"十二五"职业教育国家规划立项教材,依据教育部《中等职业学校学前教育专业教学标准》,并参照《幼儿园教师专业标准(试行)》(2011 年)以及《3—6 岁儿童学习与发展指南》(2012 年)等标准编写而成。

《幼儿园保育》是三年制中等职业学校学前教育专业的必修课程,我国在学前教育专业和幼儿园教育中,特别重视幼儿的保育工作,在国家教委颁布的《幼儿园工作规程》和《幼儿园工作条例》等一系列法规中都明确强调,幼儿教育以保为主、保教结合。长期以来,中职学前教育专业的教材中,没有一本专门指导幼儿园保育工作职责、工作范围、工作内容、操作方法和步骤、工作标准等方面的专业用书,来指导中职生进入幼儿园保育岗位的工作,这不能不说是一种遗憾。鉴于此,高等教育出版社根据教育部《中等职业学校学前教育专业教学标准》,组织编写适合三年制学前教育专业使用的专门为保育工作岗位编写的教材,就显得尤为必要,填补了学前教育专业保育员用书中的一项空白。

本书是幼儿园保育员岗位操作的指导用书,结合幼儿园中保育工作岗位的实际情况,弱化了理论知识,注重学生原有的知识程度、生活能力和思维水平,关注学生的操作能力培养与训练;紧密结合人社部的保育员职业标准和等级考试的内容,特别注意教学内容与职业标准的结合,为学生进入岗位后职业技能的达标奠定扎实的基础。因此,在编写过程中,力求将理论知识与实践操作相结合,突出理实一体、学校与岗位有效衔接。本书的编写,体现了以下几方面的指导思想。

第一,依据中华人民共和国保育员职业技能标准,更新观念,突出职业特色,为学生入职提供基本理论和方法,使学生具有岗位职业的操作能力,做到校园融合。

第二,通过"情境导入",为学生模拟幼儿园工作现场实景,引导学生进入工作环节之中;通过"案例展示厅",打通理论与实践的通道,激发学生探究的好奇心;通过"案例分析",让学生对理论知识和实践行为进行反思,培养学生自主学习的能力。

第三,保育工作以操作为主,但应该让学生明白为什么这样做,为此,我们设置了"基本知识"和"知识链接"板块,让学生在应会的同时达到应知的目的。

第四,教学做合一,打破传统的教材呈现方式,设计了"指导策略"板块,将具体工作技能按工作程序,分解讲述步步指导,让学生在做中学、做中练,让学生熟练掌握工作技能,做到岗位与学校有效衔接。

本书主要编写人员来自教育行政部门、中职学校、幼儿园工作一线,编写人员结构合理,并熟悉一线岗位实际情况;具有长期参与保育员岗位培训和等级考试工作经验,对职业标准熟知了解,教学经验丰富。陈华为甘肃省职教中心主任,中学高级教师,任甘肃省政府教育咨询委员、甘肃省政府督学,长期从事教育行政管理、幼儿园园长工作,是甘肃省人社厅保育员岗位等级考试定点单位的培训教师。张海丽是石家庄市学前教育中等专业学校分管教学的副校长,教育学硕士,中学高级教师,在中职学校从教20年,有着丰富的教学经验。宁玲医学本科毕业,后取得兰州大学营养与食品卫生专业研究生学历,主任医师,从事儿童保健工作二十余年,擅长儿童群体保健、幼儿营养配餐及膳食管理。陈静工作于石家庄市学前教育中等专业学校,中学一级教师,从事十余年中职幼儿卫生教学工作,长期深入幼儿园一线,有着丰富的幼儿卫生保健知识和保育工作经验。高莉工作于甘肃省保育院,幼儿园教师,在十多年带班教学工作中,积累了丰富的教学经验。

具体写作分工为,陈静写绪论幼儿园保育工作的基础知识、模块三安全工作;陈华承担模块一中的项目一、项目六、项目七、项目十的写作;宁玲承担模块一中的项目二、项目三、项目八、项目九的写作;高莉承担项目四的写作;张海丽承担模块一中的项目五和模块二教学活动的保育写作内容。陈华、张海丽负责全书的统稿工作。

编者由于水平有限,书中若有疏漏和不足之处,敬请同仁和专家批评指正。

在编写过程中,我们参考、引用、借鉴了国内同行的有关书籍和资料,部分幼儿园同行也给予了积极帮助,同时得到高等教育出版社中等职业教育出版事业部禹天安主任和田军编辑的大力支持,在此一并致以衷心的感谢!

本教材参考学时为36学时,各校在使用过程中可根据实际需要进行调整。

学时分配表(供参考)

模块	学时
绪论	5 学时
模块一	18 学时
模块二	7 学时
模块三	6 学时
总计	36 学时

编　者
2016 年 2 月

目　录

绪论　幼儿园保育工作的基础知识

学习目标

1. 使学生初步了解保育工作的意义、目标、内容和相关政策法规；
2. 培养学生对保育工作的热爱，增强学生对保育员的职业认同感。

基本知识

一、保育和保育员的含义

所谓保育，从字面理解有保护、保健、养育、教育多重含义。全面的保育观，不仅包括身体的保育，还包括心理的保育，既促进幼儿的身体健康，又促进幼儿心理和社会适应能力的发展。《心理学大辞典》中对保育的解释是："指父母或保育人员为0—6岁儿童提供生存与发展必需的环境与物质条件，并给与精心照顾和培养，以帮助其获得良好的身心发育，逐渐增强其独立生活能力。"

保育概念揭示，对幼儿的保育应是身心兼顾，既要考虑幼儿的年龄特点给予必要的保护、照顾，又要培养形成幼儿健全的人格；既要考虑幼儿现实的需要又要适应幼儿成长的需要，这就是正确的现代保育观。保育工作主要是由保育员来承担。

《现代汉语词典》对保育员的定义是："幼儿园和托儿所里负责照管儿童生活和教育的工作人员。"

《国家技能标准》对保育员的职业定义是："在托幼园所、社会福利及其他保育机构中，从事儿童基本生活照料、保健、自理能力培养和辅助教育工作的人员。"（绪图1）

保育员岗位职称设三个等级：初级保育员（国家职业资格五级）、中级保育员（国家职业资格四级）、高级保育员（国家职业资格三级）。中等职业学校幼儿保育、学前教育

绪图1　保育员辅助教学活动

专业的学生需要考取中级保育员证。

二、保育工作的目标

《幼儿园工作规程》第一章总则第五条规定了幼儿园保育和教育的主要目标：

一是促进幼儿身体正常发育和机能的协调发展,增强体质,促进心理健康培养良好的生活习惯、卫生习惯和参加体育活动的兴趣(绪图2);二是发展幼儿智力,培养正确运用感官和运用语言交往的基本能力,增进对环境的认识,培养有益的兴趣和求知欲望,培养初步的动手探究能力;三是萌发幼儿爱祖国、爱家乡、爱集体、爱劳动、爱科学的情感,培养诚实、自信、友爱、勇敢、勤学、好问、爱护公物、克服困难、讲礼貌、守纪律等良好的品德行为和习惯,以及活泼开朗的性格;四是培养幼儿初步感受美和表现美的情趣和能力。

以上四个目标分别从德、智、体、美四方面对幼儿园保教提出了总的工作目标,体现了目标的全面性,保证了幼儿在幼儿园得到完善的、全面的教育。

依据《幼儿园工作规程》,结合幼儿园保育工作的内涵,确定幼儿园保育工作目标如下:

绪图2 幼儿园户外活动

（一）一日生活中的保育

1. 做好一日常规工作,为幼儿营造卫生、整洁、安全、愉快的生活环境。

2. 热爱幼儿、尊重幼儿,为幼儿创设尊重、友爱、平等、和谐的人际交往环境。

3. 密切关注幼儿的身体状况和心理需要,为幼儿提供营养均衡的膳食,保证幼儿的健康和安全。

4. 培养幼儿的生活自理能力,及时纠正幼儿不健康的行为习惯并养成良好的生活卫生习惯。

5. 善于观察幼儿的情绪和行为,培养幼儿良好的情绪控制能力。

（二）教育活动中的保育

1. 根据不同教育活动的需要,配合教师做好教具和物品的准备工作。

2. 在幼儿进行教育活动时,按教师的要求帮助和鼓励幼儿,避免过度保护和替代幼儿。

3. 组织集体游戏时,要注意对游戏的材料、场地的准备与检查;游戏过程中,配合教师观察幼儿,照顾个别幼儿参加游戏活动;活动结束后协助教师清理场地。

4. 帮助幼儿树立信心,促进幼儿保持积极愉快的情绪,养成与同伴分享的合作意识。

三、保育工作的内容

幼儿园保育工作涉及幼儿生活、游戏、学习等各个方面,保育员担负着幼儿一日起居、饮食、环境卫生等多项工作。

（一）卫生和消毒工作，为幼儿创设干净、整洁、优美的环境

保育工作既包括活动室、寝室、盥洗室、设备、环境的清洁卫生消毒工作，又包括室外活动场地的清洁。努力实现室内空气新鲜，班级的物品摆放整齐有序，活动室窗明几净。在为教育教学服务时，还要体现季节性，给幼儿提供活动和表现能力的机会与条件。

可见，保育工作是幼儿园开展各项工作的重要前提，促使幼儿一日活动的正常开展。

知识链接

布口袋的妙用

晨检袋：用纯棉布面料裁剪成苹果或菠萝的形状，在表面用不同颜色的花布缝制上小口袋，钉在活动室的墙上，就是一张别致的晨检挂牌了（绪图3）。在晨检挂牌的上方，挂上药口袋（高度以幼儿够不着为宜）。保育员根据幼儿所持的晨检牌，给予不同处理。药口袋内分别放入内服片剂、外用药等，写上用药幼儿的姓名，用药的剂量、方法、次数，以便保育员定时给幼儿用药。

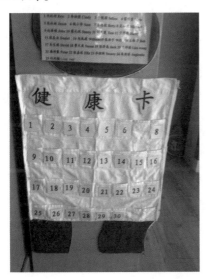 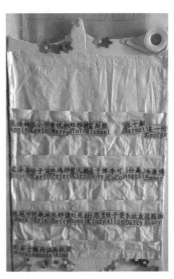

绪图3　晨检挂牌

牙刷袋：用花毛巾缝制成长方形的牙刷袋，挂在盥洗室的墙上。布制牙刷袋既干净又环保，方便幼儿取用。

梳子袋：卧室墙上挂上梳子袋，为每个女孩准备一把梳子，贴上标签写上姓名，放入各自的布口袋中。起床时，幼儿从袋中拿出自己的梳子，请保育员教师帮自己梳头。这样避免了一把梳子轮流用，预防头虱、皮肤病等问题。

拖鞋袋:卧室的门背面,挂上一只正方形大布口袋,分隔缝成可放入拖鞋的口袋。袋内插入幼儿的拖鞋,这样既不占空间,又保持了卧室的整洁漂亮。

以上各种布口袋,需固定放置,定期清洗,是保育员的好帮手。

（二）一日生活常规的管理工作,培养幼儿良好的生活习惯和生活自理能力

根据幼儿年龄特点,培养幼儿一日生活、自我保护、爱护环境、与人交往等方面的自觉行为,从而养成良好的行为习惯。保育员工作既要重视对幼儿的照顾保护,又要满足他们不断增长的独立需求。例如,保育员组织幼儿进餐时,要培养幼儿用餐的文明卫生习惯和良好的饮食习惯,饭前要求大、中班的值日生,擦桌,摆碗、盘子,安放好椅子。用餐中,做到安静就餐,不说话;爱惜粮食,不把饭菜撒到桌面;营养搭配,不挑食。饭后养成漱口、洗手、擦嘴等行为习惯,将用过的碗筷等餐具放在指定的容器内,让幼儿尝试自己动手,培养自理能力。

（三）在教师指导下,管理好幼儿生活,并配合班级教师组织教育活动

在教育活动中,保育员要了解各项教育活动的目标、计划、内容、活动过程,主动配合教师准备活动材料、布置活动场地,在活动过程中一方面配合教师的教学活动,另一方面做到眼中有幼儿,时刻关注幼儿的情绪、活动情况,及时发现并排除安全隐患。活动结束后,要配合教师组织幼儿喝水、清理活动场地,并且把幼儿的活动作品分类保存,做好活动记录。

保育员在教学活动中是教师的得力助手,承担着教育幼儿养成良好习惯的重任,保教结合,促进幼儿健康成长,保育员起着非常重要的作用。

（四）在卫生保健人员和本班教师指导下,严格执行幼儿园的安全、卫生保健制度

幼儿的生理和心理发育还不成熟,幼儿园的集体生活增加了幼儿患传染病、发生意外伤害等的概率,保育员要在卫生保健人员和本班教师的指导下,对幼儿进行常规教育和德、智、体、美全面发展的教育;负责幼儿的用具、服装、被褥的消毒和洗换;协助教师搞好幼儿的个人卫生、疾病预防和保健工作;定期对玩教具进行清洗和消毒;保持卧具、玩教具的清洁和卫生;严格执行幼儿园安全、卫生保健制度。

（五）妥善保管幼儿衣物和班级设备、用具

保育员负责班级物品、设备的管理工作。对班级物品要进行登记造册和保管,定期检查班级物品数量和质量,保证正常使用。如有设备损坏及时报修,有物品遗失及时查明原因,并上报主管部门处置。进行日常保育活动时,注意保管好幼儿衣物,防止穿错、丢失。

四、保育工作的意义

保育员在幼儿的发展中身兼照顾、保育、教养、教育等多重任务,对幼儿的身心健康、行为习惯以及个性、情感等各方面均产生深远的影响。正确理解保育工作的意义,有助于更好地完成保育工作任务。

（一）保教结合，促进幼儿身心健康发展

"保"即保育，指卫生保健等养护工作；"教"即教育，指教育教学活动。"保"和"教"是一个整体，相互渗透，相互结合。《北京市贯彻〈幼儿园教育指导纲要（试行）〉实施细则》明确提出："保育员也是教育工作者，其行为同样对幼儿具有潜移默化的影响。保育员应当结合生活中的各个环节正面而积极地影响幼儿，与教师密切配合，使幼儿生活安全、快乐，活动主动、积极，身心得以健康发展。""生活即教育"，良好生活习惯的培养对幼儿一生都将起到重要作用。如进餐时，要求幼儿饭前洗手、饭后漱口，吃饭时要细嚼慢咽、不讲话、不挑食，使他们养成良好的进餐习惯；午睡时，要求幼儿保持正确的睡姿，养成良好的午睡习惯等。在保育工作中渗透教育，使幼儿的身心健康成长。

（二）促进幼儿个性发展，提高幼儿社会适应能力

个性指个体在其遗传、环境、学习等因素交互作用下，表现出的需要、动机、兴趣、性格、能力、态度、价值观、生活习惯等个人特有的品质，是一个人全部心理活动的总和或者说是具有一定倾向性的各种心理特点或品质的独特结合。现代保育更强调幼儿"身心并重"，成为"完整统一的人"。保育员不完全是"保姆""保洁员"，保育员在塑造幼儿个性品质、良好生活习惯和健康心理等方面同样起着潜移默化的作用。

（三）满足幼儿不断增长的独立需要，有助于幼儿健康成长

不同幼儿的年龄特点和能力发展水平不同，满足幼儿的内在心理发展需求，鼓励幼儿积极主动地参与到学习活动中去，丰富各种情感体验，有助于幼儿健康成长。保育工作应体现"以人为本"的思想，合理组织幼儿膳食，注意饮食卫生安全，培养幼儿良好的饮食习惯；配合教育活动，因材施教，激发幼儿的学习兴趣，培养幼儿的想象力和创造力；以幼儿生理心理的实际需求为目标，深入幼儿生活，切身体会幼儿的喜怒哀乐，帮助幼儿养成独立、友爱、互助、谦让的优良品格。

（四）严格规范自身行为，示范教育幼儿

0—6岁是幼儿良好习惯形成的关键时期，保教人员的一言一行都对幼儿起着潜移默化的示范作用，对幼儿的健康成长产生重要影响。保育员在工作时，要严格规范自身行为：做、站、行标准规范；言语使用恰当得体；待人接物热情礼貌等，对幼儿起到良好的示范作用。

五、保育员的职业道德

国家劳动部门颁发的《保育员国家职业技能标准》（2019年修订）对保育员的职业守则进行了修改，新的职业守则包括：为人师表，遵纪守法；关爱儿童，平等尊重；勤奋好学，恪尽职守；认真观察，合规操作；文明礼貌，友善协作。这40个字看似简单，实则内涵丰富。

（一）为人师表，遵纪守法

保育员的工作对象是可塑性、模仿性都很强的幼儿。幼儿在园期间，幼儿和保育员相处时间长,因此保育员对他们的个性形成和品德发展有着重要的影响,保育员的言谈举止潜移默化地影响着婴幼儿的个性和品德形成。作为保育员要自觉遵守国家的法律法规和幼儿园的各项规章制度,言谈举止要规范,以身作则,严于律己,衣着整洁朴素,为幼儿做出良好的示范作用。

(二)关爱儿童,平等尊重

婴幼儿是十分羸弱的个体,具有较强的依赖性,需要成人为他们提供必需的生活环境与条件,幼教工作者必须热爱幼儿,对幼儿充满爱心,耐心教育,平等尊重幼儿,使幼儿感到集体的温暖。保育员要具有良好的职业素养;热爱学前教育事业,勤思敬业,乐于奉献;对工作高度负责,不断提高幼儿生活管理、护理、教育等能力的自觉性,促进幼儿身心健康发展。

(三)勤奋好学,恪尽职守

现在是一个信息化大爆炸的时代,知识更新的速度不断加快,这就要求保育员必须学习新知识,掌握新方法才能跟上时代的步伐,做时代的新人。保育员要结合工作对象的特殊性,依据幼儿心理发展特点,深入学习教育学、心理学、卫生保健等方面的知识,做到理论结合实践;要熟练掌握现代教育技术,能用直观形象的方法来展示保育的内容;要勤奋好学,尽自己的努力,细心、耐心地做好本职工作。只有这样,才能更好地适应这个时代,更好地影响、教育幼儿。

(四)认真观察,合规操作

保育员要学会了解观察幼儿,能根据幼儿的特点并结合实际情况,协助教师保质保量地完成一日工作。在日常工作中,要做好自己的本职工作,操作过程要合格规范。保育员在消毒液的配比、消毒等各项工作的时候,一定严格按照一日常规要求,规范操作,不能有半点马虎。保育员作为教师的协作者,不仅仅是简单地清洁卫生,还要认真观察,配合好教师的工作,给予幼儿一定的帮助和指导。

(五)文明礼貌,友善协作

在对幼儿实施教育的过程中要取得良好的教育效果,保育员和教师之间必须做到彼此协调相互配合,相互宽容,更有效地发挥集体教育的力量。保育员必须具有处理各种问题的能力和方法,要时刻牢记自己的角色和身份,以自身的文明素养来影响幼儿,教育幼儿学会宽容,学会发现别人的长处,学会与别人一起游戏,从而把社会化品质的培养贯穿在整个教育过程中。

近年来,频发一些幼儿园教师违反职业道德的虐童事件。《未成年人保护法》第二十六条专门针对幼儿园教育提出:"幼儿园应当做好保育、教育工作,促进幼儿在体质、智力、品德等方面和谐发展。"第六十三条关于法律责任规定:"学校、幼儿园、托儿所侵害未成年人合法权益的,由教育行政部门或者其他有关部门责令改正;情节严重的,对直接负责的主管人员和其他直接责任人员依法给予处分。学校、幼儿园、托儿所教职员工对未成年人实施体罚、变相体罚或者其他侮辱人格行为的,由其所在单位或者上级机关责令改正;情节严重的,依法给予处分。"

虐待幼儿是幼儿教育的极端行为,对幼儿的健康成长有严重的伤害性。这种伤害主要表现为身体伤害和心理伤害两大方面。身体的伤害是对幼儿进行各种形式的体罚或变相体罚所造成的器质性或生理功能性损伤的一种虐待幼儿的方式。这种伤害有明显的外显性,多为一般的轻微伤害;但是,也有长期性的特点,可能会对幼儿的心理造成深远的影响。心理的伤害是指在教育过程中,对幼儿做出的会干扰幼儿对客观世界中的人、事、物的正确认识和评价,挫伤幼儿的学习积极性,甚至会导致幼儿睡眠、行为、认知等出现异常的有意或无意的言行。这种伤害更像一把"软刀子",会扭曲幼儿的人格,使其在成长过程中思想和心理上出现阻滞和摧残。

总之,具有良好的职业道德是做好保育员工作的基础和关键。随着国家对学前教育工作的重视,通过法律法规对幼儿园的各项工作进行规范。每一位保育员都要在工作岗位上自觉加强修养,努力提高自己的职业水平,才能真正做到为人师表,不辜负国家和人民赋予我们的重任!

 巩固练习

一、选择题

1. 下列关于保育员的理解错误的是(　　　)。

　　A. 保育员在幼儿的发展中扮演着照顾者的角色

　　B. 保育员在幼儿的发展中扮演着教育者的角色

　　C. 保育员对幼儿的身心健康、行为习惯以及个性、情感等各方面均产生着深远的影响

　　D. 保育员只负责照顾幼儿的身体健康

2. 下列关于幼儿园保育工作的目标理解错误的是(　　　)。

　　A. 生活活动中的保育包括做好一日常规工作,为幼儿营造卫生、整洁、安全、愉快的生活环境。热爱幼儿、尊重幼儿,为幼儿创设尊重、友爱、平等、和谐的人际交往环境

　　B. 幼儿园保育工作的目标包括生活活动和教育活动中的保育目标

　　C. 教育活动中的保育目标包括根据不同教育活动的需要,配合教师做好准备工作

　　D. 幼儿园保育工作的目标以生活活动目标为主,教育活动目标为辅

二、简答题

1. 保育工作的重要性有哪些?

2. 保育工作的目标是什么?

3. 保育工作的内容有哪些?

4. 保育员的职业道德是什么?

模块一
保育工作的基本内容与要求

模块导读

　　保育员工作基本内容与要求是以幼儿园一日生活常规为轴线，围绕幼儿生活管理、行为习惯养成、卫生保健与保护等方面内容展开，涵盖保育员在班级中应该承担，或者说应该学会操作的基本内容。本模块共设十个项目：环境卫生，消毒工作，晨、午、晚检，组织并指导幼儿进餐，指导幼儿饮水，指导并照顾幼儿盥洗和如厕，指导幼儿午睡，特殊儿童的保育，常用护理技术，物品与设备管理。

项目一 环 境 卫 生

项目导读

　　环境卫生主要包括四个方面的任务,一是活动室卫生,二是寝室卫生,三是盥洗室卫生,四是公共区域卫生。对每项操作任务的学习,重点是注意工作的顺序、方式方法和应达到的标准,对任务中提出的"注意"内容,要引起足够的重视。

任务一　活动室卫生

学习目标

1. 做好活动室卫生清洁工作;
2. 培养幼儿的劳动态度和卫生习惯。

情境导入

　　中二班的小朋友们做完手工后,吴老师请他们将桌面整理干净。琦琦将剪刀胶水收拾起来,军军将桌上的纸屑倒入垃圾桶里,但他没有完全倒进去,撒了一地,转身就走了。

　　保育员应怎样指导幼儿处理垃圾?如何培养幼儿爱惜环境卫生的良好习惯?

基本知识

一、活动室卫生标准

1. 幼儿活动室墙面和天花板无蜘蛛网、灰尘和污物,不乱挂杂物。

2. 门窗洁净。保持门把手干净,玻璃明亮无污渍,窗槽无积水,窗台无灰尘。

3. 活动室地面干净无死角,地面无污渍、无脚印、无积水、无果皮纸屑。

4. 物品摆放整齐,橱柜外表无污渍、无灰尘;桌椅玩具清洁、整齐。

5. 空气流通、清爽,保证室内无异味,光线充足。

二、活动室卫生清洁制度

1. 建立健全室内外环境清扫制度,每天一小扫、每周一大扫、每月彻底扫。分片包干,定人、定点、定期处理垃圾,消除灰尘,每周检查,评比公示。

2. 教玩具要保持清洁,经常清洗,保育人员或助理教师每周做好消毒工作。

3. 经常保持室内空气流通,阳光充足,冬季也要定时开窗通风换气;室内要有防蝇、防蚊、防暑和取暖设备,并保持设备清洁。

4. 卫生间要保持清洁,做到无渍无味、无尿碱,定期清扫、消毒,便后冲洗。

5. 每日定时用紫外线灯对室内设施进行消毒。

三、开窗通风的重要性

幼儿的呼吸道脆弱,呼吸系统不完善,肺泡小,每次呼吸在体内交换的气体量十分有限,这就要求幼儿生活的空间空气清洁,氧气含量大。但是,幼儿园是集体环境,幼儿人数多,生活空间有限,活动室的氧气在幼儿呼吸下很快减少,而二氧化碳含量迅速增加,加之出汗等情况产生不良气味,幼儿生活场所的空气很快变得污浊不堪,只有勤开窗通风,保持室内空气新鲜,才能满足幼儿对氧气的需求,保证幼儿生活的环境空气清新,无菌、无异味。

知识链接

"空气清新剂"能净化空气吗

身处人群拥挤、空气混浊的都市,人们渴望能呼吸到清新空气。于是,"空气清新剂"应运而生。目前,市场上销售的"空气清新剂"归纳起来有气态、液态和固态三类。气态的空气清新剂有臭氧和负离子两种类型;液态的空气清新剂主要用各种不同香料溶于有机溶剂中制成;固态的主要有卫生香和熏香等两类。空气清新剂由乙醇、香精、去离子水等成分组成,罐装产品中还含有丙烷、丁烷、二甲醚等推进剂,并充以一定量的氮气等压缩气体。使用时通过散发香气来掩盖异味,但并不能与导致异味的气体如氨气、硫化氢等发生反应,也就不可能分解或清除这类有害气体。人们大都认为空气清新剂能净化空气,事实上它没有这种功能,它只能掩盖空气中的异味,并且有的空气清新剂还会造成室内空气的第二次污染。

指导策略

一、活动室卫生的工作任务

1. 清洁内容：清洁活动室内的幼儿桌椅、玩具柜、办公桌椅、钢琴台面、玻璃、窗台、窗框、门框、门把手、游戏区角、地面等。

2. 工作目标：保持活动室清洁、整齐。

3. 准备工具：水桶、脸盆、抹布、扫把、拖把、洗涤剂、84消毒液等。

4. 清洁工作：

每日清洁顺序：首先开窗通风、扫把淋湿后湿性扫地；然后用清水和消毒液各擦拭一遍窗台、窗框、玩具柜、幼儿桌椅、办公桌椅、门框、门把手，再用清水擦拭二遍；之后整理钢琴台面、幼儿游戏区角，对幼儿口杯、餐具、毛巾进行消毒和摆放；最后是拖地及摆放幼儿桌椅。

利用幼儿户外活动时间或午休时间（必须是班级无人状态下），对幼儿活动室用紫外线照射30分钟进行消毒并登记。

每周大扫除时，除上述清洁工作外，需要擦拭玻璃、窗框、灯；消毒玩具、图书，活动室内空气消毒；消毒抹布、拖把等劳动工具。

具体操作：

擦桌椅

（1）扫地。用湿的扫把，从里向外顺序清扫；扫地时，将扫把压住慢慢往前扫，避免甩、扬扫把，防止尘土飞扬。

（2）擦桌椅。擦桌子时，用湿抹布从左向右、从上向下擦拭。桌面有脏物时，用手接住并扔到垃圾桶内，不能直接擦到地面，以免造成二次污染。擦椅子时，用湿抹布，从上向下，坐面、支柱、横梁等各面都要擦到，不留死角、不留灰尘。桌椅灰尘擦完后，用消毒液擦拭一遍，再用清水擦拭二遍，避免残留消毒液。

（3）拖地。拖布洗湿后拧干水，从里向外、从左向右倒退着拖地，如有脏物时，拖布轻转带走；拖布要勤洗，保证地面清洁干净。

注意：拖布太湿则地面不易干，且容易弄脏和摔倒。

（4）擦玻璃。先取下纱窗，用水冲洗控干；湿抹布擦拭窗棂和窗框；湿抹布先擦玻璃，干抹布再次擦拭；最后擦窗台。

注意：高空作业，注意人身安全。

（5）清洁墙壁。幼儿不在活动室时，用掸子从上向下、从里向外轻掸墙壁上的浮土；油漆或木制墙裙，用潮抹布也是从上向下、从里向外擦拭；保护好班级墙饰品。

（6）擦灯具。用干抹布将灯管上的浮土擦拭干净；用潮抹布擦拭电灯开关。

注意：

① 擦拭灯具时，首先要关闭电源。

② 擦拭灯管时，站在木制凳子上，防止导电。

（7）消毒幼儿用品。将幼儿餐具、毛巾、口杯每天清洗干净后送食堂进行消毒；厨房采用蒸气煮沸 30 分钟的方法，消毒幼儿用具。

5. 注意事项

（1）清洁顺序：从上到下、从里向外、从左向右进行清扫、擦拭。

（2）采取湿性扫地，避免尘土飞扬。

（3）消毒液擦拭后，必须用清水再擦拭，防止消毒液残留。

（4）活动室卫生随脏随清理，保持洁净。

（5）紫外线照射消毒时，选择幼儿和工作人员不在活动室的时间，避免伤害眼睛和皮肤。

图 1-1-1　幼儿扫地

二、指导幼儿清洁活动

小班幼儿一般不参与清洁工作，但在一日生活中，要培养幼儿不乱扔纸屑、不乱摆放物品、爱护环境卫生的习惯。中大班幼儿可以参与擦桌子、扫地（图 1-1-1）、整理物品。具体步骤同上。

三、培养幼儿良好的卫生习惯

1. 培养幼儿自己的事情自己做的习惯。小班幼儿学习及时、独立如厕；中班幼儿学习自己擦屁股、提裤子、穿衣服；大班幼儿掌握便后及时冲洗厕所；学习独立吃饭、入睡、叠放衣物等生活能力。

2. 培养幼儿物归原处、爱清洁的习惯。培养幼儿及时将玩教具归还原处，保持室内整洁干净的习惯；学习正确的洗手方法，做到饭前饭后、便前便后要洗手，外出回来要洗手的习惯。

3. 培养幼儿爱惜、保护环境卫生的好习惯。

案例展示厅 ▶

小小值日生

值日生工作对于刚刚升入中班的幼儿来说，是一件好奇、兴奋，又充满挑战的事，要在教师的帮助和指导下，为班集体、为同伴服务。这对于刚刚能够生活自理的他们来说，不是一件容易的事，但幼儿都争先恐后地想当小小值日生。要把值日生工作内容作为幼儿为集体服务和劳动教育的重要环节来培养，中二班保育教师王玲在班级内设置"小小值日生"的主题墙饰,把30名幼儿分为6人一组,周一至周五,每天一组,这样使每个幼儿都能参与,满足了幼儿的好奇心,培养了他们的劳动意识和团队合作精神(图1-1-2)。

为了让幼儿更加清楚值日生工作内容,王老师把每一项劳动拍成照片贴在主题墙饰中,让幼儿一目了然。值日生一般有7项工作:擦桌子、扫地、发图书(玩教具)、收拾整理区角、发碗筷(勺)、发水果(点心)、整理椅子。王老师通过值日生活动,及时对每组的表现进行点评,及时表扬能力好的幼儿,帮助能力较弱的幼儿,使幼儿树立自己的事情自己做的意识(图1-1-3)。

图1-1-2 值日分组

图1-1-3 值日组图

分析 在值日生活动中培养幼儿良好的劳动态度,讲究卫生的良好习惯,掌握简单的劳动知识和技能,让幼儿更加理解保育教师工作的辛苦,养成爱惜公共卫生的习惯,形成团队合作的粗浅意识。

 巩固练习

一、选择题

下列清洁工作,哪一项不是幼儿活动室的卫生内容( )。

A. 擦桌椅   B. 叠被子   C. 扫地

D. 拖地   E. 消毒幼儿用品   F. 擦玻璃

二、排序题

擦桌子的顺序是( )。

A. 用抹布从左向右、从上向下擦拭   B. 消毒后再用清水擦拭2遍

C. 桌面脏物扔到垃圾桶内   D. 桌面清洁后用消毒液擦拭

三、简答题

活动室清洁都有哪些内容?

四、实操题

1. 设计一份指导幼儿扫地的方案。

2. 设计一份指导幼儿擦桌子的方案。

五、论述题

保育员应如何培养幼儿保持室内卫生的良好习惯?

任务二 寝室卫生

学习目标

1. 做好寝室卫生清洁工作;

2. 培养幼儿的劳动态度和卫生习惯。

情境导入

升入中班后,午睡起来,保育员齐老师对班上的小朋友说:"你们都长大了一岁,从现在开始要学着自己的事情自己做,现在我们来叠被子吧。"小朋友们立即喊起来了:"齐老师,我不会叠。"

作为保育员,应怎样指导幼儿叠被子呢?

基本知识

一、寝室卫生标准

1. 幼儿寝室墙面和房顶无蜘蛛网、灰尘和污物,不乱挂杂物。

2. 门窗洁净,保持门把手干净,玻璃明亮无污渍,窗槽无积水,窗台无灰尘;窗帘干净避光。

3. 床面干净整齐,被褥摆放一条线,床单、枕巾无褶皱,无汗渍、尿渍及其他污渍印迹;床头无灰尘。

4. 寝室地面、床下地面无灰尘、无死角,无污渍。

5. 物品摆放整齐,床、凳、柜清洁、整齐,外表无污渍、无灰尘,物品无乱摆放现象。

6. 室内光线柔和,空气流通,保证室内无异味。

二、寝室卫生清洁制度

1. 建立健全寝室环境清扫制度,幼儿寝室墙面和顶棚每月打扫,确保无蜘蛛网、灰尘和污物,不乱挂杂物;不用过于鲜艳的色彩装饰墙面,创造安静舒适的睡眠环境。

2. 地面每天午睡前和午睡后各清扫一次,床下地面无灰尘、无污渍。

3. 做到一人一床,床上用品干净卫生。按季节、气温变化提供适宜寝具,保持寝具清洁卫生,定期清洗,夏季半月、冬季一月更换清洗一次。

4. 保持寝室内空气流通,做到睡前开窗通风,睡后关窗拉窗帘;幼儿入睡后关闭电扇、空调。

5. 培养幼儿自己穿脱衣裤、鞋子的能力,并按要求在固定位置摆放整齐;对个别能力弱的幼儿给予帮助。

6. 每日定时用紫外线灯对幼儿被褥及寝具进行消毒,保持被褥干爽、寝具卫生安全。

7. 防蚊蝇用品应妥善放置,并安全使用。

三、幼儿园寝室的"八净""六无""四无""三齐"

幼儿园寝室的"八净":地面、墙壁、衣柜、门窗、玻璃、床面、卫生间、洗手槽等每天擦洗干净;"六无":无灰尘、无痰迹、无水迹、无纸屑、无果壳、无异味;"四无":墙壁无蜘蛛网、无污迹、无手脚印、无钉子;"三齐":每天被褥叠放整齐、床单拉平整齐、枕头摆放整齐。

知识链接

幼儿寝室布局及卧具标准

寝室的布局依据幼儿园寝室面积、幼儿用床的大小和类型而定。幼儿用床一般有吸壁床、推拉床、单体床、上下双层床等类型。一些地区因房间面积和幼儿人数、经济条件限制,会使用吸壁床、推拉床和上下双层床,但按照标准和卫生要求,以一人一床的单体床为好。寝室内单人用床的摆放,一般以无窗墙面为基准,2床一组,一字排开,每组间隔60~80厘米,便于幼儿上下铺、叠被子和工作人员打扫卫生使用(图1-1-4)。幼儿上床后左右两人对角(脚)卧,避免口对口呼吸;还可以一床一组,一字排开;每床之间间隔80厘米(图1-1-5)。空调、风扇应摆放在墙角,不宜直对幼儿;使用防蚊器具时,远离幼儿床铺,避免火灾。

幼儿寝室布置,幼儿床铺的安排是最主要的内容,此外还包括墙面布置、床上用品的搭配、窗帘的色彩,以及整洁程度。墙面装饰要少而精,内容和形式以星空、摇篮、睡眠为主,色调要淡雅、以暖色为好;床上用品的色彩与墙面协调,被褥叠放整齐,方向统一。窗帘最好是双层,一层薄纱类,通透梦幻;一层严密遮光,便于制造安静氛围,适于幼儿睡眠。

图 1-1-4 寝室布局 1

图 1-1-5 寝室布局 2

幼儿卧具要求:幼儿使用的被子、褥子、被套、床单、枕巾、枕套,应是全棉制品;三年更换一次。

幼儿床:长 1 米或 1.2 米,宽 0.65 米或 0.75 米,高 0.4 米。

被子:1.2 米×1.5 米,棉花 1 千克(厚被),棉花 500 克(薄被)。

褥子:与床一致,棉花 1.5 千克。

床单:以床为基准,长度、宽度各多 30~40 厘米,便于包裹褥子。

枕芯:30 厘米×40 厘米。

案例展示厅 ▶

保育员的叠被子技能比赛

"预备——开始!"随着后勤园长一声令下,幼儿园保育教师叠被子技能比赛在红豆班寝室正式开始。只见保育教师们个个精神抖擞,积极认真,动作熟练,把最快、最好的水平展现给大家(图 1-1-6)。

此次比赛评委们根据"规范标准、熟练程度、平整美观、完成时间"进行评判。最后根据综合得分评出参赛选手名次。

图 1-1-6 叠被子

分析 通过技能比赛,保育教师对怎样快速、规范地整理好床铺有了共性认识,不仅锻炼了技能,增强了服务意识、责任意识、竞争意识,同时也增强了她们工作的积极性,提高了幼儿园的保育工作的水平,展示了幼儿园的保育风采。

 **指导策略**

一、寝室卫生的工作任务

1. 清洁内容:寝室内的清洁包括清洁玻璃、窗台、窗框、床架、床单、被套、枕巾、门面、门把手、地面等。

2. 工作目标:幼儿寝室清洁、整齐、无异味。

3. 准备工具:水桶、脸盆、抹布、扫把、拖把、洗涤剂、84 消毒液等。

4. 清洁工作

每日清洁顺序:首先开窗通风、湿性扫地;然后用清水和消毒液各擦拭一遍窗台、窗框、床架、柜子、门框、门把手,再用清水擦拭二遍;之后拖地;最后将幼儿寝具铺开,用紫外线灯进行照射消毒,关好门窗,人退出。如果是活动室、寝室共用一间房的,利用幼儿户外活动时间,对寝具和班级进行紫外线照射消毒并登记。

每周大扫除时,除上述清洁工作外,需要擦拭玻璃、窗棂、灯;清洗幼儿枕巾,消毒抹布、拖把等劳动工具。

每两周晒幼儿被褥一次,夏季每半月清洗一次床上用品,其他季节每月清洗一次床单、被套和窗帘。

具体操作:

(1)擦床架。按照从上向下的顺序开始擦拭,先擦床头、护栏、床框、床柱,四面擦到,不留灰尘和死角。

(2)包床单。幼儿园的床单一般要比褥子四周各长出 30～40 厘米。床单正面向上,两手抓住床单长的一面的两角,用力抛开,顺势调整床单使其方位不偏离中心,床单落下后,先包床头,再包两侧,最后包床尾。四面包紧压在褥子下面,避免幼儿蹬散。

注意:包褥子时包边包角时方向一致、角度相等、紧密、不露巾角。

(3)套被套。先将被子平铺在床上,被套翻过来,里子朝外;两手从被套里面伸向两个短线的角,抓住被芯的两短线角,然后用力将被套甩过来,整理好被子的四个角,拉好拉锁。

(4)卧具摆放。床单平整,被子叠的大小与床宽略窄一点,枕头平放在被子上,枕巾正面向上,平整摆放在枕头上,全班卧具朝一个方向摆放。

5. 注意事项

(1)清洁顺序:从上到下、从里向外进行清扫、擦拭。

(2)采取湿性扫地,避免尘土飞扬。

(3)紫外线照射消毒时,选择幼儿和工作人员不在寝室的时间,避免伤害眼睛和皮肤。

二、指导幼儿清洁活动

小班幼儿学习叠衣服;中大班幼儿学习叠被子、扫地、整理床铺。

叠衣服方法:

"两扇小门关关紧,两只衣袖中间抱,

衣领向下弯弯腰,整整齐齐放放好。"

幼儿学习叠衣服时,对开衫衣服一只衣袖在内的现象处理是难点。在教幼儿叠衣服时,双手提衣肩,将衣服平铺在桌面上,摆放整齐,直观衣服,袖子在内的掏出来,衣襟对齐后就容易叠了。

叠被子方法(图1-1-7):

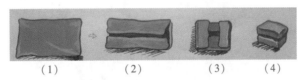

(1)　　　　(2)　　　　(3)　　　　(4)

图1-1-7　叠被子步骤

第一步,先把被子铺平;

第二步,将被子长的一边各向中间折一次;

第三步,将被子短边各向中间折一次;

第四步,将两边合并对齐,放置床上即好(可以先用手绢试叠)。

三、培养幼儿良好的卫生习惯

1. 培养幼儿自己的事情自己做的习惯。培养幼儿独立穿、脱衣裤、鞋袜,中、大班幼儿学会叠被子。

2. 培养幼儿爱整洁的习惯。要求幼儿午睡时,将衣服叠好,放在固定的位置;鞋子一对放整齐,鞋头朝前,放在床下的固定位置。养成上床前如厕的习惯。

3. 培养幼儿保护环境卫生的好习惯。不乱扣墙面,不将口袋内的纸屑扔到床下,不吃被头、枕巾。

案例展示厅 ▶

在活动中锻炼,在快乐中成长

6 月 14 日上午,幼儿园内"加油"声此起彼伏,原来大班的幼儿们正在进行叠毛巾被的比赛。现在的孩子都是独生子女,在家里都是"小皇帝""小公主",样样事情都是由家长包办代替,幼儿园通过开展这样的比赛活动来提高幼儿自我服务的能力,让幼儿学会自己的事情自己做,改变幼儿的依赖性,从小成为生活的主人(图 1-1-8)。

本次比赛考察的是叠毛巾被的速度和整齐度。活动前教师先介绍了比赛的规则和比赛的各个细节。随着一声令下,各组选手进入了比赛中,在旁边的孩子们齐声喊"加油! 加油!",现场的气氛既热闹又紧张,有的孩子动作流畅,毛巾被叠得整整齐齐,令在场的人刮目相看。虽然也有的孩子比较紧张,还有的有些胆怯,但是小朋友们谁也不示弱,都在用自己最快的速度完成比赛项目。比赛在一阵阵喝彩声中结束了……

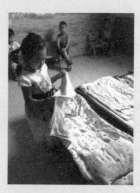

图 1-1-8　幼儿叠毛巾被比赛

分析　通过此次活动,提高了孩子们"自己的事情自己做"的生活自理能力,满足了孩子们的表现欲,同时也激发了他们的自我服务意识,为养成良好的学习、生活习惯打下坚实的基础。

巩固练习

一、排序题

1. 包床单的程序是(　　　　)。

　　A. 再包左右两侧

　　B. 先包床头后包床尾

　　C. 调整床单方位

　　D. 床单正面向上,抓住床单一面的两角,用力抛开

2. 套被套的程序是(　　　　　)。

　　A. 两手从被套里面伸向两个短线的角,将被套甩过来

　　B. 将被子平铺在床上

　　C. 整理好被子的四个角,拉好拉锁

　　D. 将被套翻过来,里子朝外

二、简答题

简述卧具摆放的要求。

三、实操题

1. 设计一份与教材不一样的套被套的方法。

2. 设计一份指导幼儿叠被子的方案。

3. 设计一份培养幼儿良好睡眠习惯的方案。

四、论述题

保育员应怎样培养幼儿劳动态度和卫生习惯?

任务三 盥洗室卫生

学习目标

1. 做好盥洗室卫生清洁工作;

2. 培养幼儿劳动态度和卫生习惯。

情境导入

　　一天,班上幼儿准备吃午饭了,保育教师组织幼儿洗手。淘气的小明用手指堵住水龙头的出水口,让水花四溅,弄得小朋友身上、水池到处都是水。"老师,您快来看呀,小明把水弄到小朋友身上了。"保育教师过去一看,小明把自来水弄得小朋友身上、水池到处都是,自己的衣服也弄湿了。

　　作为保育员,应怎样指导幼儿正确洗手? 应如何保护盥洗室地面洁净呢?

基本知识

一、盥洗室卫生标准

1. 盥洗室的顶棚、墙壁无蛛网、无灰尘、无水渍,墙面不乱挂杂物。

2. 地面清洁、无积水,卫生间地面无大小便,无纸屑、垃圾和杂物。

3. 水槽、便槽清洁通畅,无水垢、无尿碱、无异味及其他污染物。

4. 门窗洁净,门把手干净,玻璃明亮无污渍,窗槽、窗台无灰尘。

5. 幼儿毛巾一人一条,独立使用,摆放整齐,毛巾要干爽、清洁,每天清洗消毒。

6. 消毒、洗涮用品用具摆放整齐,放置于幼儿触及不到的地方;洗手肥皂(或洗手液)、大小便用纸充足。

7. 保持盥洗室空气流通,无异味。

二、幼儿盥洗室卫生清洁制度

1. 建立健全盥洗室卫生清扫制度,每天四次打扫:早上上班一小扫、中午交班前打扫、下午上班前打扫、下午下班前打扫干净;定人、定点、定期清除垃圾,每周检查评比公示。

2. 天花板、墙面每周打扫一次,去除蛛网和灰尘。

3. 开窗通风,保持空气清新;地面保持干爽洁净,避免幼儿摔倒。

4. 水池、便池除规定的四次打扫外,还要不定时清理,随脏随冲洗,做到无渍无味、无尿碱。

5. 垃圾桶每天倒两次:中午下班和下午下班各倒一次,保证卫生间清洁。

6. 洗手肥皂(或洗手液)、大小便用纸保证供应,随时补充。

7. 每日定时用紫外线灯进行消毒;防蝇、防蚊。

三、节约用水

一滴水也许微不足道,但是不停地滴起来,数量就很可观了。据测定,"滴水"在 1 个小时里可以集到 3.6 千克水;1 个月里可集到 2.6 吨水。这些水量,足可以供给一个人 1 个月的生活所需。可见,一点一滴的浪费都是不应该有的。至于连续成线的小水流,每小时可集水 17 千克,每月可集水 12 吨;哗哗响的"大流水",每小时可集水 670 千克,每月可集水 482 吨。所以,节约用水要从点滴做起,从习惯养成做起。

知识链接

来之不易的自来水

拧开水龙头,清洁甘洌的水便滚滚而来。其实,自来水来之不易。它们可能取自几百米深的地下,或是引自几十千米、几百千米远的某条江河、某座水库。这些"原水",首先要在净化厂净化,除去铁质,然后用混凝的办法除去细小的漂浮物、水生物,再沉淀下杂质,用液体氯、漂白粉等消毒剂杀死细菌。经过检查化验,符合国家标准后,才能像其他工业产品一样出厂。清洁的水,经过密如蜘蛛网的管道,并且用水泵加压,才能保证送到高层建筑物或居民院里的千家万户。

案例展示厅 ▶

幼儿园盥洗室的设计范例

盥洗是促进幼儿掌握生活技能和养成良好生活卫生习惯的重要管理内容。按幼儿园的科学管理,盥洗应具有成套的工作程序,每一程序又包含着一连串的动作。如此有顺序、有条理地反复,逐渐使幼儿盥洗行为定型。因此,在盥洗台设计的过程中,要充分考虑幼儿自己动手使用龙头的特点和特殊要求,以配合幼儿园生活管理规程的实施。根据卫生间的面积,盥洗台可沿墙设置,或不靠墙呈岛式布置(图1-1-9)。

图 1-1-9 盥洗台

盥洗台的设计应该考虑以下问题:

(1)台面的高度与宽度应符合幼儿尺度。一般台面高为0.50~0.55米,台面净宽为0.40~0.45米。

(2)水龙头位置不应该过高,以防溅水把幼儿衣服弄脏。水龙头的形式以小型为宜,其间距为0.35~0.40米,水龙头数量不少于3个,以6个为宜。

(3)在盥洗台靠墙的上方可设置适应幼儿身高通长镜面,并略有倾斜,使幼儿在盥洗过程中随时检查自己是否洗干净,养成爱清洁的习惯。

(4)应设置放肥皂的位置。

分析 培养幼儿良好的卫生习惯,除了需要教师耐心细致的教导以外,还应该有规范的硬件条件做支撑,符合幼儿生理发育的标准。

 指导策略

一、盥洗室卫生的工作任务

1. 清洁内容:盥洗室内的清洁包括清洁水槽、水龙头、墙壁、镜子、柜子、门窗、门把手、地面、大小便池等。

2. 工作目标：盥洗室内干净整洁、无异味、无蝇虫。

3. 准备工具：准备擦洗不同部位的抹布、水刷、钢丝球、拖把、水桶、脸盆、洗涤剂、去污粉、洗厕灵和84消毒液等。

4. 清洁工作

每日清洁顺序：首先开窗通风换气。第一，擦拭门、门把手、窗户、窗台、窗棂；第二，清洗墙面、镜子，擦拭口杯架、柜子；第三，刷洗水槽、水龙头、水管；第四，冲洗大小便池、地面；第五，清洗幼儿毛巾，消毒；第六，配备卫生纸、洗手肥皂（或洗手液）。

具体操作：

（1）清洁墙面、镜子：用湿抹布将墙面从上到下、从里向外逐一擦拭一遍，有污渍、水渍的地方，沾去污粉重点擦拭，然后用清水再次擦拭干净。镜子用湿抹布擦一遍，再用半干的抹布将水迹擦干净。

（2）洗毛巾：将毛巾全部取下，放入洗衣粉溶液的水盆中浸泡10分钟，逐一搓洗，用清水漂洗干净后，用84消毒液浸泡，再用清水冲洗干净，每个毛巾间隔10厘米晾挂。

注意：晾挂毛巾时，两毛巾之间左右间隔10厘米，上下纵向不重叠。

（3）洗口杯：先用洗涤灵或去污粉擦拭杯口、杯内，用小刷子刷洗口杯把手，再用0.5%洗消净浸泡5~10分钟（或煮沸15~30分钟，蒸气消毒10~15分钟），然后用流动清水冲洗干净。

（4）刷洗水池：用刷子沾上去污粉将水池、台面逐一刷洗一遍，将污垢、水渍认真彻底刷洗掉，再用清水冲洗一遍，做到光滑、清洁、无异味。

（5）冲刷大小便池：用洁厕灵浸泡15分钟，对重点部位，如厕所的底部、管道拐角等地方进行刷洗，去除顽固污渍，做到无尿碱、无异味（图1-1-10、图1-1-11）。

图1-1-10　冲槽式厕所

图1-1-11　蹲位式厕所

（6）清洁地面：先将地面杂物扫干净，特别是柜子下面、纸篓边上、暖气下面的杂物扫干净；对地面残留的污物，用刷子沾洗衣粉重点刷洗；用清水冲洗干净，以免幼儿和成人滑倒；最后用半干的拖布拖干净，晾干。

注意：盥洗室最好使用防滑垫，防止幼儿摔倒。

（7）准备物品：为幼儿准备卫生纸卷，放入纸盒中；为幼儿准备洗手肥皂，可用丝袜装半块肥皂，吊挂在每个水龙头边上，用完后再续放。或将洗手液放置在水池边上。

5. 注意事项

（1）清洁顺序从上到下、从里向外进行清洁、擦拭。

（2）洗消结合，先洗后消、再清消。

（3）使用消毒物品时，注意配置比例、注意保护皮肤、注意摆放位置，防止幼儿接触。

（4）提醒幼儿便前便后洗手，便后冲洗厕所。

（5）盥洗室最好全天开窗户。

二、指导幼儿清洁活动

教会小班幼儿擦屁股，提裤子；培养中大班幼儿便前便后洗手，便后冲洗厕所的习惯。

提裤子程序：第一，先提内裤；第二，放下并放平内衣；第三，提起外裤，把内衣放在外裤里面；第四，放下外衣并拽直。

手纸入篓冲厕所：上完厕所后，用手纸擦屁股，将用过的手纸扔入纸篓内，穿裤子，回身压开关放水冲洗厕所，然后离开卫生间。

注意：提醒男孩子小便时，不要尿到池外。

三、培养幼儿良好的卫生习惯

1. 培养幼儿喝水前洗手、饭前饭后洗手、便前便后洗手的习惯；培养幼儿节约用水的习惯。

2. 教会幼儿独立穿衣、穿裤、提裤的能力，培养幼儿仪容整齐的习惯。

3. 培养幼儿如厕后手纸入篓、便后冲洗厕所的习惯。

案例展示厅 ▶

我教孩子提裤子

　　天气已经渐渐地热起来了，但小朋友的裤子还是穿得不少，内裤、棉毛裤再加外裤，提起了这条，那条就落下了，又由于幼儿胯骨不突出，提上的裤子总是滑下去。于是，小朋友的穿衣整理一直是教师在帮忙做，小朋友们似乎也是习以为常了。每天午睡起来的时候、上过厕所后就自动的站到教师面前，等着教师整理。该如何帮助小朋友们掌握这一能力呢？于是，我决定开始教小朋友自己提裤子：第一步，先提内裤；第二步，把衣服都拉直；第三步，用小手捏住棉毛裤的两边，往上拽，把衣服放进裤子里面；第四步，两手捏住外裤两边，往上拽。第五步，放下外衣。开始时小朋友都提不好，反复练习后，特别是在教师的鼓励下主动性不断地得到提高，终于都学会了自己提裤子。

儿歌《我会提裤子》:"小肚皮,怕着凉,宝宝快把肚皮藏。拇指插进裤腰里,两手拽着往上提,上衣塞在裤子里,裤缝对着小肚脐。提前边,提两边,后边也要提整齐。裤子提好真舒服,宝宝不露小肚皮。"

分析   通过此次活动,教师抓住日常生活中的每一次机会,鼓励和支持幼儿多做力所能及的事,让幼儿在生活中得到锻炼,真正实现"生活即教育"。

 巩固练习

一、选择题

盥洗室的清洁内容包括(　　　　　　　)。(多选)

   A. 水槽、水龙头　　　　　　　　　B. 床单、被套

   C. 门窗、门把手　　　　　　　　　D. 地面、大小便池

   E. 桌面、椅子　　　　　　　　　　F. 墙壁、镜子、柜子

二、排序题

幼儿如厕后,提裤子的顺序是(　　　　　　　)。

   A. 提起外裤,把内衣放在外裤里面　　B. 放下外衣并拽直

   C. 放下并放平内衣　　　　　　　　D. 先提短裤

三、简答题

1. 简述幼儿口杯的清洗过程。

2. 简述盥洗室清理内容和步骤。

四、实操题

按标准将洗毛巾、挂毛巾的程序操作一遍,再用文字陈述出来。

五、论述题

保育员应培养幼儿哪些盥洗室内卫生习惯?

任务四　公共区域卫生

学习目标

1. 做好公共区域卫生清洁工作;

2. 培养幼儿爱惜和保护公共环境卫生的良好习惯。

情境导入

一天下午幼儿园放园,小明和妈妈走到走廊转弯处时,小明回头看看没人,便将口袋里的废纸掏出来扔在了地上。这一幕正好被迎面过来的王园长看到,在她的引导下,小明将地上的纸屑捡起来,重新扔到了可回收垃圾桶里。

第二天开例会时,王园长再次提出培养幼儿爱惜公共环境卫生的问题。作为保育员,日常应该如何培养幼儿垃圾分类和保护环境卫生?

基本知识

一、公共区域卫生标准

1. 地面:无纸屑、杂物,无水渍、污迹,光亮、清洁。

2. 窗户:玻璃洁净、光亮,无手印、无雨水痕迹;窗框无灰尘;窗台保持光洁,无水痕;花草无枯叶、败枝、无虫害。

3. 墙面:无灰尘、无蜘蛛网;装饰物品定期更换、打扫灰尘。

4. 楼梯扶手:保持清洁、定期消毒。

5. 垃圾桶(垃圾道):保持外表光洁,杂物入桶,地面干净。

6. 洗手间:洗手台肥皂(洗手液)不断、台面干净无污迹;镜面干净无水痕;地面无杂物、无水迹;便池定期清洗、无垢;通风无异味;手纸入篓,垃圾袋定期更换。

二、公共卫生清洁制度

1. 幼儿园公共区域进行划片包干制。各区域卫生有幼儿班级、专人负责清理,责任到岗、到人。

2. 公共区域卫生定期检查制。每周固定检查一次,每天不定期、不定时检查,发现问题及时整改。

3. 公共卫生清扫制。公共区域卫生定时、定点、定人进行清洁,做到窗明几净、地面光洁无渍、墙面无污无尘、台面无水迹、无污染。

4. 公共卫生消毒制。公共区域要定期消毒,门把手、水龙头、楼梯扶手、地面、空气等定期消毒。

三、幼儿园公共区域卫生打扫时间

早班:7:00—8:00;

午班:13:00—14:00;

晚班:18:00—19:00。

知识链接

垃圾分类好处多

在日常生活中,每个人每天都会产生许多垃圾,以往这些垃圾被拉到指定的垃圾场随意堆放或填埋,不仅造成资源浪费,而且会污染空气、土壤、地下水源,损害我们赖以生活的自然环境,更为严重的是有些环境污染是不可逆转的,因此垃圾分类应运而生。

垃圾分类简单地说,分为可回收和不可回收两大类。其中可回收垃圾又包括废纸、塑料、玻璃、金属和布料五类;不可回收垃圾中包括厨余垃圾、有害垃圾和其他垃圾(图1-1-12)。

垃圾分类的好处:

1. 垃圾分类对于城市的规划有重要的促进作用,合理规划垃圾处理场所,使垃圾对居民生活的污染程度降至最低;合理回收可利用垃圾,降低能源损耗,有利于社会发展。

2. 垃圾分类可以减少垃圾的占地。生活垃圾中 60% 以上是可以回收、再次利用的物质和小部分不易降解,使土地受到严重侵蚀的物质。垃圾分类后,去掉可以回收的、不易降解的物质,能够大大减少垃圾数量。

3. 垃圾分类可以减少环境污染。废弃的电池含有金属汞、镉等有毒的物质,会对人类产生严重的危害;土壤中的废塑料会导致农作物减产;废塑料被动物误食,导致动物死亡的事故时有发生。垃圾分类回收利用可以减少对环境、生物的危害。

4. 垃圾中可回收物质能变废为宝。如食品、草木和织物可以堆肥,生产有机肥料;垃圾焚烧可以发电、供热或制冷;砖瓦、灰土可以加工成建材。充分挖掘生活垃圾中蕴含的资源潜力将获得可观的经济效益。

图 1-1-12　垃圾分类

一、公共区域卫生的工作任务

1. 清洁内容

庭院地面卫生、花园清理、树木修整。

走廊:地面、墙面、窗户。

楼梯:地面、扶手、墙裙。

洗手间:洗手台面、厕所大小便池、垃圾纸篓、地面、墙面。

垃圾桶(垃圾道):垃圾桶外表、杂物处理、地面、墙面。

2. 工作目标

楼内卫生:地面光洁明亮、墙面干净整洁、窗户窗明几净、楼梯清洁卫生、洗手间无异味、无蝇虫。

庭院卫生:地面干净、无障碍物,花园无枯枝败叶、无虫害。

3. 准备工具

准备擦洗不同部位的抹布、水刷、钢丝球、拖把、水桶、脸盆、洗涤剂、去污粉、洗厕灵和84消毒液等。

4. 清洁工作

每日清洁顺序:第一,打扫庭院、花园;第二,打扫走廊、墙面、窗户、窗台、窗框;第三,打扫楼梯台阶、擦拭楼梯栏杆、扶手、墙裙;第四,打扫洗手间、洗手台面、水池、地面,厕所便池、纸篓、门、墙、地面等;第五,清理垃圾桶或垃圾通道口卫生。

具体操作:

(1)清洁庭院卫生:准备洒水壶(或者洒水用水管龙头)一个、长的竹扫把一个、小扫把一个、簸箕一个。

清扫地面:先用洒水壶将地面洒湿,再用长竹扫把将地面扫净。扫地顺序依然是从左向右、从里向外,一层层地扫干净。扫的过程中,将大块垃圾直接送往垃圾箱。然后将垃圾用簸箕清理干净。

清理花园:将花园中的枯枝败叶修剪掉,将败叶用土埋好、洒水,使其成为肥料。有花工的园所,由花工定期为树木修枝剪叶、施肥、浇水、防虫害处理。

(2)清洁楼内公共区域卫生:准备擦洗不同部位的抹布、水刷、钢丝球、拖把、水桶、脸盆、洗涤剂、去污粉、洗厕灵和84消毒液等。

① 楼道卫生的清理

首先是清理墙面灰尘。用掸子顺墙面从上向下、从里向外轻掸墙壁上的浮土、蜘蛛网等杂物;油漆或木制墙裙,用潮抹布也是从上向下、从里向外擦拭;注意保护好班级的墙面布置物品。一般是每周清理一次。

注意:做好自我防护,戴好一次性帽子和口罩,当心灰尘进入眼睛。

其次是清理窗户卫生。擦玻璃:先取下纱窗,用水冲洗控干;湿抹布擦拭窗棂和窗框;湿抹布擦玻璃、干抹布再次擦拭;最后擦窗台。如果窗台种有花卉,顺便清理枯叶、浇水。

最后是清洁楼道地面卫生。先扫地:用湿的扫把,从里向外的顺序清扫;扫地时,将扫把压住慢慢往前扫,避免甩、扬扫把,防止尘土飞扬;用簸箕将垃圾清理干净。再拖地:拖布洗湿后拧干水,从里向外、从左向右倒退着拖地,如有脏物时,拖布轻转带走;拖布要勤洗,保证地面清洁干净。

② 楼梯卫生清洁工作

第一步:用沾水扫把将楼梯每个台阶仔细清扫干净。

第二步:用水拖布逐台拖擦干净,水拖布不宜太湿,容易将污水甩到墙面和扶手上。

第三步:擦楼梯扶手和栏杆。用湿抹布从上向下、逐一将栏杆擦拭干净;再用湿抹布将扶手从头到尾擦拭干净,用消毒液抹布擦拭一遍,再用清水擦拭 2 遍,避免消毒液残留。

第四步:对楼梯墙裙进行清洁,如果是油漆或木制墙裙,用潮抹布也是从上向下将拖地时的泥点擦拭干净;如果有饰品,保洁的同时注意保护。

③ 公共洗手间卫生清洁工作。洗手池、台面、镜子、补充洗手液和干手纸的清洁。

洗手台面的清理:刷洗水池:用刷子沾上去污粉将水池、台面逐一刷洗一遍,将污垢、水渍认真彻底刷洗掉,再用清水冲洗一遍,做到光滑、清洁、无异味。

擦镜子:将洗涤剂稀释后,用抹布将镜子从上到下、从左到右逐一擦遍,再用清水抹布擦洗干净,后用刮雨器刮干。

厕所便池清理:用洗厕灵浸泡 15 分钟,用厕所刷对重点部门,如厕所的底部、管道拐角等地方进行刷洗,去除顽固污渍,做到无尿碱、无异味。将纸篓垃圾倒掉。

补充卫生用品:及时将洗手液、干手纸、卫生纸补充到位。

清洁地面:先将地面杂物扫干净,对地面残留的污物,用刷子沾洗衣粉重点刷洗;用清水冲洗干净,以免幼儿和成人滑倒;最后用半干的拖布拖干净,晾干。

④ 垃圾桶(垃圾道)清洁:先将垃圾桶外表擦干净,对残留污物,用刷子蘸洗衣粉或去污粉刷洗,再用清洁抹布擦拭干净。垃圾道的清洁,先将地面杂物扫干净,对地面残留的污物,用刷子蘸洗衣粉重点刷洗;用清水冲洗干净,以免幼儿和成人滑倒;最后用半干的拖布拖干净,晾干。

5. 注意事项

(1)清洁顺序从上到下、从里向外进行清洁、擦拭。

(2)洗消结合,先洗后消,消后清洁。

(3)使用消毒物品时:注意配置比例、注意保护皮肤、注意摆放位置,防止幼儿接触。

（4）卫生间最好全天开窗通风。

二、培养幼儿良好的公共卫生习惯

1. 培养幼儿遵守公共环境卫生的行为规范，不高声喧哗。

2. 培养幼儿在公共场所不乱扔纸屑、果皮等杂物、不随地吐痰。

3. 培养幼儿在公共场所仪容整齐的习惯。

4. 培养幼儿讲究卫生、勤洗手、便后冲洗厕所的习惯。

案例展示厅 ▶

请把"我"送回家

今天幼儿园里来了许多"朋友"（教师事先准备好的各种垃圾），他们找到张老师，请求张老师帮助他们找"家"。张老师非常纳闷，怎么还有人找不到自己的家呢？小朋友们愿不愿意做一次好人好事，帮助他们找到自己的家呢？张老师出示了各种垃圾，请小朋友们进行垃圾分类的游戏。

张老师的做法是：通过前期的宣传、讲解，利用游戏活动了解幼儿是否真的掌握了垃圾的分类，哪些垃圾类型是幼儿分类的难点，针对幼儿不清楚、难掌握的困难点再进行讲解，帮助幼儿正确区分垃圾种类。教儿歌："大家一起来环保，垃圾分类最重要，可回收，丢蓝色，有害垃圾丢红色，厨余垃圾是绿色，其他垃圾用灰色，分类宝典要记牢。"延伸活动是请幼儿将家中的废旧物品，经过消毒处理，与父母共同动手制作一件玩具，并带到幼儿园分享制作乐趣，与小朋友们交换玩耍。

分析 通过游戏活动，增强幼儿环境保护意识，提高垃圾分类的能力。鼓励和支持幼儿将垃圾分类的知识宣传到家庭之中，与父母一起做好垃圾分类工作。

 **巩固练习**

一、选择题

公共区域卫生包括内容（   ）。（多选）

   A. 庭院卫生   B. 公共楼道卫生

   C. 楼梯卫生   D. 洗手间卫生

   E. 桌面、椅子卫生   F. 床、柜子卫生

二、排序题

公共区域卫生的清洁顺序是（   ）。

A. 从上到下、从里到外 　　　　　　B. 洗消结合、先洗后消

C. 先地面清洁,后墙面清洁

三、简答题

简述公共区域卫生的清洁内容。

四、实操题

按标准将公共楼道卫生清洁工作操作一遍,再用文字陈述出来。

五、论述题

1. 保育员应培养幼儿哪些公共卫生习惯?

2. 保育员应如何培养幼儿垃圾分类的行为习惯?

项目二　消毒工作

项目导读

　　本项目通过学习消毒工作的主要内容,要求学生重点掌握幼儿园常用消毒方法及适用范围,一定要重视消毒液配制等操作任务时的"注意"提示。

学习目标

1. 能够进行空气消毒;
2. 能够进行餐、饮具消毒;
3. 能够进行毛巾、玩具、图书等消毒;
4. 能够进行门把手、水龙头、地面、床栏杆、窗台等物表消毒;
5. 能够进行厕所、便具、水池消毒;
6. 能够进行抹布、拖把消毒;
7. 能够进行消毒记录的填写。

情境导入

　　入冬以来,天气越来越冷,幼儿户外活动少了,感冒的幼儿明显多起来。

　　作为保育员,应如何配合卫生保健人员和班级教师做好幼儿一日生活常规的卫生消毒工作,预防疾病及传染病的发生?

基本知识

一、消毒的概念

消毒是使用物理、化学、生物方法清除或消灭各种物体表面的病原微生物(病毒、细菌、霉菌等），使其达到无害化处理。

二、消毒方法及适用范围

（一）常用消毒方法及适用范围

1. 物理消毒

（1）机械法：通过洗涤、刷、拍、抖动、通风换气达到消毒的目的。本方法只能部分或全部排出病原体，但不能杀灭它们。适用于一般物品的整理清洁、房屋的通风换气。

（2）紫外线消毒法：通过阳光下暴晒或使用紫外线灯消毒。紫外线有较强的杀菌能力，但只对表面光滑的物体消毒效果好。此法可杀灭各种微生物，但对皮肤、黏膜有刺激，必须在无人的情况下进行。适用于物表消毒及空气消毒。

（3）煮沸、蒸汽消毒法：此法杀菌能力比较强，方法简单。适用于食物、餐具、金属、玻璃制品及棉织品等耐湿热物品的消毒。

（4）红外线消毒法：灭菌作用强，适用于导热好且平坦的物体消毒，消毒柜多采用此原理消毒。

2. 化学消毒：利用化学药物杀灭病原菌的方法。使用方便、廉价，但有一定的腐蚀性和刺激性，过量使用会造成环境污染。适用于物体表面、环境和常用物品的消毒。

（二）常用消毒剂及适用范围

1. 含氯消毒剂：常用的多为漂白粉、84 消毒液、优氯净，适用于环境、物体表面、餐饮具、玩教具、果蔬、用具、衣物、分泌物、排泄物、垃圾、医疗器具等的消毒。

2. 季铵盐类消毒剂：是一种阳离子型表面活性剂，不能与肥皂、洗衣粉合用，常用的多为洁尔灭、新洁尔灭、百毒杀等，用于环境与物体表面、各种物品、人体皮肤及手的消毒。

3. 过氧乙酸：可杀灭各种病原微生物，刺激性较强，适用于环境、物体表面、餐具、体温表、便器（蹲便池、小便池、冲槽）等消毒。操作人员使用时要注意防止溅入眼内或黏膜上，用过氧乙酸浸泡过的物品要用清水冲干净。

4. 碘伏：广谱杀菌剂，无刺激性，适用于皮肤、黏膜、手、物体表面及餐具的消毒。

5. 医用酒精（75%）：常用于皮肤、医疗器械消毒。

（三）消毒剂的配比方法

1. 以所含实际有效成分为基数的配置：

$$（欲配置浓度×欲配置数量）÷原药浓度=所需原药量$$

$$欲配置数量-所需原药量=加水量$$

2. 以药物商品剂型为百分之百的基数配置：

$$欲配置浓度×欲配置数量=所需药物量$$

$$欲配置数量-所需药物量=加水量$$

3. 固体消毒药品配置成液体的方法:将所需药品称量好后,放入有刻度的容器内,加水至所需配置数量即可。

注意:

(1) 配制消毒液时要掌握容器的容量,最好使用有刻度的容器量取药液及加水的量。

(2) 配制的消毒液要即用即配,以防失效。

(3) 不能用热水配制消毒液,以免加快有效氯的挥发而减弱消毒效果。

(4) 用固体消毒药品配制消毒液时要充分溶解。

(5) 禁止消毒液和洗涤液放在同一水池中,以免酸碱中和反应导致消毒剂失效。

(6) 使用消毒剂前要详细阅读所附的使用说明,并严格按说明的要求配制和使用。

三、幼儿园消毒工作的意义

消毒工作是托幼机构减少疾病发生和防止传染病传播的有效措施,是为幼儿提供整洁、安全、舒适的环境,有效地促进幼儿健康成长的重要工作内容之一。

四、幼儿园日常消毒频次的安排(参考)

1. 每日消毒

毛巾、水杯、餐具、门把手、水龙头、桌椅、床、窗台、厕所、便器、抹布等。

2. 经常性消毒

(1) 玩具每周两次。

(2) 图书经常在日光下翻晒。

(3) 清洁用具每次用后及时洗净,保持干燥。

(4) 被褥、床单、枕巾的消毒:全托婴幼儿每两周换洗床单、枕巾一次,日托每月一次。被套每月拆洗一次,被褥每月暴晒一次(4~6小时)。

案例展示厅 ▶

消毒剂配制示范

例1:欲配制0.1%的优氯净溶液5千克,问需要优氯净原液多少克?加水多少毫升?

所需原液量: 0.1%×5 000(克)= 5(克)

加水量: 5 000(克)-5(克)= 4 995(克)

答:需要优氯净原液5克,加水4 995毫升即可配制成0.1%的优氯净溶液5千克。

例2:欲配制0.2%的过氧乙酸溶液75千克,问需要15%的过氧乙酸溶液多少千克?加水多少千克?

所需原液量：（0.2%×75）÷15%＝1（千克）

加水量：75－1＝74（千克）

答：需要 15% 的过氧乙酸溶液 1 千克，加水 74 千克即可配制成 0.2% 的过氧乙酸溶液 75 千克。

例 3：欲配制 20% 的漂白粉乳剂 1 升，需漂白粉多少？水多少？

所需漂白粉量：20%×1 000＝200（毫克）

将 200 克漂白粉加入有刻度的容器内，再加水至 1 升即配成 20% 的漂白粉乳剂。

分析　本案例列举了消毒液的三种配制方法，例 1 是以药物商品剂型为百分之百基数配置，例 2 以所含实际有效成分为基数配制，例 3 是固体消毒药品配置成液体。通过实例帮助保育员掌握常用消毒液的正确配制方法，从而保证日常消毒工作的落实。

指导策略

一、空气消毒

（一）开窗通风

根据气候及风力大小，掌握开窗的大小和时间。春秋季节，在外界温度适宜、空气质量较好、保障安全性的条件下，应采取持续开窗通风的方式。冬天温度过低，每日开窗通风 2 次，每次 10～15 分钟。夏季气温过高，每日开窗通风 2 次，每次 10～15 分钟。

注意：打开的窗扇要固定好，以免风吹猛关震碎玻璃。无窗的空间或不具备空气流通的空间，可采用紫外线灯消毒。

（二）用紫外线消毒灯消毒

1. 需消毒的空间无人、无尘、干燥。

2. 关好门窗。

3. 开启紫外线灯的电源及定时器，操作人员即刻离开。持续消毒 60 分钟。

4. 关闭电源，开窗通风 30 分钟以上方可进入。

5. 及时、认真填写紫外线灯消毒记录。

注意：

（1）用于室内空气消毒，紫外线灯的要求为每立方米不低于 1.5 瓦，一般每 10～15 平方米面积装 30 瓦紫外线灯一只。

（2）紫外线灯管表面要保持清洁、无尘、无油腻，否则会影响消毒效果。可每 2 周用酒精纱布轻轻擦拭灯管表面。

（3）紫外线灯管使用寿命为 1 000 小时，应逐日记录使用时间，定期请疾控部门监测、及时更换（图 1-2-1）。

（4）室内空间较大时，可配合移动式紫外线车协同消毒。

（5）紫外线灯的开关要有标识，安置于入户门附近。

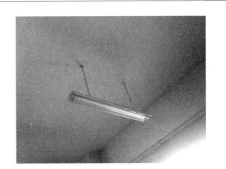

图 1-2-1 紫外线灯

二、餐饮具消毒

（一）餐具的消毒

1. 要求每餐使用后及时消毒。

2. 餐具必须先去食物残渣，用洗涤剂去除油腻，然后用清水冲洗干净，沥干表面水分。放入消毒柜消毒 30 分钟（或煮沸 15 分钟，或蒸气消毒 10 分钟）。

3. 注意消毒后的保洁，防止二次污染。进餐使用时再从保洁柜中取出。

注意：使用的消毒柜必须是符合国家标准规定的产品；消毒柜中餐具摆放要留有缝隙以保证消毒效果。

（二）水杯的消毒

1. 要求每日清洁一次，为幼儿准备干净的喝水用具。

2. 用洗涤灵或去污粉擦拭杯口、杯内，或用食醋浸泡；用小刷子刷洗杯把手；流动水冲洗干净。

3. 用含氯消毒液（有效氯浓度 250 毫克/升）浸泡 5~10 分钟，然后需用流动清水冲洗干净（或煮沸 15~30 分钟，蒸汽消毒 10~15 分钟）。

三、物表消毒

1. 毛巾的消毒

（1）每日清洁消毒一次，保持毛巾的洁净。

（2）用弱碱性洗涤剂溶液浸泡 20 分钟左右。

（3）认真搓洗，反复漂洗。

（4）煮沸 15 分钟或蒸汽消毒 10 分钟，或用含氯消毒剂（有效氯浓度 250~400 毫克/升）浸泡 20 分钟，然后用清水冲洗干净。

2. 门把手、水龙头、桌椅等消毒：每日用含氯消毒液（有效氯浓度 100~250 毫克/升）擦拭一遍，滞留 10~30 分钟；用清水擦掉残留消毒液。

3. 厕所、便器的消毒：每日 1~2 次用含氯消毒液（有效氯浓度 400~700 毫克/升）浸泡 30 分钟。地面保持清洁干燥。

4. 抹布的消毒

（1）每次使用后，用水将黏附在抹布上的污物冲洗掉；用肥皂水及清水冲洗干净。

（2）每日用消毒液（有效氯浓度400毫克/升）浸泡20分钟，控水、晾干存放。

5. 玩具的消毒：每周用含氯消毒液（有效氯浓度100~250毫克/升）擦拭或浸泡10~30分钟，清水擦拭或冲洗残留消毒液。

6. 图书的消毒：经常在阳光下翻晒6小时（图1-2-2）。

7. 被褥的消毒：每月暴晒一次，每次4~6小时。

注意： 翻晒图书、被褥时，不能相互叠放。

图1-2-2　图书翻晒

8. 清洁用具的消毒：每次使用后及时清洗，保持干燥。拖把可用消毒液浸泡（有效氯浓度400毫克/升）20分钟，消毒后控水、晾干存放。

9. 体温计的消毒：使用75%~80%乙醇溶液浸泡消毒3~5分钟。

案例展示厅 ▶

呕吐包的使用方法

早餐后，杨老师正在组织中三班的幼儿进行区域活动，只见小苹果捂着肚子，脸色苍白，走到老师身边哭腔道："老师，我难受！"正说着，哇的一声吐了一地，杨老师立即请保育教师带孩子去保健室看病，自己则拿了两把小椅子把呕吐物挡起来，以防幼儿踩到，并带其他幼儿远离呕吐物区域。

随后迅速拿来一次性呕吐包：

① 依次戴上一次性口罩及帽子、穿上一次性隔离衣、戴上一次性手套及鞋套；

② 打开清洁吸附巾，将A面覆盖呕吐物；

③ 准备黄色垃圾袋；

④ 5分钟后，按压B面塑料面，直至液体全部吸附；

⑤ 卷裹擦拭地面呕吐物，放入呕吐包原包装袋密封，丢入黄色垃圾袋；

⑥ 取出一片消毒湿巾，从清洁区到污染区画圈状擦拭地面，擦完丢入黄色垃圾袋；

⑦ 再取出一片消毒湿巾，按上述方法重复一遍，擦完丢入黄色垃圾袋；

⑧ 按顺序脱下一次性手套、隔离衣、帽子、口罩、鞋套，丢入黄色垃圾袋，用扎带扎紧黄色垃圾袋，再套上一层黄色垃圾袋，封口；

⑨ 联系卫生保健人员通过专门处置渠道进行转运（切忌与生活垃圾混放）；

⑩ 用洗手液或肥皂，流动水下按七步洗手法彻底洗净双手。

分析　托幼机构是诺如病毒感染性腹泻、手足口病等传染性疾病高发的场所，当幼儿发生疑似传染病症状时，如果不及时有效地处理，会造成传染病的蔓延。

四、消毒记录

1. 各种物品消毒工作应有详细的记录,包括消毒日期、物品名称、消毒方式、消毒液浓度、消毒时段、消毒持续时间、具体操作人员。紫外线灯消毒记录应包括每次消毒时间、累积已使用时间、剩余可使用时间(按每支灯管使用寿命为 1 000 小时计)。

2. 每学期将各种消毒记录装订成册,归类存档。

案例展示厅 ▶

紫外线灯的使用及消毒记录

下午三点半是幼儿户外活动时间,待幼儿全部离开活动室后,保育员小陈关闭了所有门窗,打开紫外线灯,进行室内空气消毒。四点半,关闭紫外线灯,打开门窗通风换气,并及时做好消毒记录(表 1-2-1)。五点准备迎接户外活动回来的孩子进行晚餐前的盥洗工作。

表 1-2-1　紫外线灯消毒记录表

消毒日期	使用时间	消毒时间	累积已使用时间	剩余可使用时间	具体操作人员
×年 4 月 21 日	16:00	60 分钟	270 小时	730 小时	小陈
×年 4 月 22 日	16:00	60 分钟	271 小时	729 小时	小陈

分析　此案例逐一描述了紫外线灯的使用方法及操作细节,并列表详细记录了使用情况,对保育员应该掌握的消毒环节起到了示范作用。

巩固练习

一、选择题

1. 常用的物理消毒方法有(　　　)。(多选)

　A. 紫外线消毒法　　　　　　B. 煮沸、蒸气消毒法

　C. 消毒剂消毒法　　　　　　D. 红外线消毒法

2. 消毒剂应放在(　　　)。

　A. 厕所　　　　　　　　　　B. 方便保育员取放的地方

　C. 幼儿拿不到的地方　　　　D. 水池边

3. 幼儿园厕所消毒的次数是(　　　)。

　A. 两天一次　　　　　　　　B. 每天至少一次

　C. 每周一次　　　　　　　　D. 每周三次

二、简答题

日常消毒工作的内容及注意事项是什么?

三、实操题

请分别设计合理的表格，详细记录紫外线灯空气消毒、餐具消毒保洁、毛巾消毒的具体内容。

四、论述题

某幼儿园小一班发现了两例手足口病患儿，试述如何做好该班的消毒工作。

项目三　晨、午、晚检

项目导读

　　通过本项目学习,掌握晨、午、晚检的工作程序和主要内容。对于有自带药的幼儿,应建立详细的服药记录及全日健康观察记录。

学习目标

　　1. 了解晨、午、晚检的主要内容;

　　2. 掌握晨、午、晚检的工作程序;

　　3. 协助教师和保健医生做好晨、午、晚检工作。

情境导入

　　午睡时,保育员李老师发现豆豆用被子蒙着头趴在床上,于是轻轻走上前把被子拉下来,小声告诉豆豆蒙头睡觉对身体不好,是不是哪儿不舒服。只见豆豆紧闭着小嘴巴,眼睛直直瞪着老师一声不吭。李老师觉得有点蹊跷,经过再三询问,豆豆终于张嘴了,原来豆豆嘴里含着一粒小扣子。幸亏及时发现豆豆的异常表现,否则万一……李老师意识到晨、午、晚检工作真的与幼儿的健康和安全息息相关。

　　作为保育员,应如何落实晨、午、晚检工作?

基本知识

一、晨、午、晚检的意义

　　晨、午、晚检是托幼机构预防疾病的重要手段,也是预防幼儿意外伤害的有效措施。保育员应该掌握晨、午、晚检的主要内容和工作程序,才能协助教师安排好幼儿一日活动。

二、晨、午、晚检的主要内容

通过一摸、二看、三问、四查的方法了解幼儿的健康状态及个人卫生现状(图1-3-1),以便做到对疾病的早发现、早报告、早隔离、早治疗;及时发现幼儿携带的存在安全隐患的物品,防止意外伤害事故的发生。

图1-3-1 晨检

三、全日健康观察

1. 精神:观察幼儿是否比平时活跃、容易发脾气、表情异常的情况。

2. 面色:幼儿的面色是否比平时苍白或发红。

3. 食欲:幼儿是否突然食欲很差,或有恶心、呕吐等现象。

4. 大小便:平时大便比较规律的孩子有无出现便次增多或无便,且形状、颜色、气味异常;小便次数增多,且颜色加深或浑浊等异常情况。

5. 睡眠:平时入睡快、睡得安稳的幼儿,如果出现入睡困难、睡眠不安、烦躁、哭闹等是身体不舒服的表现。

6. 体温:幼儿正常体温范围为36~37℃,易随室温、衣着、饮食、运动等影响而有所变化。

7. 皮肤:观察幼儿皮肤表面有无刮、碰伤痕、皮疹等。

案例展示厅 ▶

密切观察幼儿并掌握测量体温的方法

洋洋是个活泼的孩子,平时一点也不安静,可是今天吃午点时却趴在桌子上,不想吃也不愿意动,小脸蛋看上去红扑扑的,保育员陈老师一摸洋洋的额头,有点发烫,赶紧拿来体温计(图1-3-2)。

(1)先检查体温计的水银线是否在35℃以下(用一只手捏住体温计的上端,使表与眼睛平行,轻轻转到可以清楚地看出水银线的刻度。若水银线的度数超过35℃,可向下向外轻甩几下,使水银线降至35℃以下)。

(2)用酒精棉球消毒水银头端。

(3)将水银头端插在洋洋的腋窝中央,并帮助他用对侧手扶住测温的手臂夹紧体温计,保证体温计与其身体密切接触,5分钟后取出读数——38℃。

陈老师立刻给洋洋喝了一杯温水,并做额部冷敷(图1-3-3),同时与卫生保健人员联系。

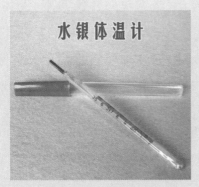
图 1-3-2 体温计

图 1-3-3 额部冷敷

分析 本案例通过细致观察幼儿的一般情况,及时发现身体异常幼儿;详细描述了测量体温的具体步骤。这是作为幼儿园保育工作者应该掌握常用的护理技术。

注意: 测体温时,腋窝要保持干燥;水银端不能伸出腋窝外。

指导策略

一、晨、午、晚检的工作程序

保育员应该掌握晨、午、晚检的方法及工作程序,协助教师及保健医生了解幼儿的情绪及身体状况;对患病的幼儿要给予特殊照顾;发现有异常情况的幼儿,要及时报告保健医生。

(一)日托幼儿园的晨、午、晚检

1. 在对幼儿进行晨、午、晚检之前,帮助幼儿脱去外衣、帽子,并将之叠放于固定的地方。

晨、午、晚检

2. 晨检方法

一问:仔细向家长询问前一晚幼儿在家的情况,包括情绪、饮食、睡眠和大小便等,对异常情况要详细登记。

二看:仔细查看幼儿的精神、体态、面色、皮肤、唇色、咽部有无异常,巩膜有无充血或黄染,口腔黏膜有无疱疹,咽部有无充血或扁桃体红肿,手部及周身有无皮疹。

三摸:摸幼儿有无发热及腮腺、淋巴结肿大现象,必要时测体温。

四查:检查幼儿指甲及双手卫生状况,检查幼儿是否携带危险物品入园,衣着是否整洁。

五登记:及时记录晨检时异常情况的处置结果,对带药入园的幼儿,按幼儿自带药管理相关制度进行登记。

注意:

(1)晨检之前保育员要用热水洗净双手,保持手的温暖,要态度温和,动作轻柔。

（2）感受幼儿前额的温度时将手心贴在其额头,若感觉幼儿体温异常,安抚其坐下,测量体温。

（3）对带药入园的幼儿,向其家长索要病历及处方,并详细登记患病幼儿的姓名、病症、诊断、服用药物的名称及用法,登记完毕需请家长签字确认。特别要注意查看幼儿所带药物的标签是否清楚、是否受潮变质过期、包装是否完整。

（4）将幼儿携带的药物妥善放置于婴幼儿够不到的地方。

（二）全托幼儿园的晨、午、晚检

1. 唤醒仍然在睡眠中的幼儿,协助教师及保健人员晨检。

2. 晨、午检时拉开窗帘。

3. 午、晚检时仔细观察幼儿的睡眠状态,帮助其保持正确的睡姿,发现异常情况及时通告保健人员。

4. 午、晚检时提醒已醒的幼儿如厕。

注意：午、晚检时应再次检查幼儿是否将小物件等危险物品带上床,并妥善保管。

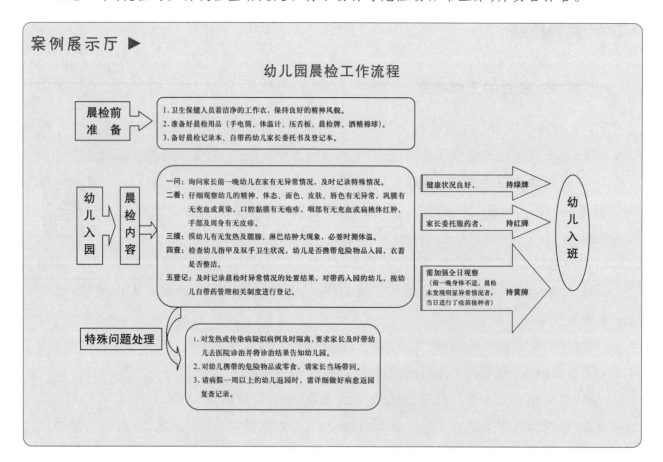

二、全日观察

1. 观察对象

（1）服药的幼儿。

（2）早上入园时精神情绪不好的幼儿。

（3）夜晚在家腹泻的幼儿。

（4）体弱幼儿,如患有贫血、营养不良、生长发育异常的幼儿。

（5）前一两天刚接种过疫苗的幼儿。

（6）感冒咳嗽的幼儿。

（7）夜晚在家发烧、入园时体温正常的幼儿。

（8）其他幼儿在园的精神状况。

2. 观察方法

（1）对于有特殊情况的幼儿,要根据症状观察其精神状况、情绪、体温、饮食、睡眠、咳嗽及大便性状的变化,在一日生活中给予更多的照顾。

（2）认真做好全日观察记录。

三、喂药

1. 根据用药登记准备药物。

2. 仔细核对药名与幼儿的姓名及服药剂量。

3. 准备服药用的温开水。

4. 态度温和帮助幼儿服药。对较小的幼儿或能力弱的幼儿应采用正确的方法喂药。

5. 做好服药记录。

案例展示厅 ▶

服药记录及全日观察记录表

姓名	年龄	性别	病名及症状	药名及用法	服药时间		全日观察情况	给药人签字
					上午	下午		
田甜	5 岁	女	感冒咳嗽	小儿清肺颗粒 每次一包,每日三次 温水冲服	9:00	3:00	白天偶尔咳嗽 午睡时无咳嗽	李梅
……								

　　分析　本案例以表格的形式将服药记录与全日观察记录有机地结合起来,通过一张表格清晰明了地记录了患病幼儿的服药情况及其病症的全日观察情况,既避免重复记的繁琐,又能全面反映幼儿的用药情况及病情变化,为下一步的治疗提供参考依据。

注意:

(1)做好药品的登记工作,包括幼儿姓名、病名、药名、服法(时间、剂量)等。

(2)为幼儿准备药物一定要细心,切不可出现错误。

 巩固练习

一、选择题

1.晨检中"二看"指( )。

    A. 精神、体态、面色、皮肤、唇色、咽部有无异常,巩膜有无充血或黄染,口腔黏膜有无疱疹,咽部有无充血或扁桃体红肿,手部及周身有无皮疹

    B. 精神状况、牙齿,头发是否梳好

    C. 面色、眼部有无异常,衣服是否穿好

    D. 情绪、大小便情况、皮肤是否有皮疹

2.幼儿自带药的登记工作包括( )。(多选)

    A. 幼儿姓名、性别、年龄   B. 病名及症状

    C. 药名、服法(时间、剂量)   D. 全日观察情况

二、简答题

简述晨、午、晚检的主要内容及注意事项。

三、实操题

如何测量体温?幼儿正常体温的范围是多少?

四、论述题

试述发热、腹泻幼儿的全日观察内容,以及如何照顾这些特殊幼儿。

项目四 组织并指导幼儿进餐

项目导读

　　本项目的重点有两个,一个是餐前的卫生和准备事项,一个是组织幼儿进餐。教会幼儿正确的七部洗手方法,养成餐前餐后洗手习惯;保育员注意餐前的桌面清洁与消毒工作,重视幼儿的餐前情绪调整;注意食物的分发顺序、食物量的掌握,照顾脾胃虚弱的幼儿;提醒幼儿不挑食的饮食习惯;培养幼儿餐前、餐中和餐后的饮食行为习惯。

学习目标

　　1. 培养幼儿餐前洗手的良好习惯;

　　2. 做好幼儿餐前准备、进餐指导和餐后清洁工作;

　　3. 培养幼儿良好的进餐习惯。

情境导入

　　某一小班幼儿前两天得了感冒尚未痊愈,由于家中无人看管,今天又送到幼儿园来了。吃早饭时,饭刚吃了两口,他就吐了一地。班上教师及时将他送到保健医处治疗。

　　作为保育员,面对这样的事情你会怎样处理?

基本知识

一、影响幼儿食欲的因素

　　影响幼儿食欲的因素有很多,幼儿进餐的环境、情绪、身体状况、食物等因素都会影响幼儿的食欲。

　　良好的进餐环境有助于幼儿食欲的产生,进餐室或教室窗明几净、温暖明亮、舒适美观,餐具清洁、摆放整齐,环境安静等条件,有助于幼儿食欲的产生。在幼儿进餐时,为幼儿播放轻松的音乐,也能使幼儿情绪放松、增强食欲。

幼儿进餐心情直接影响着他的情绪,保育员应尽量使幼儿情绪平静,避免过度刺激他们,引起情绪波动,降低幼儿食欲。保育员的语言和情绪是幼儿情绪的一个影响因素,平静和蔼的声音,周到细致的问候都起着稳定幼儿进餐情绪的作用,有利于幼儿产生旺盛的食欲。而保育员消极的情绪和与进餐无关的大声说笑都会影响幼儿进餐的情绪。另外,保育员应避免在幼儿进餐时批评他们,有问题可以在户外活动时间解决。同时保育员不宜催促幼儿吃饭或进行吃饭比赛,因为在急急忙忙的进餐中,幼儿会囫囵吞枣,对食物的咀嚼不充分,从而加重胃肠的负担,导致消化不良。另外,比赛吃饭会引起幼儿急躁情绪,使神经兴奋,消化道蠕动减慢,消化液分泌减少,影响幼儿对食物的消化和吸收。还有,保育员在幼儿进餐时打扫卫生,也会影响他们的食欲,因此应避免这种行为。

幼儿身体的健康是影响其食欲的另一个因素。疾病中的幼儿常常食欲很差,如患感冒、肠胃不适、服用药物,都会影响胃肠的功能,引起明显的食欲下降。运动会增加全身的消耗,促进胃肠的蠕动,有利于幼儿产生饥饿感。而不运动的幼儿全身消耗少,容易出现食欲不良。

千篇一律的食物和食物味道不好,都会使幼儿食欲下降。食物种类丰富、形式多样、色香味俱全,会刺激幼儿的感官及摄食中枢,使幼儿产生旺盛的食欲。而食物的种类和做法恒久不变,会抑制幼儿的摄食中枢,使得幼儿对美食的盼望会逐渐减弱,对食物的兴趣减弱,导致食欲下降。

二、提高幼儿食欲的方法

1. 使幼儿饮食多样化,注意食物的色香味形,以吸引幼儿进食(图1-4-1)。
2. 创设良好的进餐物质环境。
3. 保持幼儿愉快、平静的进餐情绪。
4. 尽早教会幼儿自己动手吃饭,可以提高幼儿进餐的兴趣(图1-4-2)。

图1-4-1 幼儿食物

图1-4-2 幼儿进餐

5. 科学而适当的体育锻炼,保持幼儿健康,可以使其保持良好的食欲。

三、幼儿园进餐时间参考表

早餐 8:20—8:40;

午餐 11:40—12:10;

午点 14:30—14:45;

晚餐 17:20—17:45。

案例展示厅 ▶

为什么要洗手?

红红幼儿园小一班的王老师带全班小朋友到园里的科学实验室去做游戏,小朋友们可高兴了。实验室里放着许多"科学仪器",小朋友们都不知道是什么东西,从来也没见过,大家不由自主地把头伸向"仪器"看了起来,可什么也看不到。这时,王老师拿出一个方盒子,从里面取出几天前在小朋友手上涂抹后取的样本,经过几天的细菌培养,现在放显微镜下请小朋友们看看,不看不知道,一看吓一跳,小朋友们手上的"小虫子"可真不少。王老师告诉小朋友:这就是我们肉眼看不到的"细菌"!我们的手接触外界会带有许多细菌,这些细菌是看不见、摸不着的,如果不将双手洗干净,手上的细菌就会随着食物进入肚子,小朋友们就会因为吃进不干净的东西导致生病。所以,我们每天都要养成爱洗手、勤洗手的好习惯。

分析 通过实验,让幼儿亲身感受到"细菌"的存在,明白认真洗手的重要性,从而更容易培养孩子讲卫生的好习惯。

 **指导策略**

一、指导幼儿餐前洗手

(一)洗手前准备

1. 为幼儿准备好洗手香皂。

2. 教会幼儿向上卷袖口,先卷左手袖口,再卷右手袖口。

3. 每个水龙头前站一名幼儿,用流动水洗手,关小流量,避免水沾到幼儿身上,弄湿衣服。

4. 为幼儿准备好擦手毛巾(一人一巾)。

正确洗手

七步法

（二）正确的洗手七步法

正确的七步洗手方法:内、外、夹、弓、大、立、腕。

第一步(内):洗手掌。流水湿润双手,涂抹洗手液(或肥皂),掌心相对,手指并拢相互揉搓;

第二步(外):洗背侧指缝。手心对手背沿指缝相互揉搓,双手交换进行;

第三步(夹):洗掌侧指缝。掌心相对,双手交叉沿指缝相互揉搓;

第四步(弓):洗指背。弯曲各手指关节,半握拳把指背放在另一手掌心旋转揉搓,双手交换进行;

第五步(大):洗拇指。一手握另一手大拇指旋转揉搓,双手交换进行;

第六步(立):洗指尖。弯曲各手指关节,把指尖合拢在另一手掌心旋转揉搓,双手交换进行;

第七步(腕):洗手腕、手臂。揉搓手腕、手臂,双手交换进行(图1-4-3)。

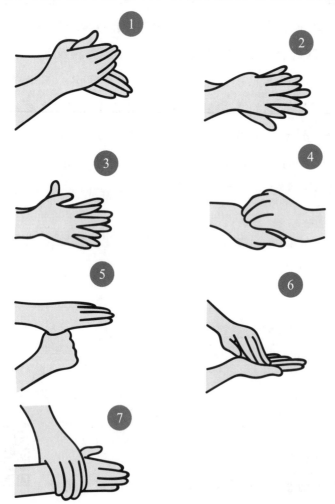

图1-4-3 七步洗手法

二、进餐前准备

（一）稳定幼儿情绪

在保育员做进餐前的准备过程中,组织幼儿入座,轻声播放柔美舒缓的音乐,稳定幼儿情绪,或由教师组织幼儿做一些手指游戏,等待进餐。此时不宜做过于兴奋、动作过大的游戏,以免情绪激动影响幼儿进餐食欲。

（二）保育员做好餐前的清洁工作

1. 组织幼儿认真洗手(图1-4-4)。

2. 首先要用配比合适的84消毒液对幼儿餐桌的桌面、侧面进行消毒擦拭,然后用清水擦拭两遍,避免残留。

3. 用肥皂洗手两次,再用清水冲洗干净。

4. 取出消毒好的餐具。

（三）指导值日生做好餐前准备工作

1. 保育员为小班幼儿分发餐具(图1-4-5)。

图1-4-4　组织幼儿洗手

图1-4-5　分发餐具

2. 中大班由值日生分发餐具,值日生在分发餐具前,用肥皂洗手两次,冲洗干净后分发餐具。

3. 分发的餐具主要有餐盘(快餐式)、汤碗、勺子(或碗、盘子、勺子),小班幼儿以勺子为主,中大班幼儿可以使用筷子。

4. 餐具摆放方法:餐盘(快餐式)摆放在幼儿正对着椅子的位置,汤碗放在餐盘前,勺子放在汤碗里;碗摆放在正对着椅子的位置,盘子放在碗的前面,勺子(或筷子)就放在盘子上。

注意:发放勺子或筷子时,应抓、拿在勺柄处或筷子尾端,摆放整齐。

5. 幼儿安静参与师幼谈话活动,或欣赏音乐、听故事等活动,主班教师安排吃饭慢的幼儿先进行盥洗,然后分批安排其他幼儿盥洗,副班教师在盥洗室指导幼儿盥洗,保育教师准备饭菜。

（四）食物的保温

饭菜的保温保洁原则:冬季保温,夏季散热。

夏季饭菜过热,需将饭菜端至电风扇附近帮助散热。

幼儿进餐地点与食堂不在一处的幼儿园,应给盛饭、菜、汤的容器加盖子,以达到保温和保洁的目的。

三、组织幼儿进餐

（一）为每位幼儿分发食物

公平对待每位幼儿,首先按平均食量,为每位幼儿分发等量的饭菜;其次根据幼儿个体差异,按日常进食量,少量频添饭菜。

饭菜分别添置在餐盘的不同位置;用碗、盘的分别装在碗和盘中。

分发饭菜顺序:先盛饭,后盛菜,吃完饭后再盛汤。

（二）添加饭菜

为幼儿添加饭菜时,根据幼儿日常食量,少盛频添,及时添加,保证幼儿吃好、吃饱。

1. 为幼儿添加饭菜,要使用盛饭勺、盛菜勺、食品夹子等工具,不能用手取食品。盛汤时,先用汤勺将汤搅匀,再分给幼儿,避免上清下稠。

对特殊幼儿关照:对营养不良幼儿、脾胃虚弱幼儿,耐心照顾,允许少量进餐,细嚼慢咽,逐步调整饮食数量和速度;对偏食幼儿,要注意观察,正确指导,均匀膳食摄取;对肥胖幼儿,要控制摄取食量,保证正常消耗。

2. 允许大班幼儿根据自己的食量盛、取主食,保育员给予帮助和指导。

进餐指导

（三）进餐指导

1. 幼儿进餐前,向幼儿介绍主副食的名称、主要营养含量、食用功能等基本知识。

2. 教给幼儿进餐的坐姿:双脚平放地面,身体略微前倾,双臂自然放在餐桌边缘,左手扶碗,右手拿勺(或筷子)。

注意:不强制纠正幼儿左右手的使用。

就餐动作:一只手拿勺子(或筷子),一只手扶住碗,一口饭、一口菜,闭口咀嚼,细嚼慢咽,一口咽下再吃下一口,眼睛看着自己的饭菜(图1-4-6)。

注意:提醒幼儿不东张西望;口中有食物时,不能说话;不弄洒饭菜。

教给小(中)班幼儿用勺子的方法:右手拇指在上,食指和中指在下,捏住勺把靠上的部分,勺子凹陷部位朝上,舀食物时,不宜太满,舀半勺食物送入口中,吃完再舀。

教给大(中)班幼儿用筷子的方法:辨认筷子的大小头部位,小头朝下,大头朝上;右手握住两根筷子,让两根筷子从大拇指和其余三指间穿过,外侧的一根靠在食指和中指间,内侧的一根筷子靠在中指和无名指上,中指放在两根筷子中间,大拇指搭在两根筷子的中间偏上部,依靠中指和食指夹住上面的筷子,左右活动(图1-4-7)。

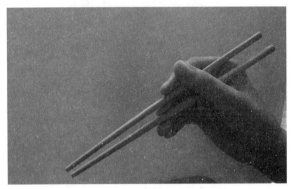

图1-4-6　幼儿就餐　　　　　　　　图1-4-7　正确使用餐具

3. 巡回指导幼儿就餐,观察幼儿进餐速度,及时提醒幼儿喝汤。

注意:不能催促幼儿快速吃饭,避免呛着幼儿或吃后不消化。

4. 幼儿吃完饭菜后,自己主动领取水果入座享用,吃完后将果盘放置待清洗盆中。

四、餐后清洁工作

(一)送餐具、清洗

幼儿进餐结束后,主动将自己用过的餐盘、碗、勺子,放入待清洗的盆中,留待保育员清洗消毒(或由保育员送食堂,由专人清洗消毒)(图1-4-8)。

(二)餐后幼儿漱口

进餐后,组织幼儿用自己的口杯接温水漱口,清理口腔中的残留食物。

漱口的方法:

1. 用自己的口杯接半杯温水,端在手中。

2. 喝半口水含在嘴里,用力在口腔中来回冲漱,吐到水槽中(可以多次冲漱)。

3. 再喝半口水在嘴里,仰头漱嗓门后吐到水槽中。

4. 将口杯中剩余的水倒在手中,清洗嘴角四周残留的食物。

5. 打开水龙头,冲洗口杯内外,然后将口杯放回杯架自己的杯子位置。

(三)指导幼儿擦嘴、散步

漱口后,幼儿拿取自己的毛巾擦干净嘴上的水迹,擦干净自己的手,然后将毛巾放在待清洗的脸盆中,留待保育员清洗(图1-4-9)。

待大多数幼儿吃完饭后,由主班教师组织幼儿外出散步。个别吃饭慢的幼儿由保育员或副班教师指导进餐。

图 1-4-8 送还餐具

图 1-4-9 幼儿擦嘴

（四）清理餐桌、地面

1. 幼儿用餐后，保育员将餐桌残留物清理干净，先用掺有洗涤剂溶液的水洗涤抹布，其次擦拭桌面，去除油渍；最后用清水冲洗过的抹布将桌面擦拭干净。

2. 待幼儿离开后，将幼儿遗落在地面的食物先扫干净，然后用湿拖把将地面拖干净；中大班幼儿可由值日生饭后扫地，并用簸箕清理干净。

3. 如果地面有油渍，保育员需用洗涤剂水拖洗地面，去除油渍，再用清水拖把拖干净，以免幼儿滑倒。

五、培养幼儿良好的进餐习惯

1. 培养幼儿餐前餐后洗手的卫生习惯。

2. 培养幼儿食不言的安静就餐习惯。

3. 培养幼儿不挑食不偏食的饮食习惯。

4. 培养幼儿爱惜粮食、不浪费粮食的习惯。

5. 纠正偏食幼儿的饮食习惯。

6. 培养幼儿餐后漱口、擦嘴的卫生习惯。

7. 培养幼儿饭后散步的习惯。

六、进餐环节的注意事项

1. 饭菜送到班级时，特别注意饭菜的温度和摆放位置，避免幼儿打翻、碰撒而烫伤幼儿。

2. 幼儿餐具摆放、使用过程中，如果落地，应立即更换。

3. 分发饭菜时，要使用公用餐具，不能用手拿取；不能将饭、菜、汤同时盛于一碗中，影响幼儿食用、消化；盛汤时，碗中的汤不易过满，防止洒出烫着幼儿。

4. 进餐过程中,不允许幼儿说笑打闹,防止食物呛入气管。

5. 及时清理幼儿洒落地面的食物、幼儿呕吐的食物以及打翻饭碗的桌面、地面,保持幼儿进餐环境卫生。

6. 及时纠正幼儿进餐的坐姿、用勺子筷子的不正确方法。但不能高声训诫,避免影响幼儿进餐情绪。

案例展示厅 ▶

什么都爱吃

我们园里刚入园的小班幼儿,没有集体生活的经历,一进幼儿园吃着和家里不一样的饭,很不习惯,开始挑食,这个不吃、那个不吃,碗里剩下一堆食物;还有的小朋友一看是不喜欢吃的饭菜,干脆不吃,哭着、喊着让家人送饭来。如何帮助幼儿养成不挑食、不偏食的好习惯呢?经过和班上教师的沟通,我们决定从以下几个方面入手:

1. 分享绘本《吃饭不挑食》。用讲故事的形式,让孩子们懂得既要吃蔬菜,又要吃荤菜,幼儿园里的饭菜是经过营养师的调配,专门为孩子们生长发育进行的营养搭配,有利于身体健康和生长发育。通过绘本故事的分享,很多孩子在当天吃饭时,都吃得特别好,盛到碗里的饭菜都吃完了。保育老师及时表扬和鼓励了小朋友们,让他们养成不挑食、不偏食的好习惯。

2. 学习儿歌《不挑食》,通过观看视频,教育幼儿不管是在幼儿园还是家里都要按时吃饭,不挑食,做一个快乐的健康宝宝。

3. 通过电话、微信及时与家长沟通,家园共同配合,帮助幼儿养成不挑食、不偏食的好习惯。

分析　在每顿饭前,详细地给幼儿讲解食物的营养成分,对幼儿身体成长发育有哪些好处;挑食有哪些坏处,对身体有哪些影响。让幼儿知道不挑食、不偏食,身体才能健壮,从而帮忙他们树立正确的饮食观念,培养健康的饮食习惯。

 巩固练习

一、选择题

正确的七步洗手法顺序是(　　　)。

A.①内　　②外　　③夹　　④腕　　⑤立　　⑥弓　　⑦大

B.①立　　②外　　③内　　④夹　　⑤弓　　⑥大　　⑦腕

C.①内　　②外　　③夹　　④弓　　⑤大　　⑥立　　⑦腕

二、排序题

餐后漱口的正确顺序是(　　　　)。

　　A. 用自己的口杯接半杯温水,端在手中

　　B. 喝半口水含在嘴里,用力在口腔中来回冲漱,吐到水槽中

　　C. 再喝半口水在嘴里,仰头漱嗓门后吐到水槽中

　　D. 将口杯中剩余的水倒在手中,清洗嘴角四周残留的食物

　　E. 打开水龙头,冲洗口杯内外,然后将口杯放回杯架自己的杯子位置

三、简答题

1. 保育员应做好哪些餐前清洁准备工作?

2. 保育员应做好哪些餐后清洁工作?

四、实操题

模拟一次组织幼儿进餐的程序,并用文字陈述出来。

五、论述题

保育员应如何培养幼儿七步洗手的良好习惯?

项目五　指导幼儿饮水

项目导读

　　本项目从三个方面对指导幼儿饮水进行阐述:一是为幼儿准备饮用水,二是指导幼儿饮水,三是培养幼儿良好的饮水习惯。通过保育员的正确指导,保证幼儿摄入充足的水分,促进身体健康。

学习目标

1. 能够做好幼儿饮水前的准备工作;
2. 能够指导幼儿饮水并做好幼儿饮水后的清洁工作;
3. 能够培养幼儿主动饮水的好习惯。

情境导入

　　龙龙是个活泼爱动的孩子,活动量大、出汗多,所以保育员张老师会特别提醒龙龙多喝水,可是,最近张老师发现龙龙的尿量少,颜色发黄,还有一些轻微的缺水症状。这到底是怎么回事?张老师悄悄地观察了龙龙的喝水情况,发现他急于玩耍,喝水的次数多,可是每次只喝一小口,喝水量不足。

　　作为保育员,应怎样指导幼儿饮水?如何培养幼儿良好的饮水习惯?

基本知识

一、饮水对婴幼儿健康的作用

　　水是人生命中最重要的物质。水在人体内的含量是不同的,一般来说随着年龄的增加而减少。胚胎体内的水约占整体的90%,胎儿体内的水约占整体的80%,幼儿体内的水约占整体的 70%。可见,水是维持婴幼儿生命的最重要营养素。

二、科学确定幼儿饮水量

根据正常生理需要,不同年龄的幼儿对水的需要量也有所不同,3—6 岁的幼儿每天每千克体重应摄取 90~110 毫升的水,3—6 岁幼儿每天需水总量为 1 200~1 500 毫升,主要通过食物、体内新陈代谢、直接饮水来获得。根据幼儿每天正常进食量,一个正常的幼儿一天食物中水的含量约 700 毫升,体内新陈代谢可获得水量很少,可忽略不计。因此,每个幼儿每天至少要直接饮水约 800 毫升(图 1-5-1)。

三、喝白开水,不要喝饮料

幼儿新陈代谢旺盛,需水量相对较高,以碳酸饮料代水或饮料摄入量过高,会影响幼儿的消化,使幼儿容易发生龋齿,而且还会造成能量摄入过多,从而导致肥胖或营养不良等问题,不利于儿童的生长发育(图 1-5-2)。

图 1-5-1　幼儿饮水

图 1-5-2　幼儿饮水时间

四、幼儿园饮水时间参考表

第一次教学活动之后 9:20—9:30;

第二次教学活动之后 10:00—10:10;

幼儿午睡起床后 14:30—15:00;

下午户外活动之后 16:00—16:30。

除规定时间外,幼儿可根据需要自己随时饮水。

案例展示厅 ▶

让孩子知道一天的饮水量

通过教学活动,幼儿基本知道自己一天喝的水有800毫升左右,可是对于这个数值,没有量化的概念,为了帮助幼儿对自己一天应该喝多少水,有一个更明确的界定,保育员张老师想到了一个小实验:

张老师拿来一个有刻度的杯子,然后在杯子里装800毫升水,让小朋友自己把杯子中的水倒进自己平时喝水的小杯子里(幼儿用杯子水量约100毫升),1杯、2杯……最后倒满了8小杯,这样,幼儿清楚地知道了自己一天应该喝8小杯水。再通过平常的教育活动,让幼儿形成每天喝8杯水的好习惯。

分析　通过这个小实验,将抽象的数量概念具体化,让幼儿在动手实践的过程中,对一天到底需要喝多少水有了量化概念。

指导策略

一、为幼儿准备饮用水

(一)清洁水杯

1. 要求每日清洁一次,为幼儿准备干净的喝水用具。

2. 用洗涤灵或去污粉擦拭杯口、杯内;用小刷子刷洗杯把手。

3. 用0.5%洗消净浸泡5~10分钟(或煮沸15~30分钟,或蒸气10~15分钟),然后需用流动清水冲洗干净。

4. 为每个幼儿的水杯做好标记,保证幼儿一人一杯。

(二)清洁设备并准备饮用水

目前,幼儿园主要存在着三种供水设备:一是用保温桶,二是用饮水机,三是采用直饮水的方式。

1. 采用保温桶为幼儿准备饮用水

(1)清洁保温桶(图1-5-3)

① 保育员要倒掉前一天的剩水,不要让幼儿喝隔夜水。

② 保育员每天保证用清水将水桶的里外清洗干净。

③ 保育员每天用消毒剂擦拭水龙头和出水口,并放清水冲洗干净,保证保温桶清洁、无死角。

④ 保温桶一般每周消毒一次,做到里外都洗干净,传染病流行季节做到每天消毒。

（2）饮用水准备

① 打水：保育员每天为全体幼儿准备温度适宜的温开水。做到供水充足，随时可以取用。

注意：保温桶、水壶中不要盛开水进教室。

② 控制水温：保育员要根据天气的情况做好饮用水水温的控制，水温不能过烫，水的温度以滴在手背上不烫为宜，确保幼儿有温度适合的白开水饮用。

2. 采用饮水机为幼儿准备饮用水

（1）清洁：每天擦拭饮水机（图1-5-4），尤其要对出水口处进行清洗，一般1个月左右对饮水机消毒一次。

图 1-5-3　保温桶

图 1-5-4　饮水机

（2）饮用水准备：保育员每天早上为饮水机插上电源，并及时更换桶装水，每桶水的使用最好不超过一周。

（3）保育员要确保幼儿离园后拔掉电源。

3. 采用直饮水为幼儿准备饮用水：采用直饮水方式要定期更换滤芯、滤膜或清洗设备，定时将水样送检，经检测合格后方能供水。

二、指导幼儿饮水

1. 幼儿喝水前洗手，并取用自己的杯子（图1-5-5）。

注意：为了防止幼儿洒水，应正确地摆放水杯，可在桌子上提前贴上摆放杯子的标志；再准备一块毛巾，以便将幼儿洒的水及时擦掉。

图 1-5-5　取用杯子

2. 接水。幼儿在接水时，先接半杯，喝完后可以再接（图1-5-6）。如果是桶装纯净水，中班和大班的幼儿可以先接小半杯凉水，再接等量的热水，使水温适宜。

注意：

（1）在给幼儿喝水前一定要先空放一两杯水，并且将水倒掉。

（2）接水不宜太满，以免烫伤，或者泼洒出来。

（3）在幼儿接水时,要注意幼儿有没有及时关掉饮水口的开关。接热水时保育员要指导小班幼儿使用饮水机,注意不要烫伤幼儿。

（4）在幼儿接水时,可在保温桶的下面放置一个水桶,防止水流到地面上滑倒幼儿;保育员要提醒幼儿接水不能太满;接完水回座位的时候别跑或者打闹,避免将水洒出,滑倒幼儿。

3. 喝水。取水后,幼儿应双手捧杯慢慢回到座位。指导幼儿两手拿水杯,一手握杯把,一手托住杯身(图1-5-7)。开始喝时要小口尝试,避免烫嘴。若水较烫,应等水凉了再喝。结合教育活动,注意培养幼儿节约用水的好习惯。

注意:

（1）幼儿应坐在自己的座位上喝水,避免泼洒。

（2）幼儿喝水时要一口一口慢慢喝,避免呛水。

（3）幼儿运动后,不宜大量饮水,否则会增加回心血量,加重心脏负担。

图1-5-6　接水

图1-5-7　喝水

4. 喝水后将水杯放回原处。

三、饮水后的清洁工作

在幼儿把水杯放回原处后,保育员要做好桌面及地面的卫生清洁工作。

四、培养幼儿良好的饮水习惯

1. 培养幼儿主动饮水的习惯。

2. 培养幼儿慢饮水的习惯。

3. 培养幼儿补充饮水的习惯。根据运动量、出汗量主动补充饮水的习惯。

4. 培养幼儿喝白开水、不要喝饮料的习惯。

5. 培养幼儿节约用水的习惯。

案例展示厅 ▶

植物宝宝爱喝水

丁丁的喝水问题让家长很挠头,妈妈几乎每天来送丁丁的时候都要嘱咐教师,让丁丁在幼儿园多喝水。丁丁在家也不肯多喝水,嘴唇总是干干的,妈妈希望教师能帮助丁丁改掉坏毛病,为此我苦口婆心没少讲故事,讲道理,可是一遍遍说教孩子听腻了效果也不好。我在保育工作过程中,通过仔细观察丁丁的活动,发现他对"植物角"很感兴趣,于是想出了一个好办法。我对丁丁说:"植物宝宝可爱喝水了,多喝水植物宝宝才能长大不干枯。"(图1-5-8)

图1-5-8 幼儿浇水

"我的植物宝宝不喝水也能长大。"丁丁歪着脑袋说。我拿出两盆长势相近的旱荷花,一盆给丁丁,一盆给自己,对丁丁说:"那我们来比赛,一个给植物喝水,一个不给植物喝水怎么样?"丁丁觉得非常有趣,经过几天的实验,可想而知,丁丁的植物几天就蔫了,而我的植物则苗壮成长,有几个小花苞都快开花了。丁丁着急了,向大家求助,"我的植物宝宝变蔫了,怎么办?"我告诉丁丁,我和我的植物每天喝水,所以才能苗壮成长(从那以后,丁丁不用提醒就能主动去喝水,而且还会观察植物宝宝是不是也渴了,定时给植物宝宝浇水)。

分析 本案例中保育员善于发现幼儿的兴趣点,运用游戏的方式帮助丁丁形成了自觉喝水的意识和习惯。作为一名优秀的保育员老师,不仅要关注幼儿喝水是否足量,还要不断积累好的方法,帮助幼儿养成自觉饮水的习惯。

 巩固练习

一、选择题

1. 在一日生活的各个环节中,往往被忽略的环节是(   )。

    A. 进餐   B. 饮水   C. 户外活动   D. 如厕

2. 3—6岁幼儿每天需水总量为(   )。

    A. 800~1 000毫升   B. 1 000~1 200毫升

    C. 1 200~1 500毫升   D. 1 500~1 800毫升

3. 下列关于幼儿接水环节的说法错误的是(   )。

    A. 幼儿在接水时,先接半杯,喝完后可以再接

    B. 如果是桶装纯净水,托班的幼儿可以先接小半杯凉水,再接等量的热水,使水温适宜

    C. 接水不宜太满,以免烫伤,或者泼洒出来

D. 在幼儿接水时,要注意幼儿有没有及时关掉饮水口的开关

二、简答题

1. 保育员如何为幼儿准备饮用水?

2. 作为保育员,你怎样指导幼儿饮水?

3. 保育员应培养幼儿怎样的饮水习惯?

三、活动设计

请你设计一个方法,可以记录幼儿一天的喝水量,让幼儿形成主动喝水的好习惯。

项目六　指导并照顾幼儿盥洗和如厕

项目导读

　　本项目共分两个任务,一是指导并照顾幼儿盥洗,二是指导并帮助幼儿如厕。任务一重点是组织幼儿盥洗,保育员要细心观察、指导每一个幼儿的盥洗动作,认真纠正不正确动作;培养幼儿爱清洁的卫生习惯,定时、有规律地盥洗,形成良好习惯。任务二着重在指导如厕上下功夫,帮助幼儿学习如厕的完整动作,自己能够独立如厕,培养幼儿便前便后洗手和便后及时冲洗厕所的卫生习惯。

任务一　指导并照顾幼儿盥洗

学习目标

　　1. 能够为幼儿盥洗准备条件;

　　2. 能够指导帮助幼儿进行盥洗;

　　3. 能够培养幼儿盥洗的自理能力;

　　4. 能够培养幼儿讲究卫生的好习惯。

情境导入

　　让幼儿洗脸可是一件难事,因为多数幼儿都不喜欢洗脸。中二班组织幼儿洗脸时,突然听到丁丁高声叫喊着:"老师快来呀! 我的眼睛眯上了! 快来帮帮我呀!"曲老师立即跑过去,用清水帮丁丁将脸上的肥皂泡沫冲洗干净。

　　保育员该如何教会幼儿洗脸呢?

基本知识

一、培养幼儿盥洗能力对其成长的意义

爱清洁、讲究卫生的好习惯,是使幼儿受用一生的文明行为。保育员教授幼儿盥洗的程序、方法,经过反复练习,形成行为习惯,完成生活自理能力的培养,使幼儿尽早成为独立的、自主的社会人。

二、培养幼儿盥洗能力和习惯的方法

1. 保育员应放手让幼儿自己来练习盥洗。保育员不要认为幼儿自己洗不干净或动作笨拙就取而代之,包办代替。这样做不仅会使幼儿形成依赖他人的习惯,而且会导致独立性差、自我服务能力低。因此,保育员应放手让幼儿自己去练习盥洗。

2. 保育员应该持之以恒地去指导。任何一个盥洗内容都包括许多步骤,只有反复的练习,幼儿才会熟练掌握,并形成习惯。因此需要保育员对他们进行耐心的指导。另外,幼儿经常以游戏的心理或敷衍的心态去进行每日的盥洗,往往洗不干净。所以,指望通过一次指导便可以一劳永逸的思想是不可取的。保育员必须对幼儿进行反复的、持之以恒的指导和训练,才能取得较好的效果。

3. 保育员应因材施教。对不同年龄的幼儿进行盥洗教育,其指导的内容和方法应各有不同。通常,对小班及更小的幼儿以保育员全程帮助为主,在小班的后期,保育员可以在部分简单的环节放手让幼儿独立完成,难以完成的环节帮助完成。保育员应该教育中班阶段的幼儿学会大多数盥洗内容的操作,并在每日的盥洗环节指导幼儿练习。保育员对中班后期及大班阶段幼儿的盥洗指导,应侧重于困难环节的个别帮助,对幼儿的盥洗进行监督和检查。

案例展示厅 ▶

讲卫生,好习惯

放暑假了,小芳却生病了,她得的是手足口病。妈妈带她到医院去看病,医生帮着检查、开药,看完后对她说:"小朋友,以后要注意讲卫生哟!到公共场所后,做完事情时,都要养成勤洗手的习惯,这样就不会生病了。一定要记住!"小芳认真地点点头和妈妈回家了。

回到家后,因为这个病是传染病,其他小朋友也不能来家里玩,她也无法出去玩。小芳一个人在家闷着时,终于想起了幼儿园里教师教的儿歌:"太阳眯眯笑,我们起得早。小手洗干净,刷牙不忘掉。饭前洗洗手,饭后不乱跳;清洁又卫生,身体长得好!"现在真后悔,在幼儿园时,每天都和小朋友们一起洗手,放假回家没人提醒就忘记勤洗手了,以后一定要向儿歌里

唱的那样,认真洗手、讲究卫生,身体才能健健康康不得病,才能和小朋友们一起开心玩游戏,才能成为美丽健康的小姑娘(图1-6-1)!

　　分析　叶圣陶老先生说:"我们在学校里受教育,目的在养成习惯,增强能力。我们离开了学校,仍然要从多方面受教育,并且要自我教育,其目的还是在养成习惯,增强能力。习惯越自然越好,能力越增强越好。"好的卫生习惯不仅关系到孩子的生活问题,更重要的是关系到孩子的健康问题。父母要从小教育孩子:讲究卫生,养成良好的个人卫生习惯。

图1-6-1　幼儿洗手

 指导策略

一、盥洗前准备

(一)准备盥洗的物品

1. 消毒毛巾:先用洗衣粉或肥皂将毛巾清洗干净,再用84消毒液进行浸泡消毒,然后用清水将毛巾漂洗干净,最后毛巾按一定间距进行晾挂干爽,以备幼儿使用(图1-6-2)。

2. 准备个人专用脸盆、洗脚盆:幼儿洗脸一般使用流动水,使用的脸盆应该是个人专用,用后消毒保存。不可共用脸盆,避免沙眼、红眼病等传染病的传播。

寄宿制幼儿洗脚用盆也应该是个人专用,用后消毒保存。

3. 准备温度适宜的清洁水:春、夏、秋三季,幼儿可使用流动水洗脸;冬季寒冷季节,教师要为幼儿准备水温在30~40℃的温水洗脸、洗脚(寄宿制幼儿洗脚)。

(二)训练正确的操作方法

1. 洗手步骤

第一步:左右手依次将衣袖挽起来,洗手时,提醒幼儿双手略低于水龙头,以防止弄湿袖子;水流不宜太大,用后及时关水,减少不必要的浪费;

第二步:按七步洗手法,将手洗干净(参见项目四);

第三步:将衣袖逐一放下,拉直(图1-6-3)。

2. 漱口、刷牙步骤

小班幼儿漱口,中大班幼儿刷牙。

漱口的动作要领:

第一步:用自己的口杯接半杯温水,端在手中;

第二步：喝半口水含在嘴里，用力在口腔中来回冲漱，吐到水槽中（可多次冲漱）；

第三步：再喝半口水在嘴里，仰头漱嗓门后吐到水槽中；

第四步：将口杯中剩余的水倒在手中，低头清洗嘴角四周；

第五步：打开水龙头，冲洗口杯内外，然后将口杯放回杯架自己的杯子位置。

刷牙的动作要领：

第一步：刷牙前先将牙刷用温水浸泡一、两分钟，使牙刷毛变软；

第二步：取出牙刷，挤上适量牙膏；

第三步：刷牙时，先将门牙轻咬合住，用上下刷的刷法对全部牙齿进行刷牙；然后，张开口，用来回刷的刷法对恒牙部位进行刷洗。动作不宜太快，剔除牙缝残留物便可。

第四步：用清水漱口，将口腔中的牙膏沫冲洗干净；

第五步：用清水冲洗牙刷、牙缸；

第六步：将牙刷毛头朝上放进牙缸内，放置在自己的牙缸位置上（图1-6-4）。

图1-6-2　毛巾消毒　　　　图1-6-3　洗手　　　　图1-6-4　刷牙

3. 洗脸步骤

小班幼儿由保育教师帮助洗脸，中大班幼儿可以自己洗脸。

第一步：先将干净毛巾围于脖颈处，两头塞于胸前衣领内；

第二步：将自己的手清洗干净，用手接水将脸打湿；

第三步：用手将香皂涂抹在手上，双手对搓，产生泡沫；

第四步：用香皂泡沫均匀搓洗脸面各部位；

注意：此动作一定要将双眼闭上，直到清水冲洗后才可睁开眼睛。

第五步：用双手接清水冲洗脸面的泡沫；

第六步：取下脖颈处干净的毛巾将脸上水渍擦拭干净；

第七步：将用过的毛巾放置在指定的脸盆中，待保育教师清洗、消毒；

第八步：取适量护肤品于手心，双手对搓，均匀抹于脸上皮肤。

4. 洗脚步骤

寄宿制幼儿洗脚，全日制幼儿每天回家由家长帮助洗脚。

第一步：保育教师为幼儿准备温度适宜的洗脚水，水量在幼儿个人洗脚盆的半盆为宜；

第二步：幼儿搬好小椅子，坐在洗脚盆后 10～15 厘米位置上，将擦脚毛巾搭在小椅背上；

第三步：幼儿将自己的裤子挽起两到三折；

第四步：脱下自己的袜子，拽直袜子，放在屁股下面；

第五步：将双脚放入洗脚盆中，两脚对搓、手搓；

第六步：用擦脚毛巾将左右脚依次擦干；

注意：防止一只脚在盆中不平衡，将水盆踩翻。

第七步：放下挽起的裤脚，站起身。将穿过的袜子交由保育教师清洗；

第八步：小椅子放回原处。

5. 洗臀部步骤

寄宿制幼儿清洗，全日制幼儿回家清洗。

第一步：幼儿如厕；

第二步：男女幼儿分批冲洗臀部；

第三步：男孩子先清洗小便处，请幼儿自己将小便处翻开清水冲洗；清洗肛门处，幼儿将裤子脱到膝盖处，蹲下，老师用水壶淋冲；

女孩子冲洗：将裤子脱到膝盖处，副班教师将幼儿抱起，保育教师用水壶从前向后一次冲洗小便、肛门处；

注意：不可坐盆洗浴。

第四步：用幼儿自己的个人毛巾，将水渍擦拭干净；

第五步：将裤子提起、穿整齐。

二、组织幼儿盥洗

（一）组织集体盥洗

1. 指导幼儿挽衣袖。

2. 指导幼儿分组进行洗手、漱口（刷牙）、洗脸、洗脚、冲洗臀部。先洗手、漱口（刷牙）、洗脸，再洗脚，最后洗臀部。

3. 纠正不正确盥洗动作。对弄湿衣服较严重的幼儿，及时帮助更换衣服，防止感冒。

4. 对动作缓慢幼儿和能力较弱的幼儿给予帮助。

5. 指导、帮助幼儿穿好衣裤、鞋袜。

（二）盥洗后卫生清洁工作

1. 将幼儿用后脸盆、脚盆污水倒掉，收盆。

2. 及时清理地面水渍，防止幼儿滑倒。

3. 清洗幼儿用过的牙缸、脸盆、脚盆、毛巾。

洗牙缸：先用小刷子刷幼儿用过的牙缸，杯口、杯内、杯把手逐一刷洗干净，再用清水冲洗干净，后用84消毒液进行消毒，最后用清水冲洗干净。

刷洗盆子：先用刷子蘸洗衣粉，将幼儿用过的脸盆、脚盆刷洗干净，再用清水冲洗干净，后用84消毒液进行消毒，最后用清水冲洗干净。

洗毛巾：先将幼儿用过的洗脸毛巾、擦脚毛巾、擦屁股毛巾，分批次分类用洗衣粉进行搓洗，再用清水淘洗干净，后用84消毒液进行消毒，最后用清水滤净、挂晾。

洗袜子：帮助寄宿制幼儿清洗袜子，挂晾。

三、培养幼儿良好的卫生习惯

1. 培养幼儿每天盥洗的习惯。

每天清晨起床后：刷牙、洗脸、梳头；

每天午睡起床后：如厕、洗脸、梳头；

每天晚上入睡前：刷牙、洗脸、洗脚、洗臀部。

2. 培养幼儿饭前饭后洗手、便前便后洗手、外出进门洗手的习惯。

四、盥洗的注意事项

1. 保育员在晾挂消毒毛巾时，注意间距。

2. 为幼儿盥洗前，保育员应先洗干净自己的手，再为幼儿洗。

3. 为幼儿盥洗时，注意肥皂水别进入眼睛。

案例展示厅 ▶

我要漱口

小班的幼儿不会漱口，常常出现把水直接吐出来或者咽下去的情况，起不到清洁口腔和牙齿的作用。于是，我想了一个办法，和食堂的人员联系，有一天给孩子们提供了黑色饼干，吃完后带孩子照镜子，孩子们发现自己的牙齿也变黑了，于是争先恐后地讨论起来，"我的牙齿变黑了""我的牙齿会生病吗"……这时，我带孩子进入活动室，播放"小羊请客"的动画片，当孩子们看到黑熊不爱漱口，牙齿生病疼得乱叫时，纷纷捂住了自己的嘴巴。我趁机带孩子们到盥洗室，用儿歌形式教幼儿正确的漱口方法，不一会儿，孩子们都学会了，还表演给我看呢。

儿歌：手拿小杯子，喝口清清水，抬起头，闭起嘴，咕噜咕噜吐出水。

分析　本案例抓住小班幼儿的年龄特点，让幼儿在亲身体验的基础上，教师因势利导，并运用儿歌的形式，帮助幼儿学会正确漱口的方法。

巩固练习

一、选择题

1. 漱口的动作中最后步骤是(　　　)。

　　A. 喝半口水含在嘴里,用力在口腔中来回冲漱,吐倒水槽中

　　B. 打开水龙头,冲洗口杯内外,然后将口杯放回杯架自己的杯子位置

　　C. 用自己的口杯接半杯温水,端在手中

　　D. 再喝半口水在嘴里,仰头漱嗓门后吐到水槽中

　　E. 将口杯中剩余的水倒在手中,低头清洗嘴角四周

2. 刷牙时,门牙的刷法是(　　　)。

　　A. 先将门牙轻咬合住,用上下刷的刷法进行刷牙

　　B. 先将门牙轻咬合住,用来回刷的刷法进行刷牙

二、简答题

1. 简述洗脸步骤。

2. 简述盥洗后有哪些清洁工作。

三、实操题

请根据教材的洗脚步骤,给自己的长辈洗一次脚并写下感言。

四、论述题

1. 幼儿盥洗包括哪些内容? 如何组织幼儿集体盥洗?

2. 如何培养幼儿盥洗的能力?

任务二　指导并帮助幼儿如厕

学习目标

1. 能够为幼儿如厕准备条件;

2. 能够指导帮助幼儿进行如厕;

3. 能够培养幼儿如厕的自理能力;

4. 能够培养幼儿讲究卫生的好习惯。

情境导入

　　新学期开学的一天早上,婷婷的妈妈领着哭哭啼啼的婷婷,来到我跟前悄悄地对我说,

"王老师,我家婷婷不敢在幼儿园上厕所解大便,所以哭着不肯来上幼儿园,您能帮助她吗?"

看着焦急的家长、难过的婷婷,作为保育教师会怎么做呢?

基本知识

一、新入园的幼儿的如厕恐惧感

由于幼儿刚进入幼儿园,周围的大人、幼儿都是新面孔,环境也不是他所熟悉的生活环境,因而会产生惧怕感。不敢向教师表达自己的需求,教师对幼儿的大小便规律也不太了解,这就极易造成幼儿在幼儿园内憋屎、憋尿的情况,造成大便干燥,不易排便,也有些幼儿实在憋不住就会排便在身上,弄湿或弄脏裤子,这不仅会增加教师的负担,还会引起其他幼儿的嘲笑,幼儿自身也会情绪紧张,从而拒绝上幼儿园。对新入园的孩子,保育教师对有需求的幼儿要陪同如厕,帮助指点如何上厕所,注意哪些事项,消除其对环境的陌生感,加强对教师的信任感,顺利渡过不适应期。

二、幼儿便秘

幼儿便秘是一种常见病症,其原因很多,概括起来可以分为两大类,一类属功能性便秘,这一类便秘经过调理可以痊愈;另一类为先天性肠道畸形导致的便秘,这种便秘通过一般的调理是不能痊愈的,必须经外科手术矫治。绝大多数的婴儿便秘都是功能性的。

1. 产生便秘的原因:一是肠道菌群失衡。大便的性质和幼儿摄入的食物成分密切相关。如食物中含大量蛋白质,而糖类物质不足,肠道菌群继发改变,肠内物发酵过程少,大便易呈碱性,干燥。二是肠道功能异常。幼儿生活不规律,或者家长没有帮助幼儿培养正确的排便习惯,都会导致未形成排便的条件反射,进而导致幼儿便秘。三是脾胃虚弱。这种是最为常见的引起幼儿便秘的原因,其主要表现为幼儿积食、厌食以及上火等。

2. 对便秘的预防:一是准备的饭食要少,养成幼儿每顿饭必吃完的好习惯。幼儿的胃容量小,粗糙、大块或过量的食物,都容易让其肠胃阻塞,引起消化不良。二是少食多餐,慎选优质点心。虽然幼儿的胃容量小,每次吃不了太多的食物,但其精力旺盛,活动量大,几乎每3~4小时就需要给其补充饮食。所以,幼儿的饮食应坚持少食多餐。三是巧妙补充纤维质。如果幼儿平时讨厌吃蔬菜、水果,可以让其多吃木耳、杏鲍菇、海苔、海带、干果等食物,以增加其纤维质的摄入,从而促进其排便。四是适当运动。应鼓励幼儿多参加体育运动,因为运动可增加肠蠕动,促进排便。家长也可在幼儿临睡前,以其肚脐为中心按顺时针方向轻轻按摩其腹部,这样不仅可以促进幼儿的肠蠕动,还有助于其入眠。五是养成良好的排便习惯。不按时排便是导致许多幼儿便秘的原因之一。3—7岁的幼儿,其腹部及骨盆腔的肌肉正处在发育阶段,排便反射的功能尚不成熟。他们还不知道有便意就该上厕所,经常需要成人的提醒。六是注意幼儿的口腔卫生。幼儿的口腔卫生是很多成人容易忽略的,幼儿牙齿不好会变得挑食、食欲不振、消化不良,这自然会影响排便。

案例展示厅 ▶

大便的形状

一天,小一班的飞飞在如厕后,像发现"新大陆"似的兴奋地跑到保育员范老师跟前说:"哇!我看到大便是不一样的,有长的、短的;还有一粒一粒的;还有一头大一头小的。"范老师非常生气地说:"看那又脏又臭的大便干什么?你简直没事干了。"这时,班上刘老师走过来,牵着飞飞的手对他说:"你能细心观察大便,并且说出它们不同的形状,这说明你有很好的观察力。排泄是人的生理需要,由于饮食、身体状况的不同,大便的形状和颜色也就不同。"经过刘老师的因势利导,让飞飞认识到排便是正常的生理现象,并且获得一些自我保健的常识。最重要的是,刘老师保护了幼儿的自尊心和观察事物的积极性。

事后,刘老师语重心长地与范老师交流了对待幼儿的态度和教育的时机问题。

分析 通过这件事,我们看到有的保育教师比较重视幼儿的进餐和睡眠,而相对忽略如厕这一环节。保育教师应该重视和正确对待幼儿如厕这一环节,增强保育意识,更新保育观念;同时还要知道,保育不仅是照顾好幼儿的身体,还要注重幼儿心理及个性的发展。

指导策略

一、指导并照顾幼儿大小便

(一)如厕前准备

1. 清洁、干净、无异味的厕所。

2. 准备柔软、清洁的手纸:将幼儿如厕用手纸按实际需要的大小尺寸裁好,放在固定位置上;或是使用有标准节位的卷纸。

3. 指导幼儿便前洗手:手位低于水龙头位置;水流不宜过大;用毛巾擦干手上水迹。

4. 带领幼儿认识男女厕所的不同,区分自己的性别。

5. 教会幼儿如厕动作:跨过小沟沟,脱下小裤子,慢慢蹲下去,用力拉粑粑,擦完小屁股,提好小裤子,跨过小沟沟,回身冲厕所(图1-6-5)。

(二)如厕指导

1. 及时提醒幼儿大小便:按需要小便,定时大便。

2. 指导幼儿专心排便:排便时不与小朋友说话,不玩物品,专心排便。

3. 指导幼儿便后擦拭臀部动作:擦屁股时,从前往后擦,将污纸扔到纸篓中。

4. 帮助能力较弱的幼儿擦拭臀部。

（三）便后收尾工作

1. 指导幼儿提裤子:便后将裤子提起来,内衣塞进裤子里,不露肚脐与后脊背,最后将外衣拉平整。

2. 及时冲洗厕所:大便后及时冲洗厕所。

3. 幼儿便后洗手习惯养成,大小便后用肥皂洗手。

4. 对大小便在身的幼儿,及时更换衣物,清洗干净并晾晒;耐心观察、细心培养其生活规律。

5. 观察幼儿大小便情况,发现异常情况,及时处理。

（1）

（2）

（3）

（4）

（5）

图 1-6-5　如厕步骤

二、培养幼儿良好的卫生习惯

1. 培养幼儿独立、自觉如厕的习惯。

2. 培养幼儿便前便后洗手的习惯。

3. 培养幼儿及时大小便、定时大便的生活规律。

三、如厕的注意事项

1. 女孩子擦屁股时，应该从前向后擦。

2. 为幼儿擦拭臀部时，注意动作力度。

3. 清洗臀部特别注意从前向后洗，注意别弄湿幼儿裤子。

4. 对胆小、便秘幼儿及时督促大便，并密切关注大便时间。

5. 对大便在身上的幼儿及时更换衣物、清洗身体，注意保暖。

6. 不能限制幼儿如厕的次数。

7. 幼儿集中如厕时，厕所一定要有保育员在场。

案例展示厅 ▶

男孩女孩要不要分厕？

灵灵今年 5 岁，已经上幼儿园两年多了。可灵灵妈说："我家孩子特别活泼，在幼儿园班里也挺合群，最近突然就不乐意去幼儿园了，一说上幼儿园总是无精打采，一脸不情愿的样子。"灵灵妈跟女儿交流了一下，发现她不爱上幼儿园的原因是：幼儿园上厕所的时候，总是男孩女孩一起去，有男孩看她上厕所，她觉得不好意思。怎么解决这个问题呢？带着疑问，她找了幼儿园老师。

在大多数幼儿园中，男孩女孩都在一起上厕所，孩子们的好奇心都很强，男孩、女孩一起上厕所的时候，时常会有彼此偷看的情况，"为什么你有，我没有？"他们也都彼此问。这说明孩子们已经对性意识有了粗浅的感知，特别是对性别特征有了好奇心，教师和家长都有义务进行提醒和教育。

分析　面对孩子"为什么我和女（男）孩子不一样"一类与性有关的问题，应该健康地引导。3 岁以上的孩子就应该正确地引导，男孩女孩要分开如厕，家长和教师应该从身体和心理上告诉孩子，自己与异性的差别，让孩子顺理成章地接受，在社会道德规范下健康生活。

巩固练习

一、选择题

1. 幼儿如厕的动作要领中,擦拭臀部动作是(　　　)。

　　A. 擦屁股时,从前往后擦,将污纸扔到纸篓中

　　B. 擦屁股时,从后往前擦,将污纸扔到纸篓中

2. 在幼儿如厕时,应该注意的事项是(　　　)。(多选)

　　A. 女孩子擦屁股应该从前向后擦

　　B. 为幼儿擦拭臀部时,动作力度要轻

　　C. 清洗臀部特别注意从前向后洗,注意别弄湿幼儿裤子

　　D. 对胆小、便秘幼儿及时督促大便,并密切关注大便时间

　　E. 对大便在身的幼儿及时更换衣物、清洗身体、注意保暖

　　F. 不能限制幼儿如厕的次数

　　G. 幼儿集中如厕时,厕所一定要有保育员在场

二、简答题

1. 为什么要便前便后洗手? 如何培养幼儿洗手习惯?

2. 幼儿如厕前保育员需要做好哪些准备事项?

三、实操题

根据所掌握的知识对幼儿如厕进行指导。

四、论述题

幼儿把大便拉在身上后的处置方法。

项目七　指导幼儿午睡

项目导读

　　本项目重点是组织幼儿入睡和纠正不良睡眠行为。让幼儿学习穿脱衣服、裤子、袜子和鞋子,学习叠衣服、叠裤子,大孩子学习叠被子。生活即是学习内容,让孩子真正成为"自己的事情自己做"的独立小公民,培养生活自理能力。

学习目标

　　1. 能够创设良好的睡眠环境;

　　2. 能够培养幼儿穿脱衣服和鞋子的自理能力;

　　3. 能够培养幼儿午睡的良好习惯,并纠正不良睡眠行为;

　　4. 能够培养幼儿叠衣裤、叠被子的能力。

情境导入

　　中午吃完饭,婷婷跟着保育张老师前前后后走着,主班老师带其他孩子去散步,她也不去。张老师问她:"有什么事情需要帮助吗?"婷婷小声对她说:"我中午不睡觉行吗?"张老师问:"为什么不睡觉呢?"婷婷说:"因为我妈妈不在呀! 我要和妈妈一起睡觉。"

　　作为保育员,你该怎样处理呢?

基本知识

一、幼儿睡午觉的原因

　　随着年龄的不同,人需要睡眠的时间也有所不同。年龄越小,需要睡眠的时间越长。3—6岁幼儿睡眠时间分别为:3—4岁12小时,4—5岁11小时,5—6岁10小时。幼儿午睡是根据幼儿的年龄特点和身体需要而设置的,它对促进幼儿身体正常发育和机能的协调发展,增强体质,培养良好的生活习惯、卫生习惯和参加体育活动的兴趣起着重要的作用。

幼儿身体正处在发育之中,从早晨到中午,由于参加集体教育活动和各种游戏活动,身体处于疲劳状态,因此午睡尤为重要。从生理角度分析:幼儿睡眠时,身体各部位和脑及神经系统都在进行调节,氧和能量的消耗最少,利于消除疲劳,内分泌系统释放的生长激素比平时增加3倍,所以,睡眠的好坏直接影响着幼儿的生长发育、身体健康、学习状况。根据幼儿的生理特点,安排2~2.5小时的午睡时间是非常必要的。

二、幼儿尿床的原因

尿液产生后流经输尿管进入膀胱,当膀胱储存尿液达到一定量时,膀胱壁压力感受器兴奋,兴奋沿盆神经传到脊髓骶部的低级排尿中枢,同时向大脑皮质传达信息,产生尿意。如果环境条件不许可排尿,大脑皮质就会抑制尿意,直至环境许可才解除抑制。这种由意识控制排尿的活动,需要大脑皮质成熟到一定程度才能完成,也需要学习和训练。一般幼儿两三岁就可以自行控制排尿,白天不尿裤子,夜间有尿意而醒来排尿,但偶尔也有尿床的现象。

尿床的原因:一是由于精神紧张而引起的大脑皮质功能失调,如精神受到创伤,突然受到惊吓,不正确的教养方式,幼儿对环境的改变不适应等;二是没有养成良好的排尿习惯;三是白天过度疲劳引起夜间睡眠过深。

三、幼儿遗尿的预防与矫正

一是唤醒排尿。掌握幼儿夜间排尿的时间,在幼儿排尿前将其唤醒排尿。

二是避免过度疲劳。幼儿园应该建立和执行合理的生活制度,劳逸结合,避免幼儿过度疲劳和睡眠前过度兴奋,保证睡眠质量。

三是控制饮水量。晚饭宜清淡,晚上控制幼儿的饮水量,少吃稀的食物,可减少幼儿的排尿量。

四是消除导致幼儿精神紧张不安的因素。不要批评、挖苦遗尿的幼儿,应帮助他们树立克服遗尿的信心,做好幼儿遗尿的预防和矫治工作。

五是进行行为治疗和药物治疗。

案例展示厅 ▶

孩子睡觉怪癖现象

菲菲是刚进幼儿园的小朋友,小熊宝宝是她的好朋友,在家睡觉时总是抱着小熊一起睡觉,甚至把小熊的小耳朵咬在嘴里慢慢入睡,一旦拿掉立即就会醒来并且大哭大闹。这已经成为她睡觉的必需品,成为她的习惯。进入幼儿园,她依然得带着小熊来,因为中午睡觉要抱着它呀! 可是小一班保育刘老师看到后,提醒妈妈以后不能带来。这可怎么办呢? 这可急坏了菲菲妈,带着这个问题,菲菲妈找到了保健院的儿科专家,寻找解决办法。

专家说,孩子睡觉怪癖很多,还有吮吸手绢、手指的;抱着宠物睡觉;吃被头、枕巾的;吃毛绒玩具的。千万别小看了这些小毛病,他们会给幼儿身体健康带来很多不利影响。专家说,孩子睡觉时若喜欢含奶嘴、吮吸手绢手指,这些东西如果不能及时消毒,细菌会从口入;喜欢搂抱小宠物睡觉的孩子最危险,因为许多宠物身上多毛,清洗不易,其毛发、分泌物、排泄物中皆存有许多细菌、病毒、寄生虫,容易转移到孩子身上,造成各种过敏症状,如眼睛红肿、流泪、鼻塞、咳嗽,甚至气喘。兽性是很难预料的,宠物咬伤婴幼儿的事件时有发生,动物的口腔中存在有许多细菌,而且一半是厌氧菌,被咬之后很容易感染发炎,产生皮肤溃烂、败血症,甚至是骨髓炎。由此看来,孩子睡觉有怪癖不是件小事情,越早纠正越好。

分析   一般来说,有的习惯是妈妈不小心"帮"孩子养成的。小孩喜欢吮吸东西睡觉,大多跟断奶过早有关,孩子缺乏安全感,因此依赖替代品;喜欢与小动物共眠的孩子多是存在孤独感。了解孩子睡觉怪癖的来由,才可以对症纠正。对于孤独的孩子,睡觉前父母一定要多陪伴一段时间;对于喜欢吮吸东西睡觉的孩子,父母要拿出一定时间,多带孩子出去玩耍,在孩子感到非常疲倦时,再哄他入睡。这样坚持一段时间后,孩子睡觉时的一些不良习惯就会改掉。

一、午睡前准备

(一)寝室环境准备

1. 根据季节、天气、室温等因素决定寝室的开窗和关窗通风时间,保证幼儿寝室的空气新鲜。

2. 幼儿寝室卫生清洁干净,干湿度适宜。

3. 幼儿进入寝室后,要拉上窗帘,遮挡光线,保证室内安静幽暗,便于幼儿入睡。

4. 为幼儿准备干净、舒适的寝具。

(二)幼儿准备

1. 午餐后,带幼儿进行半小时的户外散步,禁止幼儿饭后剧烈运动。

2. 幼儿散步结束后,先洗手、如厕,后上床。

注意:上床前半小时,尽可能不饮水。

3. 检查幼儿衣服口袋,防止幼儿将尖利小物品带到床上,造成幼儿受伤。

二、组织幼儿午睡

（一）组织集体入睡

1. 指导幼儿脱衣服、叠衣服、脱鞋子,并放置于指定位置。

按顺序脱衣服:

（1）先脱裤子和袜子（袜子放到枕头下）;

（2）下身先钻进被子里;

（3）脱上衣;

（4）叠衣服和裤子,将叠好的衣服放到枕头右边。

按顺序穿衣服:

（1）先穿上衣（预防感冒）;

（2）再穿裤子和袜子;

（3）将衣服裤子整理好;

（4）下床穿鞋子。

2. 指导幼儿拉被子、盖被子。

3. 对动作缓慢幼儿和能力较弱的幼儿进行指导。

4. 保育员应创造轻松愉快的氛围,使幼儿在良好的精神状态下安静入睡。

注意:保育员不能在幼儿睡前大声批评或恐吓幼儿,造成幼儿情绪波动。

5. 轻声慢步、巡回检查幼儿睡眠情况,对个别尿频幼儿,及时提醒排尿。如发现尿床,应及时为幼儿更换衣裤和床单,安抚体恤幼儿,不能讽刺、挖苦、辱骂幼儿,防止幼儿身心受到伤害。对被污染的床单、衣物进行清洗。

（二）正确的睡眠姿势

仰卧:两腿自然伸直,两手垂直放在身体两侧,被子盖在脖子的下面。

右侧卧:身体向右侧卧,身体自然弯曲,被子盖在肩膀及脖子之下（图1-7-1）。

图1-7-1　正确睡姿

（三）纠正不良睡眠行为

幼儿常见不良睡姿有:跪睡、爬睡、蜷缩一团睡、蒙头睡。保育员应认真观察,幼儿不良的睡眠姿势,除习惯养成外,还预示着生理或行为异常。例如:蒙头睡觉有可能由于感冒造成鼻子不通气,发烧怕冷等;蜷缩成一团睡则有可能由于尿床,或玩东西等现象造成的。

幼儿常见不良睡眠行为有:吃被角（枕巾）、抱毛绒玩具、拆被线（袜子、衣物）、挖鼻孔（耳孔）、玩生殖器。

注意:纠正幼儿不良行为时,尽可能动作轻柔、说服声音放小,避免影响其他幼儿睡眠。

三、穿脱衣服和叠衣服的方法

（一）穿衣的方法

1. 开襟衣服

（1）将扣子逐一解开,双手提衣领两端,衣里向外,从左向右披至肩头;

（2）用左手拽住右侧衣襟,右手捏住内衣衣袖,将右臂伸入右侧衣袖内;

（3）用右手拽住左侧衣襟,左手捏住内衣衣袖,将左臂伸入右侧衣袖内;

（4）翻好衣领,对正衣襟,从下向上依次扣好扣子;

（5）最后检查衣襟是否对端,扣子是否扣错位。

2. 套头衣服

（1）先辨认衣服的正反面,将衣服正面朝下,平放在桌上;

（2）头从衣服下口钻入,从衣领口钻出,检查衣服正面是否在胸前;

（3）将左右手分别从衣袖中穿出,最后将衣服整理平整。

（二）脱衣的方法

1. 开襟衣服

（1）将衣服扣子逐一解开,将衣襟拉至肩头;

（2）双手从后背拉衣袖抽出手臂,脱下衣服。

2. 套头衣服

（1）左手捏住右手外衣袖口,将右手退出衣袖;

（2）右手捏住左手外衣袖口,将左手退出衣袖;

（3）再将衣服下摆从下向上推至脖领处,将头从脖领钻出。

（三）叠衣服的方法

叠衣服的方法

1. 开襟衣服

（1）先提住衣服的两肩横线处,将衣服抖平放在桌子上;

（2）将两个前襟依次向中间并拢对齐;

（3）先将一只袖子与肩平齐、向里折好,再将另一只袖子向里折好;

（4）如果有帽子,将帽子向下折好;

（5）双手提住衣服下摆向上对齐对折;

（6）最后将衣服整理平整。

2. 套头衣服

（1）先提住衣服的两肩横线处,将衣服抖平放在桌子上;

（2）将两只袖子依次与肩平齐、折好;

（3）双手提住衣服下摆向上对齐对折;

（4）最后将衣服整理平整(图1-7-2)。

图1-7-2 套头衣服叠法

（四）穿裤子的方法

1. 先将裤子抖开放平,正面向上;

2. 双手拉住裤腰,两腿伸进裤内,从两个裤脚处出来;

3. 站起身将裤子提起;

4. 将内衣向下拉平放在裤子里面,扣上扣子,拉上拉锁;

5. 最后将外衣拉平、盖在裤子上面。

（五）脱裤子的方法

1. 解开裤子扣子,拉下拉锁;

2. 将裤子从腰向下推至膝盖处;

3. 坐下,抽出一条腿,再抽出另一条腿;

4. 将裤子拿起来,把两条裤腿拉直。

(六)叠裤子的方法

1. 将裤子抖开放平;

2. 将一条裤腿盖上另一条裤腿;

3. 裤脚向裤腰处对折(图 1-7-3)。

图 1-7-3 裤子叠法

(七)穿袜子的方法

1. 手持袜筒,将有袜跟的一面向下,袜尖向前放平;

2. 两手将袜筒推叠到袜后跟处,将一只脚穿进袜筒;

3. 将脚穿脚尖、拉平,再穿脚跟、摆正,最后提袜筒。

(八)穿鞋子的方法

1. 有鞋带的鞋子

(1)解开鞋带,拉松带子;

(2)看清左右脚,左脚穿进左鞋,右脚穿进右鞋;

(3)手指放进鞋后跟处,用力提拉鞋子,让脚完全穿进去;

(4)蹲下将鞋带系上。

小班幼儿需要保育员帮助系鞋带,中大班幼儿自己系鞋带。

2. 带鞋扣的鞋子

(1)拉开鞋扣;

(2)看清左右脚,左脚穿进左鞋,右脚穿进右鞋;

(3)小手放进鞋后跟处,用力提拉鞋子,让脚完全穿进去;

(4)蹲下将鞋扣扣好。

四、晾被、消毒、叠被子

（一）晾被

1. 幼儿起床，穿戴整齐后，站在床侧面。

2. 将被子侧边提住，把被子里向上翻开，使贴身的一面向外展开。

3. 完全平铺开来，晾被。让被子通风换气。

（二）消毒

在晾被的基础上，幼儿和成人全部退出寝室，打开紫外线灯进行 30 分钟照射消毒。消毒完成后，及时关闭紫外线灯，避免灼伤皮肤或眼睛。

（三）叠被子

1. 幼儿站在床侧面；

2. 将被子靠近自己的一端长边向中间折。

3. 再将对应的一条边对折过来。

4. 折好的长条形被子的两端向中间对折，再对折，叠成豆腐块形状。

5. 拉平床单、把枕头放在被子上、铺平枕巾。

五、培养幼儿良好的睡眠习惯

1. 培养幼儿午睡前散步的习惯。

2. 培养幼儿睡前如厕的习惯。

3. 培养正确睡眠姿势和良好作息规律的习惯。

4. 培养幼儿穿脱衣裤和叠衣服的能力，做到自己的事情自己做。

六、午睡时的注意事项

1. 保育员应用自己的行为、语言为幼儿创造环境温馨、心情愉快的午休环境，不能高声吵闹，情绪激动，引起幼儿情绪兴奋，从而影响幼儿睡眠质量。

2. 午睡前提醒每位幼儿如厕，防止幼儿脱衣后再去如厕而感冒，或者因睡前忘记如厕而尿床。

3. 认真检查幼儿衣服口袋，避免尖利物品刺伤幼儿或小东西塞入鼻孔、耳道、口腔。

4. 及时纠正幼儿不正确的睡眠姿势和睡眠行为。

5. 指导幼儿正确地穿脱衣服，对能力弱的幼儿给予帮助。认真检查幼儿自己穿着的衣裤，防止幼儿裤腿穿偏、衣裤塞压不平、鞋子穿反等现象。

案例展示厅 ▶

我会叠衣服了

一天早晨,户外体育锻炼结束后,小朋友都感觉小身体热乎乎的,于是便开始脱起了衣服,并自觉地把脱下来的衣服叠整齐。当我正在为他们的生活自理能力有较大进步而感到高兴时,却偶然发现只有媛媛手里还拿着衣服不知所措。见此情景,我脑子里回忆起孩子们第一次学叠衣服的时候,她正好生病没来幼儿园,所以也就没能学到"叠衣服"这个技能。看到其他小朋友利索地叠衣服的样子,此时的她显得那么的无助,我正想帮助她,教她怎样叠衣服,但另一种想法突然从我脑子里冒了出来:既然大多数幼儿都已学会叠衣服了,何不就让他们做一次"小老师",让他们体验一下帮助别人的快乐? 接下来,我就把"问题"抛给了幼儿,请小朋友来帮助解决这件事。站在媛媛身边的依依立即主动地来教她叠衣服。

分析 媛媛是一个比较内向、不善于与人交往的孩子,一般不太主动跟人讲话,教师要有足够的耐性和细心对待这样的幼儿。显然,教师创造了这么一个机会,让媛媛在学会叠衣服的技能的同时,又进一步接触到同伴,培养相互间的交往能力,使幼儿体验到帮助他人的乐趣。

 巩固练习

一、选择题

1. 午睡脱衣服步骤是( )。(多选)

    A. 脱上衣。

    B. 下身先钻进小被窝。

    C. 脱裤子和袜子(小袜子放到枕头下)。

    D. 叠衣服和裤子,将叠好的衣服放到枕头右边。

2. 睡觉的正确姿势是( )。

    A. 两腿自然伸直,两手垂直放在身体两侧,被子盖在脖子的下面。

    B. 身体向右侧卧,身体自然弯曲,被子盖在肩膀及脖子之下。

    C. 将被子蒙头,全身蜷缩一团,钻到被子里面。

    D. 将被子角放在口中含唛,手中抱毛绒玩具睡觉。

二、简答题

叠衣服开衫和套头衫的方法有哪些不同?

三、实操题

1. 自编儿歌,教会幼儿系鞋带。

2. 如何教会幼儿叠被子?

四、论述题

保育员应培养幼儿哪些午睡的好习惯?

项目八　特殊儿童的保育

项目导读

　　本项目包括肥胖儿的保育、体弱儿的保育、轻微残障儿的保育三个任务。重点从饮食、睡眠、运动和体格锻炼、疾病预防、不良行为矫正等方面对特殊儿童关心照顾。心理关怀、良好行为习惯的培养、家园密切配合是促进特殊儿童转化的不可忽视的环节。

任务一　肥胖儿的保育

学习目标

　　1. 了解肥胖儿的特征,明确做好肥胖儿保育工作的重要意义;

　　2. 掌握照顾肥胖儿的工作程序及正确方法;

　　3. 能够培养幼儿良好的饮食习惯。

情境导入

　　贝贝是中一班的"小胖墩",平时不爱动,饭量较大,喜欢吃肉。今天的午餐是胡萝卜肉包子,大多数孩子吃一两个就饱了,贝贝很快就吃完了三个,又举起了小手说:"老师,我还要!"

　　面对食欲旺盛的贝贝,作为保育员,应如何引导贝贝科学进餐呢?

基本知识

一、肥胖的概念

　　肥胖症是由于长期能量摄入超过人体的消耗,使体内能量过度积聚,体重超过一定范围的营养过剩性疾病。判断肥胖的最好指标是体重,常用身高标准体重,也就是以一定的身高对应的正常体重值为标准,体重超过同性别、同身高儿童正常标准的20%即可称为肥胖(图1-8-1)。超过标准体重20%～29%者为轻度肥胖,超过30%～49%者为中度肥胖,超过50%者以上为重度肥胖。

图1-8-1　肥胖儿

　　注意:小儿的体重超过同性别、同身高标准的10%～19%,属于超重,如果不加以注意,超重是很容易发展成肥胖的。

二、肥胖的原因及特征

　　大多数肥胖与生活方式密切相关,如过度营养、运动不足以及家族遗传,医学上称之为单纯性肥胖;少数肥胖可由于神经、内分泌、遗传代谢性疾病引起,医学上称之为继发性肥胖。肥胖儿比一般同龄儿童高大,颈部、胸乳部、肩背部、腹部、臀部的皮下脂肪明显增厚,食欲旺盛,食量大,且喜甜食和高脂、高蛋白食物,不喜爱体育运动,休息多活动少。

三、儿童肥胖的危害

　　1. 肥胖儿常伴有容易疲乏,活动时心慌气短的症状,部分重度肥胖的儿童可出现睡眠性呼吸暂停,大脑皮质缺氧,儿童学习时注意力不易集中,认知能力下降。

　　肥胖儿童多伴有高血脂,而血脂紊乱是动脉粥样硬化的高危因素,从而为成年慢性代谢性疾病(高血压、糖尿病等)埋下了风险。研究显示肥胖儿中30%左右的肥胖状态持续至成人期,其高血压、冠心病和糖尿病的发病概率明显升高。目前已倾向于将儿童肥胖作为预测成年期发病率和死亡率的一项重要指标。

　　儿童体内脂肪含量增多可引起内分泌激素代谢紊乱,出现性早熟,从而影响最终成年身高。肥胖儿活动少,身体抵抗力下降,容易罹患消化道及呼吸道疾病。

　　2. 由于体型异常,体力下降以及肥胖带来的心理障碍,如自卑、胆怯、孤僻,影响到肥胖儿童个性、气质、性格和潜能的发挥,人际交流差、自我评价差、抑郁苦闷,严重影响儿童的心理健康。

四、儿童身高、体重的计算

　　1. 推算法:2岁至青春前期体重(kg)＝ 年龄(岁)×2(kg)＋8(kg)

　　　　　　2岁至青春前期身高(cm)＝ 年龄(岁)×5(cm)＋75(cm)

　　2. 查表法:WHO(世界卫生组织)2—5岁儿童身高别体重标准(见二维码)。

　　注意:此表只是2—5岁儿童身高、体重范围,不能准确查得具体年龄(如3岁8个月)儿童的身高体重标准值。

WHO 2—5岁
儿童身高别
体重标准

案例展示厅 ▶

儿童的体重测算

贝贝,男孩,4岁,入园时体检结果:体重25千克,身高108厘米,体态臃肿,不喜欢运动,爱出汗,保健医生建议了解孩子的肥胖程度,制定相应的干预方案。

保育员小张在保健医生的指导下,对照"世界卫生组织2—5岁儿童身高、体重参考值及评价标准",了解到身高108厘米的男孩的标准体重约是18千克,通过计算得知贝贝的体重超过标准体重的38.9%,属于中度肥胖。

分析 此案例通过查表法,将幼儿的实际体重与同年龄、同性别儿童的标准身高体重进行了对比,算出孩子的肥胖程度,为进一步制定个体化干预方案提供了参考依据。

 指导策略

由于儿童具有生长发育快的特点,因此儿童肥胖的治疗有别于成人肥胖,任何治疗措施都不应妨碍儿童正常的生长发育。目前国内外公认的适合儿童肥胖的治疗方法,包括行为矫正、饮食调整和运动在内的综合治疗方案。

一、了解儿童肥胖的原因

通过与家长沟通,了解儿童的出生体重、喂养情况、生活方式及饮食习惯等。

二、针对家长普及儿童肥胖的知识

向家长宣传肥胖儿科学管理的重要性,达成共识,家园协作,才能有效促进肥胖儿的健康转化。

三、细致观察和照顾肥胖儿的饮食、起居、生活习惯,制定有针对性的干预方案

(一)调整饮食结构,培养良好的饮食习惯

一日三餐要合理分配,早餐能量占全天能量的35%,午餐占45%,晚餐占20%,食材上选择绿色食品,多用清蒸、凉拌,少用煎、炸等方法,不吃零食,不吃快餐。

1. 控制高脂及高糖食品的摄入,使热能的摄入量低于实际消耗量,且满足儿童生长发育的需要。

2. 对于主食量大的儿童,则应限制主食摄入量,每餐先减少三分之一,逐渐过渡到减少二分之一。可换成小碗吃饭,将食物做成小块,或主食代之以体积大而热能低的食物,如含膳食纤维较多的蔬菜(芹菜、莴笋、黄瓜、番茄、萝卜等)、糖度较低的水果及粗粮等。

3. 保证儿童摄入满足其生长发育的动植物蛋白需要量,优质蛋白(动物蛋白及豆类蛋白)食品应占50%以上。

4. 在最初1个月内,体重以不增加为目标,然后使体重逐渐缓缓下降,随着身高增长,使肥胖程度减轻,控制超重。

5. 教育幼儿进餐时细嚼慢咽,减慢进食速度,延长进食时间,增加食物的饱腹感。可在餐前先喝汤或吃水果或先吃根茎类蔬菜。可少食多餐。

6. 改变睡前吃零食、甜点,喝饮料的习惯。

7. 教师的良性暗示、同伴的示范作用、家庭的均衡饮食模式对儿童良好饮食习惯的培养很重要。

注意:禁止使用一些不当减肥手段,如饥饿疗法、快速减肥、服药减肥、不吃主食减肥等。饮食调配必须满足儿童生长发育所需的能量及各种营养素的供给。

（二）有规律的运动训练(图1-8-2)

1. 通过有氧运动,改善机体代谢,控制肥胖程度。

2. 运动项目要选择全身性、趣味性、能长时间坚持的运动方式,如散步、快走、跑步、做操、踢球、跳绳、登楼梯、游泳。

3. 循序渐进,持之以恒,逐步提高运动强度和延长运动时间,由最初每周3~4次,每次10~30分钟,增加至每日坚持运动不少于30分钟。初次开始运动强度应低、持续时间短,以后逐渐增加。

图1-8-2　有规律的运动

注意:

（1）每次运动要做好运动前的准备活动及运动后的放松活动。运动强度以运动后不感到疲乏、皮肤微汗、心率不超过160次/分钟,并于运动后10分钟恢复正常为原则。

（2）在照顾肥胖儿锻炼时要注意保护动作不协调的儿童。

（3）对爱出汗的儿童,应及时帮他们擦干汗水或换下湿透的内衣。

（4）运动不宜过度,以运动后感觉轻松、愉快为原则。

（三）行为矫正

1. 减少儿童静坐时间,尽量把看电视时间放在餐前。

2. 保证充足的睡眠,纠正睡眠异常现象(打鼾、出汗等)。

四、关注肥胖儿的心理发展

鼓励肥胖儿多参加集体活动,多与小伙伴沟通合作,分享游戏的喜悦,克服自卑、胆怯的心理。在日常的活动和专案运动训练中多给予积极刺激,让肥胖儿童对实施项目保持兴趣。避免歧视,多给予鼓励,解除肥胖儿精神负担。

五、建立肥胖儿专案管理档案

（一）配合保健医生及教师做好定期体重监测

每月测量身高、体重一次，观察干预措施落实的效果，根据具体情况及时调整实施方案。

（二）详细记录个案监测项目

在保健医生的指导下，详细记录幼儿在园生活起居的行为矫正情况（饮食、睡眠、运动等），帮助其养成良好的生活习惯。

六、定期与家长交流

请家长记录肥胖儿行为矫正日记，建立良好的家庭膳食模式，家园共育，有效地促进肥胖儿的体质转化。

案例展示厅 ▶

肥胖幼儿个案分析及指导对策

妞妞是 2003 年 10 月 3 日出生的小女孩，中班时 4 岁 11 个月，身高 110 厘米，体重为 23.5 千克，经体检评价为轻度肥胖（超过标准体重的 29.1%）。一学期以后，她的体重和身高又有了明显的增长，跨到了中度肥胖的行列。基于这一现象，我跟踪观察了妞妞的一些生活情况，同时进行了相应的分析并制定对策。

情况描述一：集体吃饭的环境

幼儿在吃饭时，为了鼓励不好好吃饭的孩子，教师常常会说："谁吃得好，又吃得多，谁就可以跟老师去大型玩具那边玩。"结果，每天中午，妞妞总是在前两名吃完饭，通常都吃两碗。本来是鼓励大多数漫不经心的孩子快点吃饭的，一不小心却搞得她每次都飞速吃完。后来我们对小朋友说："吃饭太快了不容易消化，所以小朋友还要学习细嚼慢咽。"

分析与策略：调整管理措施

妞妞吃饭的速度很快，导致她的胃在还没来得及做出反应之前，已经吃下不少东西；饭量大、吸收得也多，这样自然就会促进体重的快速上升。为了既让妞妞细嚼慢咽，又能满足她多吃一碗的心理，我每次给妞妞盛饭时先给她半碗汤，喝完后再盛一平碗饭，要求她多嚼几下再咽下去，并承诺会给她留一碗，从而控制了她的总食量。

情况描述二：胖，却并不强壮的体质

上学期，妞妞经常缺席，因为她老是生病，需要打吊针。别看她长得胖乎乎的，其实体质一点儿都不好，稍微运动几下，她的背上马上就会出汗。因为怕她出汗后吹风着凉，家长常常把她关在家里玩，而很少带她到楼下或者别的有自然风的地方玩。

分析与策略:帮助幼儿积极参加锻炼

　　长期缺乏锻炼,会导致身体虚弱,稍微活动就容易出虚汗。在这种情况下,我就让家长准备几块干净的毛巾,在妞妞的后背塞一块。当她活动出汗时,我们就及时更换其后背的毛巾。这样孩子就可以自由活动了,也解决了家长的后顾之忧。而适量的运动不但可以帮助肥胖儿燃烧体内多余的脂肪,还可以清除体内的垃圾。

　　经过一学期有计划、有目的的管理,妞妞的身高长了3厘米,而体重只增加了0.7千克,对照同性别的身高体重标准,体重控制有效,又回到了轻度肥胖(超过标准体重的26%)的状态。

　　分析　本案例中,保育员通过细致的观察,找出了孩子肥胖的原因,并制定出相应的对策,经过一学期的行为习惯矫正、饮食控制及体育锻炼,帮助妞妞有效地控制了体重。

 巩固练习

一、选择题

1. 体重超过同性别、同身高儿童正常标准的(　　　)即可称为轻度肥胖。

　　A. 10%～19%　　　　B. 20%　　　　C. 20%～29%　　　　D. 30%～49%

2. 儿童肥胖症的矫治原则是(　　　　)。(多选)

　　A. 营养应能满足小儿的生长发育之需　　B. 使体重快速减少

　　C. 基本满足食欲　　　　　　　　　　　D. 加强营养教育和体育锻炼

二、简答题

如何培养幼儿良好的饮食习惯?

三、实操题

四岁男孩明明,体重19千克,身高95厘米,请问孩子的体重正常吗? 肥胖程度如何? 如何与家长沟通,做好肥胖儿的管理?

四、论述题

试述儿童肥胖的危害及预防措施。

任务二　体弱儿的保育

学习目标

1. 了解体弱儿的特征,明确体弱儿保育工作的意义;

2. 掌握照顾好体弱儿的工作程序和正确的方法；

3. 明确照顾体弱儿时应注意的问题。

情境导入

楠楠是个弱小的女孩,3 岁 2 个月了,体重才 12 千克、身高 88 厘米,平时饭量很小,开学两个月了,三天两头请假。与家长沟通后了解到,楠楠是早产儿,生下来才 2 千克,平时胃肠功能不好,经常拉肚子。

作为班上的保育教师,要如何照顾像楠楠这样的小朋友呢?

基本知识

一、体弱儿的概念及管理范围

体弱儿是指由于先天不足或后天反复疾病困扰而使生长明显受到影响的儿童。包括早产儿、低出生体重儿以及具有营养性缺铁性贫血、营养不良、活动性佝偻病、先天性心脏病、癫痫病、神经精神发育迟缓、生长发育监测连续二次体重不增加者以及反复呼吸道感染或肺炎、反复腹泻问题的儿童。

二、体弱儿常见的病因及症状

造成儿童身体不好的原因是多方面的。先天不足、营养不良、缺乏锻炼、罹患某种疾病等都可引起身体虚弱。保育员在照顾体弱儿时,一定要全面了解幼儿的具体情况,根据儿童的身体状况和不同需求,分别给予适宜的照顾。

1. 营养性缺铁性贫血:是由于体内的铁不能满足儿童生理需要,致使血红蛋白合成减少,产生的缺铁性贫血。多是由于饮食中缺铁或偏食挑食造成铁摄入不足;或是儿童生长迅速,对铁的需要量相对较多;或是因为慢性失血或铁的吸收不良等原因造成的。随着贫血加重,患儿面色苍白、睑结膜和口唇苍白、毛发干枯、精神不振、食欲下降、易发生各种感染以及注意力不集中、记忆力下降等。

2. 营养不良:主要是由于蛋白质和热能的摄入不足或消化吸收不良而引起的,是一种慢性营养缺乏病。多由于喂养不当、不良饮食习惯、迁延性腹泻等疾病影响各种营养素的消化吸收造成,可导致儿童体重下降、生长停滞、反应迟钝、智力落后,易合并感染,严重影响儿童健康。

3. 佝偻病:是因为体内维生素 D 的缺乏,引起钙磷代谢失调,导致以骨骼改变为特征的慢性全身性营养不良性疾病。多由于日光照射不足或维生素 D 摄入量不足;儿童生长速度快,对维生素 D 的需求量相对增加;患胃肠道、肾脏等疾病影响体内的钙磷代谢引起。患儿主要表现为易激动、烦躁不安、夜惊、多汗等神经系统兴奋性增高的症状,以及枕秃、鸡胸、手或脚镯、O形或 X 形腿等骨骼改变。严重佝偻病也可导致机体抵抗力降低,易并发肺炎、腹泻等疾病。

4. 小儿每年上呼吸道感染 6~7 次,或下呼吸道感染 2~3 次,称为反复呼吸道感染。小儿每年消化道感染 6~7 次称为反复消化道感染。

 指导策略

1. 通过家访和细心观察,了解体弱儿的身体现状和日常生活方式,找出影响他们体质的因素。向家长宣传儿童保健知识,主动向家长了解儿童在家的情况,争取家长的积极配合。

2. 在一日生活的各个环节,针对体弱儿的不同情况给予特别照顾。及时发现儿童的不适,并积极采取相应的措施。科学调整体弱儿的作息时间,保证充足的睡眠和休息,以及适当的户外运动和体格锻炼。避免剧烈运动,增强体弱儿的抵抗力。

(1) 对营养性缺铁性贫血儿童的照顾

① 应在原来饮食的基础上注意补充优质蛋白和增加含铁丰富的食物,如动物肝、动物血、瘦肉,食物力求多样化,多吃新鲜的绿叶蔬菜和水果,饮食中应提供足够的热量、蛋白质和铁。

注意:饮食中要避免食用抑制铁吸收的食物,如茶叶、咖啡、含纤维及植酸高的食物。

② 预防感染性疾病及寄生虫病。贫血儿童易患呼吸道感染,要注意室内空气的流通。肠道寄生虫感染会影响儿童的消化功能,并增加铁的丢失。

③ 鼓励幼儿积极参加体格锻炼活动,给贫血患儿制订适量的体格锻炼计划,注意劳逸结合、动静结合,避免疲劳。

④ 幼儿在服用铁剂期间,会出现食欲不好、大便发黑的情况,保育教师要掌握情况,避免引起疑虑。

⑤ 与家长保持联系,定期监测幼儿的血色素,及时了解孩子的体质转化。

(2) 对体重小于同龄幼儿体重 15% 以上的营养不良的儿童应建立专案管理

① 根据营养不良儿童的年龄和饮食特点进行有针对性的饮食调整,保证供给足够的热量和蛋白质,在一日三餐以外的点心中适当增加谷类点心。鼓励幼儿添饭,选择易消化而营养丰富的食物,如鱼、瘦肉、豆制品和绿叶蔬菜等(图 1-8-3),以满足幼儿生长发育所需的各种营养物质。

② 合理安排幼儿一日生活,制订体格锻炼计划,加强户外活动,以增强食欲。按时定量进餐,注意纠正偏食、挑食的不良饮食习惯。

注意:运动量应循序渐进,注意幼儿的心率、出汗、面色,防止过度疲劳。

③ 积极治疗引起营养不良的各种原发疾病。

盐	＜6克
油	25~30克
奶及奶制品	300克
大豆及坚果类	25~35克
畜禽肉	40~75克
水产品	40~75克
蛋 类	40~50克
蔬菜类	300~500克
水果类	200~350克
谷薯类	250~400克
全谷物和杂豆	50~150克
薯类	50~150克
水	1500~1700毫升

每天活动6000步

图 1-8-3 学前儿童平衡膳食宝塔

④ 配合保健人员,每月对营养不良儿童测量体重和身高,并进行评价。

（3）对活动性佝偻病儿童的照顾

① 增强户外活动、多晒太阳是预防佝偻病经济、有效的方法。每日晒太阳的时间不得少于2 小时,应尽可能暴露皮肤,但要注意保暖。

注意：普通玻璃、衣服能阻碍紫外线通过,因此,要多进行户外活动,并尽量使阳光直射在皮肤上,但夏天要避免暴晒。

② 饮食中注意补充富含维生素 D、钙、磷和蛋白质的食物,如蛋黄、动物肝脏、牛奶、鱼类等。

③ 定期对小儿进行健康检查,早期发现佝偻病并采取治疗措施。

（4）对反复呼吸道、消化道感染儿童的照顾

① 加强护理,根据气候变化,适当增减患儿的衣物。在患儿睡觉时应避开窗户对流风,以免受凉。日常衣着也不易过厚,以免臃肿致使动作不灵活、出汗。

② 注意合理饮食、均衡营养,适当进行体格锻炼,并经常进行户外活动,增强机体对气温变化的适应能力。

③ 在传染病流行季节,加强护理,保持活动室及寝室的空气流通,加强空气及物表消毒,做好疾病预防工作。

④ 患病期间注意清淡饮食,注意休息。

3. 建立体弱儿档案,专案管理。做好定期检查、追踪、随访、全日健康观察记录及总结分析。

4. 培养幼儿良好的生活习惯

（1）培养幼儿良好的饮食习惯。

（2）培养幼儿良好的卫生习惯。

（3）培养幼儿良好的睡眠习惯。

（4）培养幼儿积极参加体格锻炼的习惯。

案例展示厅 ▶

体弱儿的观察及护理

田田是小一班缺勤最多的孩子,开学才一个多月就发烧两次。这孩子饭量很小,而且不吃肉、不吃青菜,平时爱出汗,稍一活动头发就湿漉漉的。通过与家长详细沟通得知,田田的妈妈怀孕时妊娠反应很大,生下田田后由于自己身体不好,仅勉强给孩子喂了一个月的母乳,田田基本是吃奶粉长大的,一岁多发现孩子面色苍白、有明显的鸡胸和轻微的 O 形腿,医院诊断为缺铁性贫血和佝偻病。

了解到田田的喂养情况后,结合田田平时的生活习惯和活动特点,我注意在一日生活的各个环节多给予他关心照顾。平时游戏活动时我会更多地关注他,根据气候变化提醒他及时穿脱衣物,出汗后帮他及时擦去额头和后背的汗水;给全班的孩子讲《阿挑历险记》及《挑食的小白兔》的故事,吃饭时安排食欲好、不挑食的孩子坐在田田的旁边起示范作用;与田田妈妈达成一致意见,家庭饮食多样化,餐前不给孩子零食吃,父母在食物的选择方面给孩子树立良好的榜样。针对田田的情况,我通过观察、分析,填写了《体弱儿个案管理记录表》(表1-8-1)。

表 1-8-1　体弱儿个案管理记录表

幼儿姓名	田田	性别	男	年龄	3岁	班级	小一
家长姓名		联系方式		家庭住址		记录时间	
问题表现	经常请病假,饭量小、不吃菜,爱出汗						
原因分析	通过与家长交流知道,田田从小就有贫血和佝偻病,不好好吃饭、挑食,不吃肉和青菜						
采取措施	1. 通过故事《阿挑历险记》及《挑食的小白兔》的形式,向幼儿宣传挑食的坏处,教育幼儿要养成良好的饮食习惯。 2. 开饭前,采用丰富的语言描述食物的色、香、味,或以讲故事的形式引导幼儿对食物产生想象,从而对进餐产生浓厚的兴趣,提高幼儿的食欲。 3. 吃饭时,先少盛一点饭和菜,但要求田田都要吃完,慢慢再增加饭量。为孩子创造一个轻松的就餐环境,不要在吃饭前和吃饭时教育孩子。 4. 安排食欲好、不挑食的孩子坐在田田的旁边作榜样。 5. 与家长进行沟通,了解田田在家中吃饭情况,要求: （1）家庭饮食多样化,餐前不给田田吃零食,父母在食物的选择方面给孩子树立好榜样。 （2）在家中父母与子女一起吃饭时,可随时简明地告诉孩子一些有关食物与营养的知识。 （3）不要让孩子边吃边玩,也不要一边吃,一边看电视或看书。						

续表

采取措施	（4）每餐吃饭的持续时间宜为20～30分钟,要让孩子养成细嚼慢咽的习惯。 （5）要注意保持孩子的食欲,不要让孩子将喜爱吃的食物一次吃得过多。 6. 当孩子有进步时,教师和家长要及时给予鼓励和表扬。 7. 加强体格锻炼,增加户外活动				
情况记录	时间段				
	9 月	10 月	11 月、12 月	3 月	4 月
	刚入园时自己不动手吃饭,老师喂也只是吃几口饭,不吃肉和青菜,也不喝汤	经过多次沟通和耐心说服,能勉强喝几口汤	根据孩子的食量,每次盛饭时,会少盛一点。孩子一般都能把饭吃完,对肉和青菜不排斥,但菜和汤只能吃一半	经过一学期的训练,能基本吃完自己的一份饭菜	与班里其他孩子一样,在规定的就餐时间里愉快吃完自己的一份饭菜,有时还会主动要求添点饭和菜
效果分析	在一个多学期的共同努力下,田田已基本改正了挑食的毛病,身体也好多了				

经过一段时间的帮助教育,田田开始接受青菜了,对孩子的点滴进步我及时提出了表扬,并鼓励他继续改正挑食的毛病,把身体养得棒棒的! 第二个学期,田田每餐都能基本吃完教师盛的饭菜,身体也好多了,很少请假。

分析 这个案例告诉我们,在对体弱儿饮食的管理与教育过程中,教师要善于观察、分析孩子的特点,了解孩子存在的问题,家园配合,采用适宜的教育策略,注重在日常生活中培养幼儿良好的生活习惯。对体弱儿的管理应细致、规范,并建立科学的个案管理档案。

 巩固练习

一、选择题（多选）

1. 体弱儿包含(　　)。

　　A. 营养性缺铁性贫血儿童　　　　B. 活动性佝偻病患儿

　　C. 生长发育监测连续二次体重不增加者　　D. 反复腹泻的儿童

2. 预防佝偻病可采取的有效措施有(　　)。

　　A. 预防先天性佝偻病　　　　　　B. 提倡母乳喂养,及时添加辅食

　　C. 多晒太阳　　　　　　　　　　D. 补充维生素 D

二、简答题

如何培养幼儿良好的生活习惯?

三、实操题
请设计一个缺铁性贫血儿童的个案管理方案。

四、论述题
试述在日常保育工作中如何增强幼儿的身体素质。

任务三 轻微残障儿的保育

学习目标

1. 了解残障儿童的特征,明确做好残障儿童保育工作的重要意义;
2. 掌握照顾轻微残障儿童的工作程序和正确方法。

情境导入

宝宝是个可爱的小女孩,平时不喜欢跟小伙伴一起玩,不爱说话,说话时口齿不太清楚。开学没几天,保育员刘老师就注意到了这个特别的孩子,有意接近她,与她对话,但宝宝多以点头、摇头回应,很少开口。

作为保育员,应如何引导孩子在这个集体中快乐的生活呢?

基本知识

残疾儿童指生理功能、解剖结构、心理和精神状态异常或丧失,部分或完全失去日常生活自理、学习和社会适应能力的儿童。包括由于先天发育障碍或异常的先天性残疾者、由疾病所致的病残者以及由于损伤所致的伤残者等。

常见的残疾多为视力残疾、听力语言残疾、智力残疾、肢体残疾以及精神病残疾等。这些儿童常常因为自己生理上的缺陷,在能力上、外貌上不如正常儿童而受歧视、嘲笑,表现为自卑、胆小、独处、不爱活动,有的表现为执拗、反抗、暴怒或以破坏行为发泄内心的压抑和不平衡。

幼儿园接受的残疾儿童一般是生活基本能自理、能独立活动、能进行基本交流、能参加集体生活的轻微残疾儿童,多于视力、听力和语言交流上有一定缺陷,或轻度智力低下、对环境适应性略差等。

指导策略

1. 积极与家长沟通,了解导致孩子生理缺陷的原因。

2. 对残疾儿童的学习和生活给予特殊的关怀和爱护。

在一日生活的各个环节给予他们更多的关心照顾。尤其对弱智儿童更要有耐心,通过多次反复实践训练,帮助其掌握适合年龄特点的学习和生活技能。

3. 要关注残疾儿童的心理活动,适当地给他们充分表现自己的机会,让他们丢掉自卑、建立自信,帮助他们走出心理阴影,养成坚强的性格,树立乐观豁达的人生态度。

4. 注意对残疾儿童的言谈举止和生活习惯的训练,注重个性品德的培养和劳动技能的培训。减轻残疾对儿童身心发育的不良影响,帮助他们尽可能像健全儿童那样学习和生活。

5. 配合专业机构,采取多种方法,对残疾儿童积极开展全面康复训练(从生理、心理、教育和社会生活能力进行全面、整体的康复训练)。

6. 教育同伴关心和爱护残疾儿童,帮助残疾儿童,为其学习、生活和参加集体活动创造有利条件。

案例展示厅 ▶

听力障碍儿童的保育个案

宝宝口齿不清、不合群的问题引起了我的关注。与家长沟通后得知,孩子两岁前是个活泼的孩子,爱说爱唱,一次高烧痊愈后,妈妈发现宝宝听力有些异常,医院诊断为轻度听力障碍。

原来宝宝口齿不清是听力障碍造成的。了解情况后,我与其他教师经过反复讨论,为宝宝制订了特别教养计划:

1. 耐心地向全班小朋友讲解残疾人的生理缺陷是由遗传或是疾病造成的,生理缺陷给他们的生活带来了诸多不便和艰辛,我们应该主动关心和照顾他们。

2. 把口齿伶俐、性格温和的孩子安排在宝宝的座位旁边,与宝宝结成玩伴。

3. 对全班小朋友提出要求后,专门蹲在宝宝身边,再对她慢慢说一遍。

4. 与宝宝对话时尽量离她近点,声音大点,让她听清楚。

5. 创造更多的机会让宝宝在集体活动中发言、讲故事、唱歌表演。

6. 家园配合,开展全面的康复训练。

慢慢地,宝宝活泼起来了,说话越来越清楚了,喜欢与小朋友一起做游戏,喜欢唱歌跳舞,成了一个快乐的女孩。三年幼儿园生活很快结束了,宝宝上小学了,第一个"六一"儿童节,宝宝戴着鲜艳的红领巾来看望精心培育她的幼儿园教师。

分析 本案例中保育员运用丰富的保育经验,及时发现了特殊儿童,并找到问题所在。制定出综合干预措施,消除了宝宝自卑、独处、不爱活动的不健康心理,用爱心、耐心帮助宝宝恢复正常语言,成为一个自信、活泼、阳光的女孩。

 巩固练习

一、选择题

常见的残疾多为(　　　　)。(多选)

　A. 视力残疾　　　　B. 听力语言残疾　　　　C. 智力残疾　　　　D. 肢体残疾

二、简答题

如何做好轻微残障儿童的保育工作?

三、论述题

中一班张雨绮小朋友是先天性唇腭裂患儿,现已手术修补,但说话口齿不清,平时性格孤僻,不愿与人交流。试述如何做好该幼儿的日常生活照顾。

项目九　常用护理技术

项目导读

　　通过学习常用护理技术的相关内容及操作程序,掌握对幼儿健康状况的基本观察方法、一般治疗措施以及对发热、便秘等常见异常情况的简单处理方法。

学习目标

1. 掌握基本生命体征体温、脉搏、呼吸的测量与观察;

2. 掌握常用的给药方法及相关知识;

3. 能够正确应用物理降温法及冷敷、热敷法;

4. 学会观察幼儿的大小便,并掌握简易通便法。

情境导入

　　下午,吃过午点是区角活动时间。正在搭积木的龙龙捂着肚子走进了厕所,保育员周老师立即跟了进去,只见龙龙满脸涨红、正在使劲,看见周老师,龙龙哭诉道:"老师,我肚子好痛,就是拉不出来,呜呜……"

　　作为保育员,应该如何帮助龙龙呢?

指导策略

一、体温

　　幼儿机体代谢率较高,体温一般比成人略高,且易受衣被过厚、活动、饮食、哭闹、室温过高等影响而升高。一昼夜之间,体温有生理性波动,下午比早上稍高,睡眠时稍低。

（一）测量方法

目前较常用的体温计是玻璃水银体温计（图1-9-1）。

测量体温的方法有多种，包括腋窝测量法、口腔测量法、直肠测量法。幼儿多采用腋窝测量法。

1. 测体温前，先检查体温计的水银线是否低于35℃。若不符合要求，则应将体温计甩至35℃以下。

2. 查看度数时，用一只手捏住体温计上端（非水银球端），抬起体温计，使表与眼睛平行，轻轻转动，即可清晰看出水银线的度数。

3. 将体温计的水银头部夹在幼儿腋窝中央稍前处，手臂弯曲。

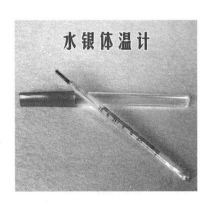

图1-9-1 水银体温计

4. 帮助幼儿用对侧手扶住测体温的手臂，保证体温计与身体密切接触。

5. 5分钟后即可取出读取体温计度数。

正常体温（腋表）为36~37℃。不同个体的正常体温稍有差异，一般认为体温超过其基础体温1℃以上时，则是"发热"。

发热的分度以37.5~38℃为低热，38.1~39℃为中度发热，39.1~41℃为高热，41℃以上为超高热。低于35℃称为体温过低。

（二）注意事项

1. 测体温时，腋窝应保持干燥。

2. 夹体温计时，其水银端不能露出腋窝外。

3. 如果发现测量方法不准确，对测得的温度有怀疑时，应重复测量。

4. 体温计用毕，应在消毒液容器中浸泡30分钟，用清水冲净，拭干备用。

5. 饮食、活动、哭闹后应安静30分钟再进行体温测试。

二、脉搏

随着心脏的收缩与舒张，在人体浅表动脉的部位可触及有规律的搏动即脉搏。儿童的心跳比成人快，年龄越小，脉率越频，且个体差异较大。儿童的脉搏极不稳定，易受进食、哭闹、运动、发热等多种因素的影响。因此，应在儿童安静时测脉搏。不同年龄儿童脉搏速率的正常值（表1-9-1）。

表1-9-1 不同年龄儿童呼吸速率、脉搏速率正常值（次/分）

年 龄	呼 吸	安静时脉搏	脉搏：呼吸
1岁以下	30~40	110~130	3~4：1
2岁~3岁	25~30	100~120	3~4：1
4岁~7岁	20~25	80~100	4：1
8岁~	18~20	70~90	4：1

（一）测量方法

1. 测量部位：凡浅表且靠近骨骼的大动脉处都可以用来诊脉。最常用的是桡动脉（在手腕掌侧腕横纹下方约二横指，靠近大拇指的部位），其次是颞动脉（位于耳屏前颧弓根表面）及颈动脉（喉结左右 2~3 厘米处）等。

2. 测量方法：按动脉血管的走行，用食指、中指、无名指的指端轻压，压力以清楚触到脉搏为宜。数一分钟脉搏数，注意脉搏的节律、强度及速率。

（二）注意事项

1. 应在儿童安静及体位舒适的情况下测查。活动后要休息 15 分钟左右再测查。

2. 不宜用拇指测查，以免将检查者拇指本身的动脉搏动与患儿的脉搏混淆，造成假象。

3. 进食或哭闹时暂不测量。

三、呼吸

通过吸入氧气和呼出二氧化碳，进行人体内外环境之间的气体交换即呼吸。婴幼儿多呈胸腹式呼吸，年龄越小，呼吸频率越快。

（一）测量方法

将手置于幼儿胸、腹部或在其呼吸时观察胸腹部运动，一起一伏为一次呼吸。需测一分钟呼吸次数。

注意观察呼吸节律、频率及深浅度。不同年龄儿童的呼吸速率正常值见表 1-9-1。

（二）注意事项

幼儿呼吸频率受年龄、运动、哭闹、发热、精神变化等因素的影响，应在安静状况下进行测量。

四、喂药

（一）喂药方法

根据幼儿的年龄、生活能力采用不同的方式。

1. 对于年龄较大的幼儿，应鼓励其采用温水送服的方式自己吃药。

2. 对于年龄较小的幼儿，可将药片碾成粉末，溶于糖水、果汁等香甜可口的液体中，用小勺送服。

（1）喂药时要固定婴儿头部，使其头歪向一侧；

（2）一手托住孩子的下巴，另一手端药勺紧贴孩子的嘴角将药倾入；

（3）待孩子将药咽下后，放开下巴，再让孩子喝几口糖水，减轻苦味的刺激。

（二）注意事项

1. 如果是家长自带药，应索要医院处方及病例。所带药品应在有效期之内，且包装完整。

要登记在册,由家长签字并亲自交给班级教师。

2. 喂药前要认真查看服药登记表,仔细核对幼儿姓名、服药名称、剂量、方法及服药时间等。

3. 如果同时有几个幼儿需要喂药,则应按照服药登记表的要求逐一进行,切忌穿插喂药,以免误服、漏服。

4. 婴幼儿哭闹时,不应喂药,以免呛入气管或引起呕吐。

5. 切忌捏鼻子灌药,以免药物误吸入气管。应耐心说服,争取孩子的配合。

五、滴眼药水

将眼药滴在结膜囊,以起到预防感染、杀菌消炎、镇痛、抗过敏等作用。

（一）给药方法

1. 先洗净双手,用干净毛巾或纱布擦去幼儿眼部的分泌物。

2. 让幼儿采取坐位或仰卧位,头稍向后仰,眼向下看。

3. 用左手拇指与食指轻轻分开患儿上下眼皮,拉开下眼睑;右手持滴管,将1~2滴药液滴入下眼睑结膜囊内(图1-9-2)。

注意:滴管距眼睑至少1~2厘米,避免滴管末端触及幼儿睫毛、眼睑或眼球,而污染药液或损伤眼球。

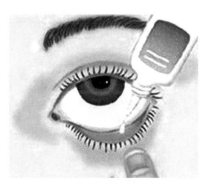

图1-9-2　滴眼药水

4. 用拇指、食指轻提上眼皮,松开下眼睑,嘱咐幼儿转动眼球,使药液均匀地分布于眼内。

5. 点药后,让幼儿轻闭双眼2~3分钟。

6. 点完眼药膏后,应用手轻揉数秒钟,以助药膏在眼内扩散。

（二）注意事项

1. 给药前应仔细核对药名、给药时间、幼儿姓名。

2. 为一个幼儿点完眼药后,一定要洗净双手,再为另一个幼儿点药。

3. 无标签或过期的药物不可使用。

4. 眼药膏宜在晚上涂用。

六、滴鼻药水

鼻腔滴药用于预防感染、收缩鼻黏膜血管、保持鼻腔通畅和止血。

1. 协助患儿擤出鼻内分泌物,清洁鼻腔。

2. 让患儿坐在椅子上,背靠椅背,头尽量向后仰,鼻孔朝上。这样可以避免药液经鼻咽部流入口腔。

3. 一手食指轻推幼儿鼻尖部使鼻孔充分暴露,另一手持滴管,在距鼻孔 2~3 厘米处将药液滴入。轻轻按压鼻翼,使药液均匀接触整个鼻腔黏膜,并进入鼻道。

4. 滴药后保持原姿势 3~5 分钟。

注意:滴药后,暂时不要擤鼻子。

七、滴耳药水

用以软化盯聍、清洁外耳道、预防和治疗耳部疾病等。

1. 幼儿取卧位,患耳朝上。

2. 用消毒棉签轻轻擦净外耳道分泌物。

3. 一手轻轻向后上方牵拉耳郭,使外耳道变直;另一手持药瓶将药液沿外耳道后壁缓缓滴入 2~3 滴,轻柔耳屏,使药液充分进入耳道深处。

4. 让幼儿保持原姿势 3~5 分钟。用棉球堵塞外耳道。

注意:

(1)滴耳液的温度以接近体温为宜,以防刺激内耳迷路引起眩晕、恶心等不良反应。

(2)如果双耳都需要滴药,在滴完一侧过几分钟后再滴另一侧。

八、物理降温

由于致热原的作用使体温调定点上移而引起的调节性体温升高(超过 0.5℃),称为发热。发热是机体的一种防御反应,但体温过高(小儿超过 39℃)则可能引起头晕、惊厥、休克,甚至严重后遗症,需要及时采取相应的降温措施。降温措施一般分为药物降温和物理降温。婴幼儿采用物理降温的方法更安全。具体方法如下:

1. 头部冷敷

(1)将小毛巾折叠数层,放在冷水中浸泡,拧成半干(以不滴水为宜),敷于幼儿前额(图 1-9-3)。

(2)每 5~10 分钟更换一次毛巾。

(3)也可将冷湿毛巾置于腋窝、肘窝、腹股沟等处。

(4)也可用热水袋灌入凉水或小冰块,做成冰枕,包上毛巾枕于脑后。

注意:冷敷时若幼儿发生寒战、面色发灰,应停止冷敷。

图 1-9-3 头部冷敷

2. 温水擦浴:用温水毛巾为患儿进行躯干擦浴,轻搓致皮肤潮红,使表皮毛细血管扩张促进体内热量散发。

九、冷敷热敷

（一）冷敷法

除用于降低体温外，还可以减轻局部充血或皮下出血、减轻疼痛、防止炎症扩散。

用冷湿毛巾（每2~3分钟换一次）、冰块、冰袋置于青瘀肿胀部位（急性挫伤、扭伤初期），一般持续敷20~30分钟。

注意：

（1）使用过程中注意观察有无皮肤变色、感觉麻木等症状。若有，立即停止冷敷，以防冻伤。

（2）冰袋有无漏水或移位。

（3）冰块融化后应及时更换。

（4）严禁在前胸、腹部、后颈冷敷。

（5）高热恶寒、对冷刺激敏感者不宜使用。

（二）热敷法

1. 适应范围：热敷法常用于保暖、解痉、消肿、止痛、促进炎症、淤血的吸收等方面。

2. 使用方法

（1）将热水袋灌入热水（水温不超过60℃或不烫手）至1/3~1/2满，排出气体，拧紧盖子，擦干外表。

（2）提起热水袋挤压、抖动，确保不漏水，套上布套。

（3）放于需要热敷的部位。

3. 注意事项

（1）热水袋不能直接接触幼儿的皮肤。

（2）及时更换热水以保持一定温度。

（3）软组织扭伤、挫伤24小时之内勿使用热敷法。

（4）面部危险三角区化脓时忌用。

（5）急性腹部疾病未明确诊断前勿用。

（6）热水袋用毕，将水倒净，倒挂晾干，往袋内吹气并拧紧，保存于阴凉处。

十、观察大小便

（一）观察大便

食物被摄入人体后，经过消化系统的消化和吸收，其中的营养物质被机体利用，未被吸收的残渣部分，则通过大肠以粪便形式排出体外。通过对婴幼儿排便的观察，可以了解其消化功能，有助于预防和治疗消化系统疾病。

1. 大便量及次数：每日排便量与食量及食物种类有关。素食者比荤食者量多，患消化不良等疾病时，粪量增加。儿童排便的次数因年龄、食物种类、消化功能而异，婴儿每天 2~3 次，幼儿每天 1~2 次。排便次数增加或减少都应予以重视。

2. 性状：正常大便为条形软便。异常时可见：硬柱状（便秘）、羊粪样粒状（痉挛性便秘）、糊状（过量饮食或消化不良）、稀水状（急性肠炎）、黏冻状（慢性痢疾或慢性结肠炎）、米泔样（肠道传染病）、扁条或带状（肛门狭窄或部分梗阻）。

3. 颜色：正常粪便因含有胆色素而呈黄褐色，也可随摄入食物或药物的不同而改变颜色。如食用大量绿叶菜后粪便可呈绿色；服用铁剂后粪便呈无光泽黑色；服钡剂后呈灰白色。异常时，如上消化道出血可为黑色柏油样便；胆道阻塞时，可为陶土色便；急性细菌性痢疾为脓血便；肠套叠常见果酱样便；肛裂时粪便表面可见鲜血。

4. 气味：粪便的气味是食物残渣被结肠中的细菌分解发酵而产生的，并与摄入食物的种类有关，食肉后粪便的气味比素食后浓烈；消化不良时，呈酸性臭味并伴气泡；肠道感染时有特殊恶臭味。

5. 大便中的异常混合物

（1）黏液：正常粪便表面附有一薄层黏液，有润滑肠道、保护肠黏膜的作用。肠道有炎症时出现大量黏液。

（2）脓血便：多见于细菌性痢疾等特异性肠炎。

（3）寄生虫：正常粪便中不存在。出现肠道蛔虫、蛲虫、绦虫等寄生虫后可肉眼看到粪便中有相应的虫体或结节。

出现上述异常情况时，应及时隔离和治疗患儿。

6. 采集大便标本：用棉签或洁净的竹签取少量大便放入硬纸盒内。如为腹泻儿，应取有脓血、黏液部分；如检查寄生虫，应在大便的不同部分分别取适量标本送检。

（二）观察小便

1. 尿量与排便次数：正常学龄前儿童一昼夜排尿量 600~800 毫升，每天 6~7 次。小儿尿量个体差别很大，与液体摄入量、气温、湿度、食物种类、运动量以及精神因素等有关。

某些疾病可以引起排尿次数及尿量的异常。如泌尿系感染时，可出现尿量减少并伴有尿频、尿急或尿痛等。

2. 颜色：正常尿液呈淡黄色。尿少时颜色较深，尿多时色淡，与液体摄入的多少有关。也可因饮水量、饮食的种类或服用某些药物（维生素 B、利福平等）而出现颜色改变。如果尿液呈血色、浓茶色、酱油色、白色乳样等，均为异常表现。

3. 透明度：正常新鲜尿液澄清透明，放置一段时间后可因盐类析出或细菌生长而变浑浊。如果新排出的尿液即呈现浑浊状态，则提示有异常情况。

4. 气味：正常新鲜尿液无特殊气味。静置一段时间后有氨臭味。泌尿系统感染时，尿排出后即有腐臭味。苯丙酮尿症患儿的尿为霉臭味。

5. 采集尿标本:当发现婴幼儿有上述排尿异常时,应及时采集尿液标本。留取标本时要注意将尿液收集在清洁器皿中,取中段尿约 20 毫升,最好留取第一次晨尿。

十一、简易通便法

1. **肥皂通便法**:将普通肥皂削成圆锥形,蘸少许温水,慢慢塞入肛门,利用肥皂的机械刺激,引起排便。

2. **开塞露通便法**:使用前从开塞露封口处平行剪开,挤出少许液体润滑管口,插入肛门,用力挤压塑料管后端,使药液射入肛管内。让幼儿尽量憋一会儿,再排便。

注意:剪开塞露封口时,一定要平齐,不要形成斜面,以免尖锐面刺伤肛门。

案例展示厅 ▶

照顾幼儿午睡

中午,寝室里静悄悄,保育员琪琪老师按惯例挨个查看幼儿睡眠情况,平时爱在被子里玩耍的小吉瑞今天也蒙着头睡着了。

琪琪老师轻轻拉下蒙在吉瑞头上的被子,这孩子小脸通红,呼吸也比平时粗大,一摸额头滚烫,琪琪老师赶忙为孩子测体温,38.9℃,这孩子发烧了。

琪琪老师立即在吉瑞额头上搭了块湿毛巾做冷敷,让孩子喝了一杯温开水,并端来一盆温水为吉瑞进行躯体温水擦浴,同时联系保健室大夫前来查看病情。

经过温水擦浴和持续的额部冷敷,半小时后,吉瑞的体温已降至 37.8℃,脸色也逐渐恢复正常。

分析　保育工作是幼儿一日生活中的重要环节,掌握正确的护理技术,学会观察幼儿的身体状况,及时发现异常,并能及时采取正确有效的措施,是保育员必备的基本技能。

 巩固练习

一、选择题

1. 幼儿的生命体征的观察包括(　　　　)。(多选)

　　A. 脉搏　　　　　　B. 呼吸　　　　　　　C. 体温　　　　　　D. 大小便

2. 滴眼药水时,应将药液滴在(　　　)内。

　　A. 上眼皮　　　　　B. 眼角　　　　　　　C. 角膜　　　　　　D. 下眼皮

二、简答题

简述冷敷和热敷的方法与适用范围。

三、实操题

遇到发热的幼儿,最简单有效的降温措施有哪些? 如何实施? 注意的细节是什么?

四、论述题

在幼儿园全日健康观察中,怎样观察孩子的大小便以了解幼儿的健康状况?

二、简答题

简述冷敷和热敷的方法与适用范围。

项目十　物品与设备管理

项目导读

本项目分两个任务,一是物品管理,二是设备的维修与更换。任务一重点掌握班级物品的数量、种类和管理方法;任务二重点掌握设施设备的日常养护、申请维修和更换的程序。精心保管与维护,是延长物品使用年限的最好方法。

任务一　物品管理

学习目标

1. 能够做好班级物品的管理;
2. 明确班级物品所指的内容;
3. 能够培养幼儿保护和爱惜物品。

情境导入

丫丫是个性格急躁的女孩子,做任何事情都很急。一天,教师组织大家看图书,别的孩子都能认真地、慢慢地看书,只有丫丫急速地、快节奏地翻书。突然,大家都听到"吱——"的一声,她把书给撕破了,只见她把书一合,放到图书架上了。

作为保育员,要怎样指导丫丫爱护图书,并培养幼儿良好的行为习惯?

基本知识

一、班级物品涵盖内容

在幼儿园中,每个班级配备物品是基本相同的,只是细微处有差别。比如桌椅的高矮、幼儿床的大小、物品的数量等,这些与大中小班幼儿体征相吻合,不同年级略有差别外,其他都是配套使用。

幼儿班级配备的物品有:幼儿生活用品、学习用品、幼儿玩具等(图1-10-1)。

图 1-10-1　班级物品

（一）幼儿生活用品及设备

家具和物品:幼儿使用的桌子、椅子、床、被子、褥子、毛巾被、枕头、床单、被套、枕套等;班级共同使用的空调机、直饮机、区角柜、图书架、口杯架、毛巾架、储物柜、衣帽柜、紫外线灯、窗帘等。

餐具和物品:幼儿用的碗、盘、筷子、勺子;成人为幼儿提饭用的食桶、饭盆、汤桶等,为幼儿分餐的馒头镊子、汤勺、饭勺等。

用具和物品:口杯、毛巾(餐巾、洗脸巾、枕巾,寄宿生还要配洗脚毛巾、洗屁股毛巾等)、成人擦手毛巾、消毒柜、保温桶、洗衣盆若干个、拖把、扫把、簸箕、刷子、各种抹布、各种消毒用品。

低值消耗品:手纸、洗衣粉、香皂、肥皂、洗涤剂、洗厕剂、杀虫剂、消毒液等。

（二）幼儿学习用品及设备

设备类:电视、电脑、电子白板、钢琴、录音机、DVD、投影仪、音响等。

物品类:黑板、粘绒板、图书、各种教具、区角用品、剪刀等。

低值消耗品:彩色水笔、彩色铅笔、蜡笔、胶水、橡皮泥、糨糊、各种纸张等。

（三）幼儿玩具

包括:桌面玩具、毛绒玩具、跳绳、沙包、球类、区角内配备的各种废旧材料制作的玩具。

二、幼儿园物品购置程序

（一）易耗品购置程序

低值易耗品在幼儿园中,因为每天都要使用,消耗量大。一般幼儿园有两种方式购置:一种是根据每学期全园使用量略多一些的数量,在学期初统一购置,放置在库房中,由保管员定期为幼儿班级领取、登记。另一种是小型幼儿园,由于园内房屋小,无法存放大量物品,且购置方便,便建立一个固定的供货商,定期为幼儿园配送,再由各班领取。两种方式中,前一种因购买数量大,价格相对低廉,但需要有闲置的房屋,有专人保管;后一种价格略贵,但省去了房屋的使用和人员管理的成本。

低值易耗品,一般不需要班级申请、部门审核、领导批准的程序购置。

耐用低耗品,如窗帘、寝具、餐具、口杯等物品,一般也是由园里根据使用年限,统一报废、购置、配发。

(二)设备仪器类物品购置程序

设备仪器的购买,需要根据幼儿园的实际经济条件来决定配置。如果园里有财力可以购置时,一般会采取部门讨论,组成专门小组,经过市场询价、议价、园内裁定,购置入库,库管员办理登记手续,根据需要配发到部门使用。

公办园的设备仪器购置,一般是先向上级主管单位报告申请资金,资金到位后,通过政府采购的方式购置设备,办理固定资产登记手续,再配发到部门使用。

设备仪器均有使用年限,到期时,由使用部门申请报废—部门审核—领导批准—报上级主管单位审批—库管员下账。

(三)固定资产购置程序

与设备仪器物品购置程序基本相同。

案例展示厅 ▶

和幼儿一起修补图书

教师事先准备几本破损的图书让幼儿观察,其中有卷页,损页,掉页,书脊、封面、封底破损等,让幼儿讨论,图书哪里损坏了,损坏到什么程度了?是否能修补好?要不要修补?讨论之后,教师拿出准备好的白纸、胶水、透明胶带、双面胶带、订书器及书钉、剪刀、彩笔等物品,与幼儿一起修补图书,通过粘、贴、剪、订后,将破损图书修补好,最后用彩色水笔画上与周边相近的图案,让旧书"穿"上新衣服(图1-10-2)。

图 1-10-2　修补图书

分析　围绕修补图书这样一件小事,让幼儿能体会到修补图书也是一件不容易的事情,懂得珍惜图书,达到《幼儿园教育指导纲要(试行)》的社会目标中"能努力做好力所能及的事,不怕困难,有初步的责任感"和"教育幼儿爱护玩具和其他物品,爱护公物和公共环境"的要求。

 **指导策略**

一、物品管理的基本要求

在幼儿园日常生活和工作中,班级物品是保证幼儿正常生活和学习的物质保证,通常班级物品是由保育员负责管理的。

保育员在管理班级物品时,总的要求是妥善保管、精心维护、保证使用。针对班级中的不同物品,日常管理有不同的要求:对幼儿衣物、被褥寝具、毛巾,做到不丢失、不张冠李戴、无开缝开线和衣扣缺失现象;对固定资产的管理,做到不丢失、无损坏现象;对低值消耗品,做到勤俭节约,无浪费现象。

二、物品管理的基本方法

保育员对班级每件物品要做到来路明、销路清。日常管理的方法是:

第一,做好记录。新学期接班后,第一件事就是核对班级物品的数量、质量,对家具、教具、玩具逐一清点,并做好记录。除物品的数量、品质外,清点人还要在记录表上登记清楚检查时间、检查人员。例如,某幼儿园对班级家具类、设备、耐用低耗物品在管理时制成统一表格,便于检查人员登记并及时掌握物品的使用情况(表 1-10-1、表 1-10-2、表 1-10-3)。

表 1-10-1 幼儿班级(家具类)物品登记表

班级: 保管人:

序号	名　称	单位	数量	购入时间	原值	报废时间	编号	检查时间	备注
1	幼儿桌子	张							
2	幼儿椅子	把							
3	幼儿床	个							
4	储物柜	个							
5	衣帽柜	个							
6	区角柜	个							
7	图书架	个							
8	毛巾架	个							
9	口杯架	个							
10	办公桌	张							
11	办公椅	把							
12	钢琴凳	个							

表 1-10-2 幼儿班级设备登记表

班级: 保管人:

序号	名　称	单位	数量	购入时间	原值	报废时间	编号	质量情况	维修
1	钢琴	架							
2	空调机	台							
3	录音机	台							
4	DVD	台							
5	饮水机	台							
6	紫外线灯	架							
7	消毒柜	个							
8	电视机	个							
9	电脑	个							
10	投影仪	台							
11	音响	个							
12	照相机	台							
13	电子白板	台							

表 1-10-3 幼儿班级耐用低耗物品登记表

班级：　　　　　　　　　　　　　　　　　　　　　　　　保管人：

序号	名　称	单位	数量	购入时间	报废时间	质量情况	丢失	损坏	备注
1	被子	条							
2	褥子	条							
3	枕芯	个							
4	被套	个							
5	床单	条							
6	枕套	个							
7	枕巾	条							
8	窗帘	个							
9	餐巾	条							
10	洗脸毛巾	条							
11	洗脚毛巾	条							
12	洗屁股巾	条							
13	口杯	个							
14	碗	个							
15	勺子	个							
16	筷子	付							
17	饭盆	个							
18	汤桶	个							
19	菜桶	个							
20	汤勺	个							
21	饭勺	个							
22	镊子	个							
23	簸箕	个							
24	扫把	个							
25	拖把	个							

　　第二，在学期中做好定期检查、核对工作。每月对班级物品进行检查，出现质量问题要及时申报维修，维修不了的应当报损更新，对因失责造成的损坏或丢失，应按照园里的有关规定，照价赔偿。如有其他班级借用，要有借条，应及时登记并追还；班级物品、特别是幼儿用品，不得借给私人使用。如遇园内的大型活动，物品离开班级时，要及时清点、查找、核对，保证班级物品的数量准确。

　　第三，学期结束时，所有物品清查，需要归还的归还，需要清洗的清洗，需要入库的入库，确保班级物品与园里配备数量一致。

三、各类物品的管理

（一）幼儿生活用品的管理

1. 在幼儿班级中，生活用品，如衣物、毛巾、口杯、被褥及寝具等一般不需要班级申请，而是由幼儿园根据班级内幼儿人数，为各班级配置幼儿的生活用品，以保证幼儿正常的生活与学习所需。保育员或主班教师补办财产登记手续即可。

2. 新学期开学时，保育员将各种生活用品配发到每位幼儿名下，统一编制物品号与幼儿学号一致，保育员可请家长帮助在每件物品上编号，便于幼儿记忆和使用。

3. 幼儿使用的寝具：被套、床单、枕巾一般会有两套，便于清洗更换。对于备用的寝具，可以按整套叠起来，依号码放在储物柜的固定地方，这样清点数量一目了然，更换使用便捷迅速。开线的地方及时缝补。

每次清洗、晾晒，都要仔细核对数量，缺少了要及时发现，及时查找，及时补齐；多出的物品要物归原主；对不上的号码，要及时更换。做到不丢、不错、不多、不少。

4. 利用中午幼儿午休时间，对幼儿衣物进行检查，对衣物开线、掉扣子或破损的地方，及时修补。

5. 低值消耗品的保管，特别是消毒剂等物品要放在幼儿拿不到的位置，使用时，首先要格外小心不伤及幼儿，其次是勤俭节约、不浪费。

6. 请家长配合，为每位幼儿准备一个衣袋、一个物品袋。幼儿个人物品放置在个人的衣袋或物品袋中，防止丢失。

7. 物品缺少或丢失时，申请领用时，生活用品由保育员领取，教学用品由教师领取。一般程序是：班级申请—部门审核—主管领导批准—保管员处登记、领取（根据制度需要赔偿的，在财务处交钱，到保管处领物品）。

（二）学习用品的管理

1. 幼儿个人携带的学习用品，如图书等物品，应该做好标记，写上名字，放置在固定的位置上，并摆放整齐。

2. 班级经常使用的教具，应按主题活动内容编号，放在班级储物柜中的固定位置，便于教师教学使用。

3. 班级内的图书，要分类登记图书名称、数量、单价等；要为图书编号，摆放在书架上，便于幼儿取用；指导幼儿整理、保护、爱惜图书；定期用紫外线灯对其消毒。

4. 班级储物柜应该分类编号，柜外编号，柜内编号，教学用品与生活用品分开存放，便于管理。

（三）玩具的管理

1. 对班级配发的玩具进行登记，数量、品种记录清楚。

2. 玩具应摆放整齐，便于幼儿经常使用。

3. 对玩具进行定期清理、消毒。

四、培养幼儿良好的爱护物品的习惯

1. 培养幼儿爱惜物品的习惯。

2. 培养幼儿物尽其用的习惯。

3. 培养幼儿勤俭节约的习惯。

案例展示厅 ▶

我们班的椅子到哪里去了?

"六一"儿童节到了,幼儿园准备了趣味游戏活动,全园各班级幼儿都把自己的小椅子搬到了操场上,兴致勃勃地参加和观看趣味游戏活动。活动结束了,保育员刘老师请家长帮忙把小椅子搬回教室,等所有的家长都离园后,刘老师开始清点小椅子数量,发现少了一把。刘老师立即到操场寻找,这时的操场上空空荡荡,没有一个人,也没有一把椅子,刘老师非常着急,到其他班级去找,但其他各班级已经锁门下班了,小椅子究竟到哪里去了呢?

分析 在园里的大型活动中,经常会借用班级小椅子,作为保育员在搬出时清点数量,摆放时尽可能放在一起,活动结束时先清点数量再请家长代劳搬椅子,进入班级后立即再清点一遍数量。这样才能避免后期的找寻问题。

 巩固练习

一、选择题(多选)

1. 物品管理的基本方法中,学期初做好(　　　),学期中做好(　　　)和(　　　),学期结束时做好物品的(　　　)和物品归还、入库工作。

　　A. 物品清查　　　　B. 核对　　　　　　C. 定期检查　　　　D. 记录

2. 保育员在管理班级物品时的基本要求是(　　　)。

　　A. 妥善保管　　　　B. 精心维护　　　　C. 保证使用　　　　D. 随坏随扔

3. 幼儿班级配备物品的种类有(　　　)。

　　A. 生活用品　　　　B. 学习用品　　　　C. 玩具　　　　　　D. 用具

二、简答题

1. 简述幼儿生活用品的管理。

2. 以幼儿班级为单位,简述班级物品的种类。

三、实操题

拟订一个物品申请领用单、物品丢失报告。

四、论述题

作为保育员,应怎样培养幼儿爱惜物品的习惯?

任务二　设备的维修与更换

学习目标

1. 能够做好班级设备的管护;
2. 能够做到及时维修和报损。

情境导入

一天,中二班保育员刘老师洗完幼儿毛巾后,将盆里的水倒入水池中,转身去消毒毛巾了。这时毛毛刚好上厕所路过盥洗室,看到了水从水槽中流了出来,他高声喊叫:"老师快来呀! 它咽不下了!"老师们过来一看,是下水堵住了。

作为保育员,应如何处理此事?

基本知识

一、幼儿园内的设备、设施

幼儿园室内设备包括:门窗、水电、供暖设备、降温设备、消毒柜、饮水机、电视、录音机、DVD、钢琴、保温桶、家具、电脑、电子白板、投影仪、复印机、打印机、传真机、打卡机等。

幼儿园室外设备包括:大中小型玩具、体育用品等。

公共用品:消防设施、宣传橱窗、电子大屏幕等。

二、幼儿园设备、设施管理制度

(一)幼儿园资产管理制度

1. 园内固定资产管理是一项园所管理的重要内容,由专人负责管理。

2. 园内资产保管实行责任制。建立资产、设施、设备专项财产账册,由专职保管员负责管理。

3. 建立定期清查和年底审核制度。每学期结束,财产保管员根据登记账册对全园各科室、幼儿班级的资产进行清点、核查,对到期报废物品经主管领导审核批准后,办理销账手续;每学年结束,对全园物品进行年终审核,对丢失、人为损坏物品,查实情况后,确定赔偿金额,到财务室办理现金入账和财产下账处理。

4. 所有财产本着物尽其用和节约使用的原则,发现损坏及时维修,以延长使用期限;合理安排,协调使用,提高周转率和使用率。

（二）班级财产管理制度

1. 分配各班使用的财产、物资要分类编号,登记造册,由班级保育员负责保管。每学学期、每学年结束前,班级的负责人要协助保管员清点班级财产,账册符实,如数交接。新接管的班级按册验收,数目相符在交接栏内签名,以示财产物资交接清楚。

2. 各幼儿班级使用的财产、物资,非本班人员不得擅自拿用,特殊需要的可向办理借用手续,定期归还,如有损坏负责赔偿。

3. 幼儿班级财产在使用期间如有损坏、遗失,由班级负责人向保管报告,属合理损耗的准予注销并根据需要重新补发,登记入册;如属不合理损耗,当事人负责赔偿。

（三）公共物品管理制度

1. 园内的一切公共设施,都是公共财产,全体职工都要自觉爱护,并协助后勤管好、用好,使园所成为精神文明的教育阵地。

2. 教室、办公室、食堂及各部门的一切公物,都做到责任到班组、责任到人。

3. 要节约用电用水,爱护园内的照明、取暖、供水设备,做到人走灯灭,锁门关窗。

4. 成立公物管理小组,对园内的公共物品使用情况进行监督。

三、幼儿园设施、设备的安全管理

（一）设备、设施安全管理

园内的一切设备与设施(包括室内设备、室外大型玩具,宣传橱窗等)要定期检查,及时维修维护,做到固定牢固,运行安全可靠。

（二）教学设备的维护和安全管理

电脑、投影仪、录音机、电视机、钢琴、DVD、播放机等电教办公器材,日常维护管理要责任到人,实行目标管理,在做好防盗的同时,更要做好使用、检查、维护记录(表 1-10-4),消除用电等方面的安全隐患。

表 1-10-4　幼儿园室外大型玩具检查记录表

大型玩具名称		
投入使用时间		
保质使用时间		
检查日期	检查记录	检查人

检查日期	检查记录	检查人

（三）园内建筑设施的维护和安全管理

1. 园内的建筑工程要符合《中华人民共和国建筑法》要求，新建设施使用前要有竣工验收证明，对发现的质量安全隐患，要指定专人负责落实整改，确保及时消除隐患。

2. 现有校舍的维护和安全管理，园内要配备专（兼）职管理员，负责对校舍安全检查，发现隐患，及时向园内分管园长报告，发现损坏及时维修，定期检测。园舍按规定要进行普查和鉴定，发现园舍隐患要及时上报上级主管单位，并迅速请有资质部门进行安全鉴定，依据鉴定结果及时维修并整改，严禁使用危房。

（四）消防设施的安全管理

消防设施的配置符合国家《建筑灭火器配置设计规范》的要求，配置数量达标、保质有效、布置合理、种类符合场所要求。消防器材管理责任到人，专人维护，气压充足，药剂有效，罐体无锈蚀，喷射软管无老化，喷嘴无堵塞变形，不得随意挪用。每年暑假和寒假前园内要检查消防设施，检查时要由专业人员参加，同时做好详细的检查记录。对在检查中发现的不符合《建筑灭火器配置设计规范》要求的，要进行整改、维护和更换，防止重大火灾事故的发生。

一、设备的常规维修安排

幼儿园设备预防性维修：一般幼儿园在每学期开学初，幼儿还没有进园时，会安排后勤工作人员对全园各幼儿班级、办公室、教研室等场所，进行一次设备维修与检查。每月安排例行检查，设备损坏及时维修与更换。

幼儿园设备故障性维修：学期结束时，各班级报告设备使用情况和需要维修情况。视设备故障情况，需要请外单位专业技术人员维修的；或设备到期，无法维修，需要报废更新的，安排在假期维修和购置，以保证新学期使用。

二、班级设备的管护

幼儿班级内的设备，一般由保育员负责管理与维护工作。主要负责：

1. 日常工作中注意对班级内设备的爱护和保养。

2. 根据幼儿园设备维护常规,配合园内做好对班级室内设备的常规维修。

3. 注意观察、发现室内设备的异常情况,及时报修。

4. 对无法继续维修的设备申请更新。

三、维修申请

一般班级维修包括墙面、天花板、门窗、供暖设备、上下水管道、钢琴、电视、电脑等的维修。

维修申请包括以下内容:申请时间、申请部门、维修设备名称、设备故障情况的简单描述、申请人等内容。写清楚后,报维修部门领导审批,等待维修(表1-10-5)。

如果是紧急状态下的维修应该直接打电话,或找科室、园长反应,申请紧急维修,比如上下水堵塞、电路故障等。

表1-10-5　设备维修申请单

审批:

申请部门		申请人		申请时间	
维修设备名称					
设备故障情况描述					
维修内容	(由维修人员填写)				
更换零件	(由维修人员填写)				
				维修人员:	维修时间:
维修结果确认		正常运行		不正常运行	
				确认人:	时间:

四、维修档案

设备维修档案的建立,一般不是幼儿班级来做,而是由园里的保管人员来做。维修档案包括四方面的内容:一是设备的名称、设备型号、购买时间、使用年限、设备价格;二是设备编号、使用部门、使用责任人;三是设备厂家、厂家地址、厂家联系方式及联系人;四是维修项目、更换零部件、维修后状态、维修费用等内容。

五、更新设备

对失去维修价值或使用保质期已到报废的设施设备要进行更新处理,按相关规定处置,新增设备应重新建档。

 巩固练习

一、选择题(多选)

1. 幼儿园的设备、设施分类有( )。

    A. 室内设备   B. 室外设备   C. 公共用品

2. 下列物品中是幼儿园室外设备的有( )。

    A. 消毒柜   B. 大型玩具   C. 体育用品   D. 录音机

3. 下列物品中是幼儿园室内设备的有( )。

    A. 电视机   B. 消防设施   C. 衣柜   D. 保温桶

二、简答题

什么是幼儿园设备预防性维修?

三、实操题

为班级办理某设备故障的维修申请。

四、论述题

作为保育员,应如何管护班级设备?

模块二
配合教学活动的保育

模块导读

　　幼儿园教学活动是实现教育目标,提高保教质量的有效途径,是完成幼儿园教育任务的重要手段,以幼儿为主体,在教学活动中实现保教结合,是幼儿园教师的职责,本模块从保育员职责入手,配合室内、室外教学活动两个方面,促进幼儿全面、健康、和谐发展。

项目一　配合室内教学活动

项目导读

　　保育员需要掌握室内教学活动对幼儿身心发展的相关基本知识,了解室内活动的教育意义、活动过程,并掌握过程中的指导要点,本项目从室内活动前的准备、室内活动中的配合、室内活动后的整理、纠正幼儿的不良姿势四个方面对保育员的工作进行了阐述。

任务一　室内活动前的准备

学习目标

　　1. 了解室内活动的计划、内容、要求,掌握保育员在活动中的指导要点;

　　2. 掌握幼儿活动特点;

　　3. 能够根据目标要求,做好前期准备工作;

　　4. 能够做好幼儿活动前的精神准备工作。

情境导入

　　某幼儿大班要组织一次健康活动"我换牙了"。活动由猜谜语引入,"健康卫士穿白衣,上下两排真整齐,中午饭菜它磨碎,早晚用刷把澡洗"。通过谜语激发幼儿学习的兴趣,引导幼儿用小镜子观察牙齿并把它们画下来,了解牙齿形状并认识尖牙、切牙、磨牙;请幼儿品尝饼干,让幼儿感受牙的作用。在幼儿对牙齿有了初步感知的基础上,听故事《乳牙和恒牙的话》,使幼儿明白换牙是五六岁时大家都会经历的过程,消除幼儿换牙时的紧张害怕心理。最后教给幼儿正确的刷牙方法,并带幼儿到盥洗室亲历一次刷牙的过程。

　　作为保育员,为使活动顺利进行并起到良好的教育效果,应做哪些方面的准备工作呢?

基本知识

一、幼儿园教学活动的分类

幼儿园教学活动指教师从幼儿的兴趣和实际水平出发,根据幼儿园教育目标,有目的、有计划地组织和指导幼儿主动学习,以增进幼儿对周围环境的认识,培养学习兴趣,以多种形式引导幼儿主动参与活动,促进身心健康发展的教学过程(图2-1-1)。

在幼儿园教学活动中,教师是活动的组织者、指导者、支持者、参与者,幼儿是活动的主体。

图 2-1-1　幼儿活动

综合近年来幼儿园活动的发展,从结构上来说,幼儿园教学活动的内容可以划分为五大领域和主题活动两部分,五大领域包括健康、语言、社会、科学和艺术领域,各个领域互相渗透,从不同的角度促进幼儿情感、态度、知识、能力、技能等方面的发展。主题活动是在一段时间内,教师和幼儿根据一个主题内容进行的相关学习和探究,其内容涉及多个领域,具有综合性、整体性、活动性等特点。从形式上来说,幼儿园教学活动分为集体活动、区角活动、个别活动。集体活动一般是由教师有计划、有目的地组织所有幼儿同时进行的教育活动,时间集中,组织严密;小组活动一般指幼儿园的区域活动,在同一时间,幼儿可根据自己的需要自选不同的活动,教师则根据幼儿的活动状况,随时进行指导;个别活动是针对个别幼儿的特殊需要开展的教育活动。如针对有特殊才能或特殊需求的幼儿开展的教育活动。从性质上来说又可以分为自主生成的教学活动和教师预设的教学活动。

二、幼儿活动的特点

1. 幼儿是活动的主体:幼儿是主动学习者,他们会根据自己的兴趣来对教师组织的活动内容做出选择。即使在自由活动中,幼儿也会以自己独特的方式进行探索。如对于一个圆环,不同的幼儿会有不同的玩法,有的套在胳膊上转圈,有的放在脚下踢着玩,有的拿在手里当成方向盘开汽车,有的放在地上单腿跳进跳出……幼儿的学习以直接经验为基础,是情感与理智共同参与的全身心的学习,他们在活动中获得的发展是多方面的。

2. 幼儿的思维方式存在差异:0—3岁的婴幼儿思维主要依靠感知觉和动作来完成,他们在听、看、玩的过程中进行思维;3岁以后,主要依靠头脑中的表象和具体事物的联想展开,运用见过的、知道的、听过的思考问题;5—6岁开始由形象思维向抽象逻辑思维过渡。总之,3—6岁的幼儿思维带有明显的具体形象性,难以理解抽象的事物,获得经验、拓展视野需要调动幼儿已有生活经验并创设安全、卫生、符合发展需要的环境。

3. 幼儿的学习方式存在差异:有的幼儿喜欢在松散的环境中学习,有的幼儿喜欢和同伴一起讨论、研究,有的幼儿对声音敏感,而有的幼儿喜欢通过观察获得体验……每个幼儿都有自己的学习进程和学习方式,而且,他们会按自己的方式,阶段性地理解教育内容。保育员应认真观察幼儿在活动中表现出来的特点,并适时指导幼儿的行为。

三、幼儿园玩教具配备种类

依据《幼儿园工作规程(试行)》要求,教育部教学仪器研究所编制了《幼儿园玩教具配备目录》,统计出幼儿园教育活动常用的玩教具有以下九种类型。

1. **体育类**

(1)用于开展钻、爬、跳、平衡、投掷等活动的运动玩具;

(2)各种球类及球拍;

(3)以自行车为主的各种类型车辆,如小推车、三轮车;

(4)摇马、推拉玩具、踢蹬玩具等。

2. **构造类**

(1)各种类型积木;

(2)穿、接、插类构造玩具,例如:橡皮泥、木条、木块。

3. **角色、表演、游戏器具**:各种生活场景模型,例如:医院、交通、商店等场景模拟玩具;玩偶、头饰、动植物模型。

4. **科学文化类玩具**:能激发幼儿探究的各类玩具,例如:万花筒、放大镜、地球仪、磁性玩具、弹跳玩具(图2-1-2)。

图2-1-2 玩教具

5. **音乐类**:各种小乐器,如铃鼓、三角铁、儿童表演服装、手风琴、钢琴。

6. **美工类**:幼儿进行绘画和手工制作的各种用具,例如各种类型的笔、刷子、画板、颜料、纸、剪刀、布头、毛线头等材料。

7. **图书、挂图、卡片类**:幼儿园幼儿读物要求人均三册以上,此外还要求配备教育挂图和各种卡片。

8. 电教类:幼儿教学中需要的各种教学设备,例如电视机、电子白板。

9. 劳动工具类:幼儿工作使用的各类器具,例如幼儿工作台、小铲子、儿童铁锹、小锤子。

四、幼儿园自制玩教具制作流程

1. 确定需要制作的玩具和教具的种类和数量:在玩教具制作之前,保育员需要提前了解教学活动的目标、内容、方式等,了解参加活动幼儿的年龄、数量。根据教学内容、幼儿特点确定需要制作的玩教具种类和数量。

2. 收集和选择合适的材料:保育员在平时的工作和生活中,要注意收集一些生活、工作中的废旧材料,也可以发动幼儿共同收集,为玩教具的制作提前做好准备例如:矿泉水瓶、毛线、方便面盒。在制作之前,首先要选择无毒、无害、安全的材料;其次,根据制作要求,进行材料的选择;最后,对用于制作的材料要进行消毒处理。

3. 与教师和幼儿共同制作玩具和教具:制作玩教具的过程,也是对幼儿进行教育的过程,可以在制作过程中鼓励幼儿主动参与,提高幼儿的动手能力。

4. 注意保养玩具和教具:制作完成的玩教具,是幼儿和教师的劳动成果,要做好标签、归档、整理,妥善保存。

五、幼儿游戏的分类

根据游戏在幼儿教育中的作用,幼儿园游戏一般分为两类:创造性游戏和规则游戏。创造性游戏包括角色游戏、结构游戏、表演游戏;规则游戏包括体育游戏、智力游戏、音乐游戏等。

角色游戏是幼儿通过扮演角色,运用想象,创造性地反映个人生活印象的一种游戏,通常都有一定的主题,如娃娃家、商店、医院;结构游戏,又称建构游戏,是幼儿利用各种建筑和结构材料(积木、积塑、金属结构材料,沙、雪等)进行各种建筑和构造活动,以及反映现实生活的游戏;表演游戏是根据故事或童话的内容,扮演其中的角色,并运用语言、动作、表情等表演形式再现作品内容;体育游戏是为提高幼儿的兴趣,将某种体育活动加上情节或规则,或以活动的结果作为判断胜负的依据,提高幼儿参加锻炼的积极性;智力游戏是众多与智力有关的游戏类题目的总称;音乐游戏是幼儿在音乐伴奏或歌曲伴唱下进行的游戏,主要作用是发展幼儿的音乐感知能力和动作。

 **指导策略**

一、了解周活动计划和日活动计划

每次活动前与教师沟通,了解活动的意义和教育目标,掌握活动的内容和指导要点,从而使自己能够娴熟地协助教师开展各种教学活动,完成教学任务;例如:针对健康活动"我换牙了",了解活动目标,让幼儿知道换牙时应注意的问题,养成早晚刷牙的好习惯,并且让幼儿体会换牙给自己带来的特殊感受。保育员在了解活动教育目标的基础上,可以有针对性地协助教师完成教学任务。

二、了解幼儿的特点、水平、需求等实际情况

明确活动在幼儿发展中的作用,与教师共同做好室内教学活动前的精神准备工作,协助幼儿对活动进行思考;稳定幼儿情绪;照顾个别幼儿,与教师共同创设一个和谐、宽松的活动氛围。

案例展示厅 ▶

稳定小班幼儿情绪

到今天为止,某幼儿园小班已经开班一周了,可是早晨入园的时候,玲玲抓住活动室的门框,死活不肯进班,"玲玲,叫爸爸进来陪你一会儿好吗?"王老师的话让玲玲拉紧爸爸的手进了活动室,坐到位子上,接着,王老师和玲玲爸爸聊了一会儿,夸玲玲在幼儿园如何听话,和小朋友玩游戏多么开心。几分钟后,王老师抱起玲玲,拿起她喜欢的布偶娃娃说:"我们一起给娃娃喝点儿水,好吗?"同时暗示玲玲爸爸离开,玲玲又开始哭了,"爸爸不要走",王老师轻轻地说:"爸爸要去上班,玲玲在幼儿园和老师小朋友一起玩游戏、吃饭、睡觉,爸爸下班了就来接你。"一番道理,让玲玲平静了些,等爸爸走到门口,玲玲大声说:"爸爸,你早点来接我。""好,爸爸下班就来接你。"爸爸的话让玲玲踏实了些。王老师适时地带玲玲到游戏区,给玲玲最喜欢的娃娃喝水,哄娃娃睡觉,很快玲玲就融入了游戏中,和小朋友一起玩去了。

分析 王老师作为保育员,了解刚入园幼儿的特点,采用适当的措施暂缓幼儿的分离焦虑,允许家长与幼儿短暂地相处,其间主动与家长交谈,并通过抱起玲玲,让孩子感受教师对幼儿的爱,拉近幼儿与教师之间的心理距离,在此基础上,教师用浅显的语言告诉幼儿上幼儿园与爸爸只是短暂的分离,从而帮助幼儿调整心态,接受上幼儿园这一现实。从而很快融入教育活动中。

三、场地布置

(一)清洁卫生,创设环境

1. 做好桌面、地面、黑板的清洁消毒工作(图 2-1-3)。
2. 根据天气情况,调节室内亮度,如果室内太暗,需开灯照明;如果光线太强,则需要拉上窗帘。
3. 根据活动特点和教师要求摆放桌椅。可以指导大、中班的幼儿做一些力所能及的工作。
注意:
(1)重视保教结合,培养幼儿的集体意识和劳动意识。

（2）在摆放桌椅时,要考虑个别幼儿的实际情况,例如:部分幼儿听力差、视力差或者性格内向,不爱说话,最好把他们的座位摆放在距离教师较近且容易观察到的位置,便于教师指导。

（二）摆放教具和材料

1. 教具、材料数量充足,安全无损坏。教具应清洁、无灰尘、无黏附物,保证1~2周消毒一次,部分教具可以水洗,图书、卡片类教具也可以在阳光下直晒。

图2-1-3　地面清洁

注意:

（1）幼儿使用的各种笔、颜料、橡皮泥等材料应安全无毒,笔杆外的涂料不易脱落、不溶于水。

（2）摆放美术类材料,特别是水彩、广告色等要在活动前调好,摆放整齐,还应有相应的清洁措施(如准备抹布)。

（3）笔杆的长短、粗细适宜,适合幼儿特点,便于使用。

（4）教学用的图片颜色鲜艳,并具有一定的对比和反差。

（5）使用电教设备,使用前要进行仔细检查,发现问题,及时解决。

2. 玩具、教具摆放在适合幼儿高度的玩具柜、教具架中,便于幼儿取放和使用(图2-1-4)。

注意:在摆放剪刀、铅笔时要头朝下放置或平放,以免发生危险。

3. 可以在教师指导下进行简单的玩教具制作。保育员在平时要注意收集和选择合适的玩教具制作材料,例如:方便面盒、报纸、饮料瓶;对收集的材料要分类并进行消毒;根据活动需要和教师要求制作适合教学需要的简单教具。例如:某幼儿园组织《我的小花园》游戏,幼儿首先自己设计花园的样子,并利用教师提供的材料摆出小花园,保育员在教师的指导下,可以利用方便面盒、彩纸,做成各种颜色的花,供幼儿设计摆放(图2-1-5)。

图2-1-4　场地布置

图2-1-5　自制玩教具

注意:

（1）玩教具使用的材料必须符合安全要求。表面光滑,没有锐利边角,材料无毒。

（2）玩教具大小轻重适宜;过小,容易被幼儿塞入鼻腔、耳等造成伤害,过大,会影响幼儿使用。

（3）玩教具要定期消毒、保养。

四、做好保育工作记录

保育员要在平时的工作中养成观察、记录的习惯,随时把观察到的幼儿实际情况记录在案,从而熟悉每一个幼儿的情况,进行有针对性的教育。记录的内容主要包括:班级的基本情况、活动名称、活动目标及教育要求、活动内容、全班幼儿的活动情况、个别幼儿的活动情况、玩教具的使用情况等(表2-1-1)。

表2-1-1　保育员配合教育活动记录表

时间:　　年　月　日

班级		教师		保育员	
活动名称					
活动目标					
活动内容					
教育要求					
全班幼儿活动情况					
个别幼儿活动情况					
体弱儿	胆怯儿		肥胖儿	多动儿	其他
设备、材料、物品的使用情况					
备注					

注意:（1）记录应客观、真实地反映幼儿活动的情况。

　　　（2）记录要求及时准确。

巩固练习

一、选择题

1. 在制作玩教具的过程中要注意(　　)。(多选)

　　A. 玩教具必须符合安全卫生的要求

　　B. 制作的玩教具大小、轻重适宜

　　C. 玩教具必须便宜

　　D. 玩教具所用的材料必须是硬的

2. 幼儿以积木、沙、雪等材料为道具来模仿周围现实生活的游戏是(　　)。

　　A. 表演游戏　　　　　　　　B. 结构游戏

　　C. 角色游戏　　　　　　　　D. 规则游戏

3. 制作玩教具的工作程序是(　　);收集和选择合适的材料;与教师和幼儿共同制作玩具和教具;注意保养玩具和教具。

　　A. 做好玩具和教具的整理工作

　　B. 确定需要制作的玩具和教具的种类和数量

　　C. 做好玩具和教具的消毒工作

　　D. 了解孩子对玩具和教具的使用情况

二、简答题

1. 幼儿活动的特点是什么?

2. 简述幼儿园教具配备的类型?

3. 室内活动前保育员应做哪些方面的准备?

任务二　室内活动中的配合

学习目标

1. 掌握主动配合教育活动的内容及方法;

2. 善于观察幼儿活动中的不同表现;

3. 能够指导幼儿活动中出现的问题,配合教师及时、正确、有效地组织教学。

情境导入

　　某幼儿园保育员小王按主班教师的要求参加幼儿活动区的"娃娃家"活动,小王通过观察,发现了这个"家里"有的"父母"太粗心了,总倒着抱"孩子",不高兴了,还把"孩子"往别人怀里扔;有的"妈妈"帮"孩子"盖被子,结果把"孩子"整个全盖住了,有的"爸爸"一会儿打"娃娃"的屁股,一会儿扯"娃娃"的头发,嘴里说着生气的责怪话……

作为保育员,面对幼儿在活动中的不同表现,应采取什么方式进行指导,保证教育目标的顺利达成?

基本知识

室内活动中保育员担负着重要的角色,作为教育工作者,对幼儿具有潜移默化的影响,保育员对幼儿既有保育的任务,又有教育的责任。因此作为保育员,首先要明确自己在室内教育活动中的角色定位,才能更好地协助教师组织教育活动。

一、合作者

在教育活动中,保育员是教师、幼儿的合作者,在室内活动中,根据教育目标,及时与教师进行交流沟通,积极反馈,达成共识,以便在活动中对幼儿进行及时、准确、适宜的指导;注重与幼儿的合作,要掌握每一个活动环节对幼儿的教育作用,例如与幼儿合作,共同收拾材料,培养幼儿良好的行为习惯。

二、观察者

活动中保育员要善于观察、分析幼儿当前的水平、兴趣和需求。根据幼儿的活动情况,适时地介入保育护理和指导。在活动中,保育员还要观察幼儿的身体、情绪状况,特别是一些特殊幼儿,必要时给予照料或进行个别指导。

三、参与者

保育员可以参与活动,做幼儿的玩伴,引起幼儿的兴趣,使幼儿在运动中获得更多的经验和体验,使幼儿感到安全、融洽和亲切。

四、指导者

为保证活动的顺利进行,保育员在了解教学目标的基础上,与教师及时沟通,配合教师指导活动,启发幼儿积极主动、有创意地参与活动,达到教育目的。

五、保护者

保育员必须把保护幼儿的生命和促进幼儿健康放在工作的首位,在活动中,有安全意识,从环境布置、投放教具、观察幼儿活动等各个环节保护幼儿不受伤害,同时在活动中,对幼儿随机进行安全意识教育和自我保护能力培养。例如:在娃娃家游戏时,教育幼儿不给陌生人开门,不吃陌生人的糖果。

指导策略

一、了解教学目标

保育员在配合教师组织活动过程中,要做到心中有目标,眼里有幼儿,了解本次活动的具体教学目标以及教育意义,了解主班教师的活动设计方案,便于有针对性地在教育活动中对幼儿进行引导。

二、及时、正确、有效地配合教学活动

掌握幼儿通过活动在能力发展方面应该达到的水平,以及在指导幼儿活动过程中应该注意的问题。适时、适当地配合教学活动,参与过多或不参与都会影响教学活动的开展。

案例展示厅 ▶

抢 积 木

教师在组织大班幼儿玩搭积木的游戏,小强和小明正在争抢一块积木,小强说:"我先拿的,应该给我。"小明说:"这块积木是我先看到的,应该给我。"小强说:"我这里就缺这块积木了,你那里可以找别的代替。"小明说:"我这里用了别的积木代替就不好看了,你让给我吧,好吗?"小强说:"我为什么要让给你呢?我先拿的,不给。"小明也说:"我先看到的,我也不给你。"小强和小明开始推搡……

保育员小王看到这种情况后,首先拉开两个小朋友,避免幼儿由于肢体冲突造成的伤害。接着说:"小强和小明都是懂得礼让的孩子,老师相信今天你们也能够想到一个好办法来解决这个问题,你们想想应该怎么处理比较好呢?"小明想了想说:"好吧,你先用吧,我再找一块。"小强拿起积木,放在了自己的城堡上说:"谢谢你,小明,等我的城堡搭好了,让你一起来住。"小明笑了。

分析 保育员小王在处理幼儿争吵事件时,首先拉开了两名幼儿,保证幼儿安全的前提下,进行调解:肯定两名幼儿平时的表现,都是懂礼让的好孩子,针对本次事件,大班幼儿有一定的处理解决问题的能力,小王老师没有直接判定谁对谁错,而是给幼儿留下独立解决问题的空间,培养了幼儿与人沟通交往的能力。

注意：

（1）保育员要树立合作者、观察者、参与者、指导者、保护者的角色意识，根据实际情况参与活动或者观察幼儿的表现，以便于进行适时的指导。

（2）保育员在参与幼儿活动时，不能替代幼儿完成活动内容。例如：幼儿画小兔子时，耳朵总也画不好，保育员可以做一些示范，但不能代笔，应该鼓励幼儿绘画的积极性、主动性。

（3）及时与教师、家长沟通，保证对幼儿教育要求的一致性。

（4）在活动过程中，不要在教室走来走去，更不要打断教师的话。

三、善于观察幼儿的不同情况，采用不同的方式进行指导

保育员负有教育和保育的双重任务，因此在活动中要善于观察，分析幼儿的能力水平、兴趣需要。启发幼儿积极主动、有创意地活动，掌握与幼儿交往的方式方法，根据幼儿情况进行指导。例如幼儿在活动中不认真，可以通过眼神、体态语与幼儿进行交流，保证活动顺利进行。

保育员也可以参与活动，在活动中对幼儿进行正确的引导。

案例展示厅 ▶

七 巧 板

大班在认识了各种图形的基本特征后，教师在益智区放了一些七巧板，早上，小丽来到益智区，先是这边看看，那边瞧瞧，看得出她很想试试，她把七巧板拿来在桌子上摆了几个图形，可是总感觉不行，又把摆好的图形弄乱了，过了一会儿，小丽无奈地带着遗憾的眼神悄悄离开了。保育员李老师观察到这一现象后，在益智区里增加了七巧板的示意图，并且张贴难度不一的拼图模板以及拼图步骤。

又一次自由活动时，小丽经过益智区，突然发现了示意图，她在一个比较简单的小熊示意图前停了下来，转身拿起七巧板，和小朋友一起拼起来，两个人合作，小熊很快拼好了，小丽的脸上露出了自豪的笑容。她在益智区里高兴地拼了好长时间。

分析　幼儿的空间想象能力有限，经过保育员的观察，益智区提供的七巧板材料对有些幼儿拼插时偏难，幼儿难以独立完成。针对幼儿的特点，投放的材料有简单的、也有复杂的，为不同层次的幼儿自主选择材料提供了可能，张贴拼图步骤，降低拼插难度。让他们体会成功的喜悦，产生自信心，促进幼儿的自主发展。

注意：

（1）在活动过程中，小朋友出现争执，不要大声叫幼儿的名字，要采用合适的方法制止，不影响教师组织活动，不要打击幼儿活动的积极性。可以有针对性地给他们以帮助和指导，如轻

轻地走到他们旁边,用手势或用眼神示意等。

(2)关注幼儿情绪,在活动中幼儿如果需要上厕所,及时发现并提醒幼儿如厕。

四、帮助、指导幼儿取放、整理玩具

在活动过程中,培养幼儿的"秩序"意识,取用玩具时,如果小朋友正在使用,要学会商量和等待,减少幼儿间的争吵;不用的玩具指导幼儿根据类别放归原位,轻拿轻放,避免损坏玩具。

 巩固练习

一、选择题

1. 室内活动中保育员担负着重要的角色,下列不属于保育员角色的是(　　　)。

　　A. 合作者　　　　　　B. 观察者　　　　　　C. 指导者　　　　　　D. 替代者

2. 在参加幼儿部分游戏和教学活动前保育员要了解本班幼儿的特点、(　　　)、需要等实际情况,做好前期的教学准备。

　　A. 想法　　　　　　B. 分组情况　　　　　　C. 兴趣　　　　　　D. 个性

3. 幼儿园安排幼儿从事的各种活动都有其特定的教育目标,保育员在平时的工作中应该有意识地了解这些活动的意义和教育目的,明确在幼儿发展中的作用,掌握主要的(　　　)和指导要点。

　　A. 活动内容　　　　　B. 精神准备　　　　　C. 物质准备　　　　　D. 方法

二、简答题

1. 及时、正确、有效地配合教学活动,保育员应注意哪些问题?

2. 在配合教师进行室内活动过程中,保育员应在哪几个方面进行指导?

三、实操题

李老师正在上一节音乐课,丁丁一会儿左看看,一会儿右看看,还时不时用手碰碰旁边的小朋友,如果你是一名保育员,面对这种情况,你应该怎么做?

任务三　室内活动后的整理

学习目标

1. 了解室内场地、材料收拾整理工作的意义、程序和方法;

2. 明确活动后整理工作应注意的问题。

情境导入

某幼儿中班正在组织室内活动"好玩的泥土",保育员配合教师为每个幼儿准备了黄泥、盆、水、捏好的泥弹、碗等材料,教师通过让幼儿摸、捏、闻感受黄泥的特点,可以吸水,还有黏性。然后,幼儿用水在盘子里开始和泥,保育员和教师一起指导幼儿用适量的水来和泥。观看录像"摔响碗",启发幼儿黄泥有多种玩法,幼儿看完录像后,激发了他们动手动脑的兴致,在活动中充分体验动手动脑的快乐,幼儿们用黄泥制作各种小动物,自己也模仿摔响碗,用黄泥制作子弹……活动结束的时候,幼儿手上、脸上、桌子上、地板上到处是泥水、黄泥。

作为保育员,在活动结束时,应从哪些方面开展保育工作,对幼儿、活动场地进行整理?

指导策略

1. 指导幼儿配合教师共同对活动场所、设备、使用的工具、材料进行收拾整理,保证下次使用。对活动场地的设备、材料、工具进行初步的整理,指导幼儿把用过的东西放回原处,把废弃物和垃圾扔到垃圾桶,培养幼儿的秩序感。

注意:

(1)融入保教结合的观念,抓住材料整理过程中的教育契机,使幼儿养成良好的卫生习惯,保育员不能因为幼儿动作慢等原因包办代替。

(2)告诉幼儿垃圾分类知识,不同垃圾投入不同垃圾筒。

2. 进一步清点检查设备。为保证下一次活动的顺利进行,保育员要对材料、工具、设备进一步清点检查,工具、设备是否放归原位;数目是否与取用前一致;玩教具是否有损坏(图2-1-6)。

注意:检查玩教具和材料是否有缺损,如果有损坏,及时与教师沟通,进行修理,必要时要制作完善,以备不时之需。

3. 对活动中幼儿的作品进行展示、归类、保存。保育员对幼儿的作品进行归类整理,有保留价值的作品要标上日期收到档案盒中。

注意:针对美术类作品,如果通过作品墙进行展示,展示结束后,作品要做好标识,妥善保管(图2-1-7)。

4. 活动结束后,认真对活动场地做进一步的清洁卫生工作。幼儿活动结束后,地面、桌子上会有一些细碎的垃圾,例如:手工活动会用到浆糊、棉签等,保育员要对地面和桌面进行彻底清理。

注意:活动结束后要及时开窗通风,保证室内场地、设备清洁卫生。

5. 组织幼儿盥洗、如厕、饮水。

6. 活动区的玩具材料应每周清洗消毒一次,保持玩具清洁。图书每周要用紫外线灯或阳光暴晒进行消毒。

图 2-1-6　检查设备　　　　　　图 2-1-7　儿童作品

案例展示厅 ▶

洗 手 风 波

室内活动"好玩的泥土"游戏结束了,保育员黄老师带孩子们到盥洗室去洗手,小朋友们都能够按照洗手的方法认真把自己的小手洗干净,只有小明在水龙头下匆匆地把手上的泥冲掉,也没有擦手,就开始和小朋友聊天、打闹。黄老师走到小明的身边,蹲下来轻轻地对小明说:"小明,你一直都是最守规矩的好孩子,瞧!墙上的洗手步骤,你能按上面的要求把小手洗干净吗?"小明看了看自己手上残留的泥点儿,红了脸,点了点头,按图上的洗手步骤认真地把自己的小手洗干净,并用自己的小毛巾擦掉了手上的水。

分析　幼儿良好习惯的养成是一个长期、缓慢的过程,需要通过一次次的教育,帮助幼儿形成良好的日常行为习惯,保育员黄老师能够抓住幼儿活动中的教育契机,对小明进行有针对性的教育,促进幼儿养成良好的卫生习惯,为幼儿的健康成长奠定基础。

巩固练习

一、选择题

室内活动后玩教具的整理非常重要,下列关于此说法错误的是(　　)。

A. 室内活动后玩教具及时整理保证下次使用

B. 活动结束后,认真对活动场地做进一步的清洁卫生工作

C. 活动结束后,组织幼儿盥洗、如厕、饮水

D. 活动区的玩具材料应每月清洗消毒一次,保持玩具清洁

二、简答题

1. 室内活动后收拾整理的工作步骤有哪些？

2. 室内活动后收拾整理的工作中需要注意哪些问题？

3. 简述室内活动后进一步清点检查设备的必要性。

任务四 纠正幼儿的不良姿势

学习目标

1. 了解保持正确姿势对幼儿身心发展的重要意义；

2. 掌握幼儿在活动中应该具备的正确姿势；

3. 掌握纠正幼儿不良姿势的步骤和方法。

情境导入

某幼儿园中班教师正在组织美术活动"美丽的小路"，小朋友们都在用各种办法装饰自己的小路，有的小朋友在小草丛中画上了美丽的小花，有的在小路上添加了可爱的小兔子……这时，保育员发现有几个小朋友坐姿不对，有歪着头的，还有的小朋友画画时眼睛离纸太近。

作为保育员，为使幼儿形成良好的行为习惯，应如何进行指导？

基本知识

幼儿在生活和幼儿园教育活动过程中保持正确的坐、站、走、跑、卧姿，对身体各器官的正常发育有着十分重要的意义，不但影响体态的美观，而且直接影响身心健康。

1. 幼儿正确的坐姿：把头摆正，脚放平，身体坐直、稳定不乱晃（图2-1-8）。

注意：幼儿坐在椅子上不要歪斜坐、躺坐、抖腿、跷二郎腿、趴着坐。

2. 幼儿正确的站姿：抬头、挺胸，两肩保持水平，双臂自然下垂，两脚自然分开，精神状态积极向上（图2-1-9）。

注意：幼儿站立时要避免两肩歪斜，头不正，抖腿、两脚不放正等不正确的站姿。

3. 幼儿正确的走姿：上体正直，双手在行进中自然摆动，上下肢动作协调，精神饱满。

注意：幼儿走路时要避免双脚呈外八字或内八字，弯腰、斜肩、上下肢不协调等姿势。

4. 幼儿正确的跑姿:头肩摆正,上身稍前倾,两手拳头半握,屈两肘在身体两侧,在跑步时随身体的运动自然摆动,脚掌着地,步伐均匀。

注意:

（1）跑步时双脚不要内八字或外八字;

（2）跑步时上下肢要协调。

图 2-1-8　正确坐姿　　　　　图 2-1-9　正确站姿

5. 幼儿正确的读写姿势:头抬高,两脚放平,身子坐正,腰背挺直,眼睛距离书本一尺远,胸离桌子一拳远。在写字时,用拇指和食指控制笔杆,其他三指垫在下面,手指距离笔尖一寸远（图 2-1-10）。

图 2-1-10　正确读写姿势

注意:看书写字时眼睛距离书本不要太近,尤其不能歪着头或趴在桌子上看书。写字画画时,手要扶着纸或本,掌握正确的握笔姿势。

6. 幼儿正确的睡眠姿势:仰卧或右侧卧,身体自然弯曲,被子应该盖在脖子下面。

注意:

（1）幼儿午睡时不要趴着睡觉或用被子盖住口鼻,容易导致呼吸不畅;

（2）在改变幼儿不良睡姿时,动作要轻柔,避免吵醒幼儿。

纠正幼儿不良姿势的步骤与方法：

1. 讲解：通过集体讲解或图片展示、环境布置等方法，让每一个幼儿对正确的姿势做到心中有数。

2. 观察：在幼儿活动过程中，保育员要做到眼里有孩子，对每个幼儿的各种姿势做到心中有数。

3. 指导：针对幼儿正确的姿势，要表扬、鼓励，为其他幼儿树立榜样；而有些幼儿的错误姿势，要及时提醒。

注意：要尊重、信任幼儿，不能对幼儿的行为讽刺挖苦。

4. 个别教育：针对一些姿势已经形成不良习惯的幼儿，在提醒幼儿的同时，要进行个别辅导，甚至进行示范。

注意：幼儿的不良习惯是长期积累形成的，不会在一次提醒后就彻底改正，因此，保育员要有耐心，发现不正确的姿势，及时发现，及时纠正。要运用教育智慧，例如表扬、树立榜样等方法，帮助幼儿形成良好的行为习惯。

5. 检查、评价：幼儿的正确姿势，保育员要及时进行肯定。

在教育活动中，保育员要帮助幼儿纠正不良姿势，形成正确的坐、站、走、读、写、卧的姿势，促进幼儿的身心健康发展。

注意：幼儿有较强的模仿性，因此教师和保育员要给幼儿树立良好的榜样。

案例展示厅 ▶

美术活动——快乐的家

幼儿正在进行创作"快乐的家"的手工绘画活动，保育员李老师在观察幼儿活动中发现，有些幼儿的坐姿不对，就口头提醒："请小朋友们注意正确的坐姿和握笔的方法。"有些孩子立刻改正，但有个别的幼儿仍然保持错误的姿势，于是李老师走到小朋友中间，蹲下轻轻地告诉小朋友要保持正确的坐姿和握笔姿势，大多数小朋友经过提醒，都有意识地纠正了自己的不良姿势，只有丁丁笔握得还是太低，于是，李老师走到他身边，为丁丁示范怎样握笔。丁丁模仿老师的样子，握笔画画，感觉笔都好用多了。

分析 在活动中，李老师首先通过观察，发现幼儿在活动中的不良姿势，在不打扰教师组织活动的前提下，轻轻地对幼儿进行了提醒，有些幼儿在提醒后仍无改正，李老师又做了个别辅导，并且进行示范。使幼儿在活动中保持了正确的姿势。

巩固练习

一、选择题

1. 纠正幼儿不良姿势的步骤与方法,不包括(　　)。

　　A. 讲解　　　　　　　B. 观察　　　　　　C. 指导　　　　　　D. 参与

2. 以下姿势不属于幼儿正确站姿的是(　　)。

　　A. 抬头、挺胸　　　　　　　　　　B. 双臂自然下垂

　　C. 两脚自然分开　　　　　　　　　D. 两肩歪斜,头不正

二、简答题

1. 写出正确的站姿、坐姿、书写姿势。

2. 在室内活动中,发现幼儿有不正确的姿势,应如何进行指导?

3. 在指导幼儿保持正确的姿势过程中,应注意哪些问题?

项目二　配合室外教学活动

项目导读

　　室外教学活动的内容丰富,形式多样,并且保育员要照顾每个幼儿不同的身体发育状况。保育员如何根据外界环境情况、幼儿的身心发展状况、配合教师做好室外教学活动?本项目从活动前场地、材料的准备,室外活动中的配合,室外活动后的收拾与整理三个方面对保育员的工作进行了阐述。

任务一　活动前场地、材料的准备

学习目标

1. 了解活动前场地的准备;
2. 了解活动前材料的准备;
3. 了解活动前幼儿情绪及衣物的准备。

情境导入

　　某幼儿园中班周老师发现幼儿跑步平衡能力较差,跑步的基本动作不够协调,听口令不专注,缺乏摆臂意识,有时还喜欢东张西望,于是组织了体育活动:平衡和跑,锻炼幼儿的平衡能力,体验跑的快乐。

　　地点在室外活动操场,要求幼儿先走过平衡木,然后听教师的不同口令,跑到指定地点。例如:第一次教师喊一二三,幼儿跑出去;第二次教师击掌作为口令;第三次幼儿进行计算,答案为三时跑出去,锻炼幼儿听口令的能力、跑步的协调能力。

　　针对本次活动,作为保育员,为使活动顺利进行,需要做哪些方面的准备?

基本知识

户外活动中保育员的站位与观察指导效果及幼儿的安全息息相关,在不同的环境中,保育员的站位有所不同(图2-2-1)。

图2-2-1　幼儿玩滑梯

一、上下楼梯

如果班里配备三名教师,则一名教师在前面带着走,一名教师在队伍后面往前走,保育员在队伍的中间,面向幼儿侧着走,以便于观察幼儿的状况。

如果班里只有两名教师,则教师在前面带着走,后面是保育员,观察幼儿的情况,保护幼儿安全。

二、做操

教师在前面领操,保育员在队伍后面观察并督促幼儿做操,并适时地介入进行护理。

三、集体活动

集体活动时保育员的站位不是一成不变的,而应该根据活动情况及教师的站位情况随时进行调整,以起到整体调控作用。

1. 保育员应站在教师不易观察到幼儿活动的地方;
2. 活动中可能存在危险的活动场地;
3. 幼儿活动相对密集的场地;
4. 根据幼儿个体差异,有目的选择个别幼儿进行指导及保育护理。

指导策略

一、了解活动目标及教育意图,做好材料的准备工作

及时与教师进行沟通,了解活动目标及本次活动的教育意图,熟悉活动的内容及要求、需要准备的材料种类及使用方法,以便在活动中对幼儿有针对性的指导。例如:在平衡与跑活动中,活动目标是锻炼幼儿平衡与跑的能力,需要使用平衡木、下面要铺上垫子,因此,保育员要熟悉平衡木使用时的注意事项,铺垫子的位置等。

注意:对户外活动中使用的材料要进行检查,保证安全、无损坏、数量充足,并按照教育意图以及教师的要求把材料摆放在规定的位置。

二、对幼儿进行安全教育

对幼儿进行安全常识教育,避免幼儿活动时发生相互碰撞、推搡、争抢、打闹等危险动作;在活动前要清点人数。

三、场地检查

1. 了解活动对场地、设备、材料的基本要求,并进行安全检查,保证活动顺利进行。

2. 活动器材上有积水时,保育员应及时擦拭干净,以确保活动安全。

3. 随时检查大型器材有无螺丝松动,铁皮外露、踏板有裂缝、绳网断裂等安全隐患(图 2-2-2)。

4. 清除环境中的安全因素,例如开水壶、鱼缸、花盆。

5. 活动前要对场地进行检查,做到无坑、无砖、地面无松动、无积水、无凸起物,及时清理影响幼儿活动的杂物。

注意:要仔细检查场地,消除安全隐患。

图 2-2-2 场地设备检查

四、幼儿身体状况及衣物检查

1. 根据天气变化、幼儿身体状况,提醒幼儿增减衣物,检查幼儿服装穿戴情况。

注意:

(1)针对当天身体状况欠佳的幼儿,在活动中要注意减少运动量。

(2)容易出汗的幼儿,在活动前要给幼儿垫上毛巾。

(3)保育员要养成每天听天气预报的习惯,而且在每次活动前,到户外亲自感受一下天气情况,便于为幼儿增减衣物。

2. 帮助幼儿整理装束,检查幼儿有无携带影响活动的危险品,如尖锐利器、打火机、玻璃球;检查鞋带是否系好。

3. 活动前督促幼儿如厕。

4. 为幼儿准备擦汗的毛巾,要求人手一条,个人的毛巾中有标识。

案例展示厅 ▶

体育活动:小小跳伞兵

好奇心是幼儿的天性,在户外活动时,幼儿喜欢从高的地方向下跳,可是如果没有妥善的安全措施,幼儿容易受伤,因此,通过"小小跳伞兵"活动,让幼儿练习从高处向下跳,掌握跳起后落地的基本技巧。

　　保育员李老师首先准备了30厘米高的石凳、45厘米高的实心塑料小拱桥、60厘米高的拱形楼梯、4个20厘米高的圆形大滚筒以及贴有中心点的垫子。在取这些材料时,保育员李老师发现有一个大滚筒着地部分有点不平,及时进行更换,并报维修处,对设备及时进行维修,以保证下一次能够正常使用。

　　活动前,李老师告诉小朋友们,我们要像解放军一样进行跳伞练习,小朋友们一定要认真用心练习,才能完成任务,告诉幼儿一会儿到户外活动不能打闹,尤其不能推小朋友,要认真听老师的安排。小朋友们都特别渴望能早点活动。进入运动场地前,李老师对每一个幼儿的衣服进行了整理,尤其是对鞋进行了检查,发现没有系鞋带的及时指导幼儿系上鞋带。为每一个幼儿准备好小毛巾,然后,给幼儿提供如厕的时间,一切准备妥当,小朋友们高高兴兴地向场地出发了。

　　分析　保育员李老师在准备活动过程中,首先掌握活动目的,按照教师的要求对场地进行安全检查,并布置场地,对幼儿进行活动前的情绪调动,检查幼儿的衣服和鞋袜,保证活动顺利进行。

 **巩固练习**

一、选择题

1. 在幼儿户外活动前,保育员要(　　　),再结合幼儿活动的内容为幼儿准备户外活动的服装。

　　A. 根据户外活动的场地情况　　　　　　B. 根据教师的要求

　　C. 根据幼儿的要求　　　　　　　　　　D. 先出来感受一下室外实际的温度

2. 保育员应善于根据天气的情况和(　　　)为幼儿增减衣服。

　　A. 家长的要求　　　B. 活动量　　　　C. 孩子的要求　　　D. 教育的目标

3. 幼儿在自由活动时的活动量是(　　　),保育员要注意观察幼儿的活动,及时了解每个孩子的实际活动量,及时为孩子增减衣服。

　　A. 有差异的　　　B. 大致相同的　　　C. 大不相同的　　　D. 一样的

4. 幼儿上、下楼梯时,如果班里有两位教师,站位应是(　　　)。

　　A. 都在前面　　　B. 都在后面　　　C. 都在中间　　　D. 一前一后

二、简答题

1. 简述室外活动中保育员的正确站位。

2. 在室外活动前保育员应该协助教师做哪些方面的准备?

3. 为保证幼儿活动安全,保育员在准备过程中应该注意哪些问题?

任务二　室外活动中的配合

学习目标

1. 掌握活动量的考察方法；
2. 掌握对特殊幼儿的护理方法；
3. 能够领会教师的教育意图，掌握协助教师组织户外活动的基本方法、技巧和工作程序。

情境导入

某幼儿园小班要组织一次体育活动"跳跳跳"，操场上布置了一条圈圈路，要求小朋友两脚并拢像小白兔一样，要从这个呼啦圈跳进另一个呼啦圈，跳到终点捡个果子回来。教师做了几次示范后，请小朋友来试试，经过几次指导，大多数小朋友都会跳了。这时，保育员王老师看见龙龙不是很会跳，有时跳到圈外，有时跳的时候把呼啦圈都踢到边上去了。

针对本次活动，作为保育员，为配合教师顺利完成教育活动，需要做哪些配合指导工作？

基本知识

一、幼儿活动量的考察方法

"活动量"也称为"运动量""运动负荷"，指人在体育活动中所产生的生理、心理负荷量以及消耗的热量，由完成练习强度与持续时间，以及动作的准确性和运动项目特点等因素来决定运动量的大小。

幼儿适宜的活动量主要指幼儿活动中身体所承受的生理负担量。如果活动量超过幼儿身体的负荷，会损伤幼儿的身体健康，如果活动量太小，又起不到锻炼身体的目的，为确定幼儿适宜的活动量大小，我们可以采用以下两种方法进行测量：

1. 观察法：通过观察活动中幼儿的脸色、出汗情况、表情、呼吸、精神状态等特征来了解活动量的大小。如果幼儿面色微红、轻微出汗、表情自然、呼吸略快但平稳、动作协调，幼儿体力充沛，愿意参加运动，锻炼以后有疲劳感，但不影响正常的睡眠和食欲，有时肌肉有轻度痛感，四肢较沉重，但经过一夜的休息，次日清晨即可消失，而且身体的机能越好，以上症状消失得越快，则表明幼儿的活动量比较适宜。如果幼儿面色通红，大汗淋漓、表情紧张、动作不协调、呼吸急促，精神状态不好，浑身无力，甚至感觉头晕，对运动有了厌倦和冷淡的感觉，则表明幼儿的活动量太大了。需要及时进行调整。

2. 测量法:通过观察脉搏的变化来衡量运动量是否合适,测量脉搏,可以在早晨起床前,以及锻炼前和锻炼后一小时左右进行,以便进行对比,可以测量一分钟的脉搏量,如果运动量过小,在锻炼后一小时可以到锻炼前的水平,而且疲劳感觉不甚明显。如果运动量过大,有时经过一夜到次日清晨还没有恢复,而且运动量越大,恢复就越差。如果运动量安排适宜,每天清晨的脉搏都是比较平稳的,精神也比较饱满,没有因为运动量不适而引起的不良感觉。

也可以通过测量心率考察幼儿的活动情况,一般情况下,幼儿的正常心率在100~120次/分钟。

二、特殊幼儿的护理

(一)对体弱儿的护理

体弱儿的免疫力与防御能力比一般幼儿差,当遇外界环境变化容易生病。

保育员要给予体弱儿更多的照顾和关心,注意他们的生长发育情况。

1. 采用观察、家访等措施,了解幼儿体质弱的原因,以利于保育员有针对性地对幼儿进行护理。

2. 针对体弱儿的病情,制定科学矫治方案,注意动静结合、劳逸结合、安排适合体弱儿的体育锻炼活动;例如:丁丁平时经常生病,体质比较弱,他特别喜欢玩滑梯,户外活动时,保育员李老师在上滑梯口处对丁丁进行保护,上上下下玩了几次后衣服都湿透了,头上大汗淋漓,李老师见状,把丁丁叫到旁边,帮他把汗擦干净,然后把丁丁带回班里,换上干净的衣服,并让幼儿适当地休息、喝水,然后再去活动(图2-2-3)。

图2-2-3　照顾幼儿活动

3. 及时与体弱儿的家长进行沟通,建议家长对幼儿合理膳食,保证睡眠,在季节变换时可以适当地增加水果、蔬菜的摄入量,补充维生素,另一方面鼓励幼儿合理锻炼,预防疾病。

(二)对肥胖儿的护理

幼儿园里越来越多的"小胖墩儿",让我们意识到肥胖已不再是可爱的标志,而是已成为危害幼儿健康的重要杀手。

在户外活动中,针对肥胖儿的护理,首先要了解幼儿肥胖的原因,及时与家长沟通,取得家长的配合;其次要对肥胖儿进行身体素质训练,提醒不爱活动的幼儿动起来,循序渐进地增加运动量和运动时间,在活动中宜采用一些既能促进能量消耗,又容易坚持的活动项目。初次活动应低强度,持续时间短,以后运动时间和运动强度逐渐加强,以皮肤潮湿出汗为限。最后,要帮助幼儿克服活动时的自卑心理。

(三)对多动儿的护理

活泼好动是幼儿的天性,但过分的好动会影响幼儿的正常发育,导致心理、情绪、行为等方面的问题。多动儿主要表现在以下方面：

1. 注意力集中困难,持续时间短。

2. 活动过度,表现出难以控制自己的行动。

3. 行为冲动,情绪不稳定,易哭易笑等。

多动症是由于遗传或后天的教育、环境等原因造成的,如果幼儿的症状得不到有效控制,会影响思维的发展,对情感和心理造成一定的影响。因此保育员要正确认识幼儿多动的行为,给予更多的关爱与包容,少一些批评指导,多一些关注鼓励。具体做法如下：

1. 自制力的培养:活动前讲清道理,明确提出要求,帮助幼儿逐步学会正确判断和评价自己的行为,通过规则意识,约束幼儿的行为,养成良好的行为习惯。

2. 注意力的培养:在活动中,保育员可以站在幼儿身旁,用手势、眼神鼓励提醒幼儿参与活动,通过一些小游戏,逐步培养幼儿耐心、专注的习惯。

3. 家园沟通:保育员要指导家长合理安排幼儿的生活,注意生活规律,并做到持之以恒。

指导策略

一、配合教师组织幼儿

首先,明确教育目标,协助教师维持好活动时的秩序,发现问题,向教师进行反馈,并及时处理。例如:活动中有幼儿大喊大叫,或挥舞器械,扰乱其他幼儿的正常活动,保育员应给幼儿讲明道理,制止其行为;其次,组织活动前要清点幼儿人数,在活动中,尤其是分组活动,还要清点人数,避免幼儿离开活动场地,发生危险。

二、通过观察、询问等措施对幼儿的活动情况进行保育护理

（一）了解每个幼儿的实际活动量

通过观察幼儿的生理反应,调整运动量,不能让幼儿超负荷运动,过度劳累;运动量也不能过小,起不到锻炼的效果。

（二）注意观察幼儿的反应,了解幼儿需要,适时给予帮助和指导

1. 通过观察幼儿的面色、出汗情况,确定活动量的大小,进行适时的指导。

2. 对于一些不容易观察的幼儿,还可以摸幼儿的额头、脖子、后背的出汗情况,如果出汗量比较大,可以在背部垫上毛巾,并帮助幼儿换上干净的衣服,避免着凉。

3. 观察幼儿的情绪反应,如果发现幼儿有不舒服,如中暑、腹泻,要及时进行必要的处理,并尽快送医务室做进一步的医治。

注意：

（1）保育员在帮助和指导幼儿参与活动时，要把尊重和信任放在第一位，不能对幼儿的不当行为讽刺、挖苦，甚至歧视。

（2）掌握与幼儿交往的正确方法，采用幼儿能接受的方式指导幼儿。

（3）注意体态语的应用。例如：眼神、抚摸、拥抱、轻拍肩膀，让幼儿能感受到保育员的爱心，从而更愿意接受保育员的指导和帮助。

（三）及时向教师反映幼儿的要求和情况，提醒幼儿遵守活动规则，完成活动要求

注意：

（1）保教人员要全神贯注，不得随意离开幼儿。

（2）不要让幼儿触弄带刺的植物或采摘植物的小果子，以免误入呼吸道发生意外。

案例展示厅 ▶

玩 呼 啦 圈

在一次"玩呼啦圈"的户外运动游戏中，几名幼儿拿着呼啦圈在跑，其中一名幼儿在前面跑，其余几个在后面追。孩子们奔跑、追逐，有的挥舞着呼啦圈和同伴打闹。不一会儿，有的幼儿头上就冒汗了。

保育员刘老师走上前询问："你们在玩什么游戏啊？""我们在玩打妖怪的游戏，我就是妖怪。"幼儿回答。此时，保育员摸了摸幼儿的背脊说："看你做妖怪做得多累，都出汗了，快坐下来休息一会儿。"接着，又招呼其余几名追赶的幼儿过来说："我们一边休息，一边想想除了打妖怪的游戏，还有什么游戏我们也可以用呼啦圈来玩呢？你们先在这里休息，等会儿我过来的时候，相信你们一定会给我带来惊喜的。"说完，便走开了。过了一会儿，其中一名幼儿主动跑向保育员："刘老师你看，我们想出了新玩法。"然后他们把新的玩法示范给保育员看：将几个呼啦圈紧靠着平放在地上，几名幼儿自发排成一队，第一名幼儿双脚向前跳进第一个呼啦圈中央，再向前跳进第二个呼啦圈、第三个呼啦圈……排在后面的幼儿紧随其后，依次跳进呼啦圈中央，直至最后一个。此时，保育员立即送上掌声和赞赏："你们真是太棒了！能想出这么有趣的玩法，可以告诉更多的小朋友你们的玩法，让大家一起来分享。"几名幼儿不约而同地笑着说："耶！"

分析　在活动中，保育员刘老师发现幼儿的活动量较大，并没有马上阻止幼儿的行为，而是及时介入游戏，用询问的语言了解幼儿当时的活动状况，并以"累了""出汗了""休息一会儿"等语言来转移幼儿的游戏方向，引导幼儿创造出更为合理的游戏方式，当幼儿想出更好的游戏方法时，保育员也能及时地给予肯定和鼓励，调动幼儿参与活动的兴趣，让幼儿体验成功的快乐，促使幼儿更有信心地去完成以后的活动。

三、领会教师的教育意图,协助教师组织户外活动

在活动中,保育员要及时与教师进行沟通,明确教育意图,配合教师完成教育目标。例如:组织"跳跳跳"的活动,保育员要掌握中班幼儿跳的动作要领,对幼儿活动中的不正确动作及时进行指导,保证幼儿准确地完成教师指定的动作。

保育员要积极参与到幼儿的活动中,做幼儿活动的参与者,而不是旁观者。保育员的适时介入,可以及时解决出现的问题。例如:当幼儿在运动中出现不安全因素时,保育员应及时介入,排除安全隐患;当幼儿在运动中遇到困难时,保育员适时介入,帮助幼儿解决困难;当幼儿只是简单重复活动时,保育员介入指导,启发幼儿积极思维,发展幼儿自主活动的能力;当幼儿停止运动时,保育员的适时介入可以引导幼儿积极愉快地参与运动;当幼儿运动过程中出汗过多,身体疲劳时,保育员及时介入,提醒幼儿休息、擦汗、换衣服等。

四、小组活动的指导

一般情况下,保育员不需要单独组织幼儿进行游戏活动,但在分组游戏中,可以承担一部分指导工作。如:跳绳、拍皮球,针对需要指导的小组活动,保育员要掌握小组活动目的、内容、游戏规则,活动前给幼儿讲清活动内容及要求,有针对性地协助教师指导幼儿活动。

注意:在活动前幼儿要做好准备活动,避免活动中出现意外。

五、活动中特殊幼儿的护理

了解特殊幼儿的形成原因、护理方法,针对幼儿的不同情况,进行有针对性的指导。

案例展示厅 ▶

多动的轩轩

轩轩在集体活动时,总也闲不住,一会儿跑到队伍前面,一会儿跑到队伍后面,一会儿揪揪妞妞的辫子,一会儿摸摸丁丁的衣服,为了活动的正常进行,教师让保育员对轩轩进行管理。保育员李老师把轩轩带离了队伍,在小朋友们站队形的时候,轩轩开始体能训练,跑步、踢球、跳绳等,轩轩一会儿就有点出汗了,再回到队伍中,轩轩也能安静地和小朋友们一起站队形了。

分析 轩轩有一些多动儿的特征,精力用不完,所以不能用限制他活动的方法来矫正多动的症状,李老师通过以动制动,给他安排一些体能训练,如跑步、踢球、跳绳,使他旺盛的精力有地方发泄,动够了必然就安静了。

巩固练习

一、选择题

1. 观察法是在活动中观察幼儿的脸色、(　　)、表情、出汗状况和动作的协调性等特征,来了解其活动量的大小。

　　A. 肌肉　　　　　　　　B. 心脏　　　　　　　　C. 呼吸　　　　　　　　D. 骨骼

2. 一般情况下,幼儿的平均心率在(　　)时,表明其活动量比较合适。

　　A. 100～120 次/min　　B. 130～140 次/min　　C. 130～160 次/min　　D. 80～100 次/min

3. 在幼儿户外活动中,保育员要注意观察幼儿的活动情况,以下说法错误的是(　　)。

　　A. 了解每个幼儿的实际活动量

　　B. 注意观察幼儿反应

　　C. 及时向教师反映幼儿需求

　　D. 只要有助于幼儿参与活动,可以不考虑幼儿情绪

4. 对肥胖儿进行(　　),开始时活动量应少一些,以后逐渐增加。在活动中宜采用一些既能促进能量消耗,又容易坚持的运动项目。

　　A. 身体素质训练　　　　B. 减肥活动　　　　　　C. 身体锻炼　　　　　　D. 教育

二、简答题

1. 幼儿活动量的考查方法有哪些?

2. 室外活动时,对体弱儿的护理要求有哪些?

3. 幼儿园对肥胖儿的护理要求有哪些?

三、实操题

请根据本节知识,设计一份幼儿园室外活动中的保育策略。

任务三　室外活动后的收拾与整理

学习目标

1. 掌握活动结束后幼儿情绪、增减衣物的技巧和方法;

2. 掌握活动场地整理的程序和方法。

情境导入

在室外活动操场,幼儿正在进行平衡和跑的游戏,活动将近结束,个别幼儿满头大汗,满脸

通红,将衣服脱了拿过来给保育员,保育员对他们说,快把衣服穿上,一会儿回教室再脱衣服和擦汗,你们现在把衣服脱了没有地方放,一会儿又弄丢了。

教师宣布游戏活动结束后,让部分幼儿把活动器材放回原来的地方,三五个幼儿争先恐后去搬平衡木,保育员看着置之不理。其他的幼儿慢腾腾地走回活动室,边走还边扔别人的衣服,保育员也视而不见,不予纠正。

你认为这名保育员的做法对吗? 如果你是保育员,该如何进行活动后的保育及整理工作?

 指导策略

1. 配合教师指导幼儿清理场地:保育员要在幼儿活动结束后进一步清点、整理器械,并摆放整齐,发现有损坏时,及时与教师联系,进行简单的修理。

2. 注意幼儿情绪稳定:保育员应配合教师适时结束游戏,并注意幼儿由兴奋状态转化为平和状态的互相衔接。

注意:幼儿的活动量要适当,运动量过大,超过幼儿的身体负荷,会损伤幼儿的身体健康。幼儿剧烈运动后,要在操场慢走一会儿再回教室,等幼儿情绪平稳后再坐下,减少心脏负担,有益于消除疲劳。

3. 幼儿衣着的护理:提醒、帮助幼儿穿好或拿好衣服,带回全部体育锻炼用的毛巾。引导幼儿正确使用毛巾将额头、身上的汗擦干净。

注意:对出汗较多的幼儿,保育员要及时为其换下湿衣服。当幼儿情绪平稳不再出汗时,要提醒幼儿穿上衣服以免着凉。

4. 组织幼儿盥洗:活动结束后,保育员要协助教师清点人数,带队回班,然后组织幼儿洗手、如厕、饮水,必要时组织幼儿洗脸。

运动后保育员要鼓励幼儿喝水,以补充活动中丢失的水分。

注意:幼儿剧烈运动后,不宜一次性喝太多的水,会加重心脏负担。因此保育员要注意幼儿活动后的饮水量。

5. 保存户外活动中有价值的作品。

6. 做好场地清洁卫生工作。

案例展示厅 ▶

小兔运萝卜

河北某幼儿园大班今天组织的户外活动是"小兔运萝卜",地上已经布置两条长15厘米、宽10厘米平衡木组成的小桥,一条小绳上悬挂着许多布制的胡萝卜,还有两个小篮子,录音机里播放着音乐,幼儿分成两组,在教师的组织下,首先跟着音乐进行热身运动,然后,教师扮演兔妈妈,幼儿扮演小兔子,开始跨越障碍去搬胡萝卜,过"小河沟"时,两脚并拢向远处跳,过小桥时两手伸平,保持身体平衡慢慢走过去,小兔子们排成两队,一个个轮着去摘萝卜。在音乐声中,幼儿们跳跃、练习平衡能力,大家参与活动的积极性特别高。活动在开心快乐中很快结束了。一部分幼儿已经出汗了,还有的幼儿衣服都湿了,保育员李老师首先配合教师组织幼儿做舒缓的放松运动,并开始清点幼儿人数。然后给每个幼儿自己的毛巾,指导幼儿擦汗。指导值日生幼儿把活动用具放回原处,对活动场地再次进行清洁打扫。把幼儿带回班,帮助衣服被汗水打湿的幼儿换上干净的衣服,督促幼儿盥洗、如厕、饮水。

　　分析　在"小兔运萝卜"的活动案例中,保育员为每个幼儿准备一条擦汗巾,而且擦汗巾专人专用,活动结束后,帮助幼儿整理衣物,并协助幼儿收拾、整理好活动器材,最后对活动场地进行了清理。

 巩固练习

一、选择题

1. 幼儿剧烈运动后,要在操场慢走一会儿再回教室,等幼儿情绪平稳后再坐下,减少(　　　),有益消除疲劳。

　　A. 肌肉疼痛　　　　　B. 心脏负担　　　　　C. 呼吸频率　　　　　D. 心跳次数

2. 活动量过大,超过幼儿(　　　)会损害幼儿的身体健康。

　　A. 身体的特点　　　B. 能力　　　　　　　C. 需要　　　　　　　D. 身体的负荷

二、简答题

1. 简述幼儿活动后场地整理的程序。

2. 幼儿活动后场地整理过程中需要注意的问题有哪些?

模块三
安 全 工 作

模块导读

　　安全无小事。幼儿的身心尚未发育完善,好奇心强,无安全意识,容易发生各种意外伤害。幼儿园的安全工作是保育工作中的重中之重。懂得安全常识,可有效地预防幼儿意外事故的发生。本模块将从常规工作中的安全措施、防止意外伤害和意外事故的应急处理三个项目来加以阐述。

项目一　常规工作中的安全措施

项目导读

　　本项目从常规工作中的安全问题、活动材料与场地选择的安全两方面阐述,以期增加学生的安全意识和常规工作中安全工作的能力。

任务一　常规工作中的安全问题

学习目标

　　1. 学生知道一日常规安全工作的重要性;

　　2. 通过学习,培养学生具备做好一日常规安全工作的能力;

　　3. 增强学生的安全意识,教育学生对生命的热爱。

情境导入

　　春天来了,万物复苏。某幼儿园小班的函函在户外活动时摔了一跤,教师急忙送他去附近的医院。经检查,发现函函的右腿轻微骨裂。事后调查了解到,当时没有别的幼儿推他,也没有其他障碍物羁绊。是函函的鞋带开了,跑动时,踩到了自己的鞋带被绊倒了(图3-1-1)。

　　函函为什么会出现摔倒的意外事故呢? 作为保育员在一日常规中应如何做好安全工作?

图 3-1-1　系好鞋带

基本知识

一、一日常规工作的重要性

一日常规是幼儿在幼儿园一日生活中应该遵守的基本规范,包括来园、早操、盥洗、进餐、午睡、饮水、如厕、室内外活动、离园等内容,一日常规对幼儿的身心发展有重要的作用。

(一)有助于幼儿身心健康成长

合理安排幼儿的一日生活常规,可以帮助幼儿身体各器官系统得到全面发展,使幼儿的生活劳逸结合,丰富多彩。例如,充足的睡眠可以使幼儿脑垂体分泌更多的生长激素,既有利于幼儿运动系统的发育,也有利于幼儿神经系统的发育;充足的户外活动,可以提高幼儿的心肺功能,使大脑得到充足的氧气,提高幼儿的免疫功能,预防疾病的发生。

(二)有助于幼儿融入集体生活

幼儿的一日生活是在教师和保育员的组织下,按照统一的要求与规则进行活动。在集体生活中,幼儿增长知识、发展能力,培养幼儿遵守规则和协同合作的品质,培养幼儿对同伴团结友爱、对集体有责任感和荣誉感。

(三)有助于幼儿养成良好的生活卫生习惯

幼儿期是习惯养成的最佳时期,从小养成好习惯,将会受益终身。如:饭前便后要洗手;上下楼梯靠右走,不大声喧哗;睡觉起床后自己整理被子;玩大型活动器械排队不争抢。幼儿如果能够按照一定的规律和要求,积极自觉、有条不紊地完成每天应该做的事情,周而复始,形成良好的生活卫生习惯,对其一生都有深远的影响。

二、如何做好一日的常规安全工作

(一)健全安全教育管理制度

健全安全教育管理制度是确保幼儿一日常规安全工作最重要的保证。例如,建立严谨的幼儿园接送制度;填写晨检登记表、幼儿用药情况登记表,需要家长和教师在表上共同签字确认,以便消除安全隐患,分清安全责任;再如加强午检,仔细检查幼儿的衣袋,不放过任何一个影响安全的因素;在幼儿如厕、喝水时,教师应让幼儿排队有序地进行,以免发生碰撞、滑倒甚至踩踏;另外,在开展户外活动前,必须对场地、幼儿衣服、鞋子作具体要求,并且至少配备两个教师才能组织活动。

(二)让幼儿在实践中掌握安全知识

许多安全知识仅仅讲解,很难让幼儿形成深刻印象,只有让幼儿亲自实践,才可能真正学会自我保护。幼儿的模仿力很强,所以经常带领幼儿参观各种安全防护设备、设施,组织幼儿进行逃生、自救等模拟训练,对培养幼儿的自我保护意识和自我保护能力就显得尤为重要。在社会教育活动中,还可采用角色扮演法,通过让幼儿扮演相应角色,当幼儿面临困难和危险时,手把手地教幼儿使用相应的解决办法,只有经过一系列的反复练习、实践和强化活动,幼儿才有可能将模仿行为转变为良好的行为习惯。

（三）改善幼儿的生活环境,及时消除安全隐患

在幼儿各类事故中,因为客观环境中存在的不安全因素造成的事故也为数不少。例如,幼儿如厕时(图3-1-2),由于地面有水渍滑倒,或者便池门框的棱角锋利弄伤手;桌椅棱角锋利或粗糙不平,也易造成幼儿碰伤;活动室门合叶变松也容易造成幼儿手指压伤等。所以在修建或采购这些物品的时候,应该多考虑安全因素,及时消除安全隐患。

图 3-1-2　如厕安全标识

（四）优化安全教育行为,确保幼儿情感安全

保育员应当树立科学的教育观,为幼儿创建安全、和谐、温馨的环境,让其得到情感上的安全。如果遇到比较重大的突发事件,保育员教师要学会正确引导幼儿,疏导幼儿在情感上的恐惧与不安,培养幼儿积极健康的心理品质。

（五）提高保教人员的专业素养,以防止人为原因造成意外事故

定期对保教人员进行专题培训,通过技能比赛或专家讲座的形式,提高其专业素养。针对幼儿的一些日常活动,保教人员要做到及时的引导。例如,如厕过程中推搡,如厕后不能及时排队,此时教师就要充分发挥引导保护的职责,尽可能地避免危险的发生。还有带幼儿去室外活动,几位教师一定要分别站在幼儿的前面、中间、后面观察幼儿,监护行进途中的幼儿,防止推搡、摔倒。

指导策略

一、入园、离园安全

入园、离园是幼儿园一日生活的重要组成部分。幼儿缺乏生活经验,自我保护能力较差,入园、离园时易发生摔倒、走失、被冒领等安全问题。教师在了解这些安全问题危害性的同时,必须熟知防范措施,在幼儿入园、离园活动中履行安全防范职责。

1. 严格执行接送卡制度,一定要与家长当面交接幼儿,确保幼儿安全离园。

2. 教育幼儿不要单独离开幼儿园。有陌生人来接,一定要有监护人的明确通知,并且把幼儿交给来人后,再次告知幼儿的监护人。

3. 严禁家长进班接幼儿,要在班级门口交接。在此期间和家长交流沟通要简短,提醒家长看护好自己的孩子,并且注意照顾班内其他幼儿。

4. 提醒家长接送幼儿时,在园门口停车、倒车要注意幼儿的安全。

5. 教师不得随意将未接走的幼儿放在其他班或交给门卫,要等到班级所有幼儿全部被接走后,方可下班。

6. 对接送中的可疑人员要及时上报园领导。

7. 特殊情况的家庭(家长身体、精神问题、父母离异)的幼儿监护权要明确,不可把幼儿交给非监护人。

二、晨、午、晚检安全

1. 检查幼儿衣着

(1)幼儿着装的基本要求。

① 鞋子:幼儿应该穿着方便、易穿脱、舒适的鞋子,不提倡幼儿穿"会发光""会唱歌"的鞋。小中班的幼儿,还不会系鞋带,可以为幼儿穿粘扣鞋子。大班的幼儿,如果自己会系,可以根据情况穿系带鞋。

② 衣服:幼儿应该穿着舒适、安全、透气性好的衣服。舒适指衣着大小宽松适度、款式简单、不妨碍幼儿生长发育并便于幼儿自己穿脱;安全指衣着的扣子、带子要考虑到幼儿的特点,不要带太多装饰物,如用别针别手绢时,要用安全别针;透气性好是指尽量给幼儿穿纯棉的贴身衣物,不给幼儿穿紧身衣。

③ 裤子:幼儿应该穿着较宽松,裤头不太紧的裤子。不要给幼儿穿喇叭裤,背带裤,紧身裤。裤子、裙子不宜过长,避免绊倒幼儿。

(2)保育员要了解每天的天气情况和户外活动的内容,及时提醒幼儿增减衣物,预防感冒。

(3)检查幼儿衣服的扣子、胸针、拉锁以及亮片等装饰,以免尖锐的角划伤幼儿。

(4)检查幼儿有没有穿带绳子的连帽衫入园,避免幼儿摔倒时绳子缠脖引起幼儿窒息。

(5)检查中小班的幼儿有没有穿着系鞋带的鞋子入园,检查幼儿的鞋带有没有系好。

(6)检查长头发的幼儿扎头发的装饰物,带有装饰物的头绳和发卡要特别留意。避免装饰物在孩子睡午觉的时候硌到头皮,不利于血液循环。

注意:

(1)为幼儿选择没有刺激性气味、质地好、浅色系的服装。

（2）注意看服装的标签,关注甲醛的含量。根据《纺织品甲醛含量的限定》,幼儿服装直接接触皮肤的甲醛含量应低于 20 mg/kg。新买的衣物在穿之前要水洗,这样大部分的甲醛就会溶解在水中了。

（3）尽量不为幼儿选购抗皱、免烫、漂白过的衣物。

案例展示厅 ▶

我开童装店

天气逐渐变暖,幼儿脱去厚厚的冬装,换上了轻快的春装。保育员小王发现幼儿有的带着"护身符";有的穿着连帽衫;还有的穿上了长长的裙子,上面带着亮片。而这些都不符合安全穿衣的要求,怎么才能让幼儿知道正确着装呢?小王设计了一个角色游戏"我开童装店"。

游戏活动中幼儿动手画、剪刀剪,泥捏,设计美丽的服装。然后幼儿分角色,当营业员的,要知道服装的特点,给客人当好导购;当客人的,要会说明想给小班或中班、大班孩子买什么样的服装。最后让幼儿总结说一说,小朋友买什么样的衣物好?为什么这样的服装穿起来舒适安全?并帮助幼儿了解其中道理。

通过这个活动,幼儿们知道该在生活中如何安全穿衣了。

分析 本案例中保育员很巧妙地将安全穿衣的指导通过游戏的形式渗透,达到了非常好的效果。

2. 检查时注意幼儿有没有携带危险物品,如小刀,易入口的玩具、花生、瓜子等物品。

3. 晨检时,注意检查幼儿是否患有传染性疾病,如出现发烧,皮肤出现疹子等现象。

三、进餐安全

1. 食物来源安全

（1）所采购食物的供应商有营业执照和食品卫生许可证、食品检验合格证等相关证件齐全。

（2）进行食品保质期检查。

（3）禁止直接购买来历不明的熟食。

（4）禁止自己买食品在班内分发给幼儿;对于幼儿自己从家里带来与其他小朋友分享的食物,要经保健医同意后方可食用。

2. 食品加工安全

（1）食品的清洗、烹调要规范。

（2）不吃凉菜、剩菜。

（3）鱼类要购买大刺、易剔除鱼刺的,以免鱼刺刺伤幼儿。

（4）豆浆、牛奶煮开后食用,预防食物中毒。

3. 所有餐具、用具按照操作规定严格消毒。

4. 每餐饭菜要留样 48 小时。

5. 对饮食有特殊要求的幼儿要严格登记,如某些食物过敏的幼儿、少数民族幼儿。

6. 热菜、热饭、热汤有专人看护,放置在安全的地方,防止烫伤幼儿。

7. 分餐时,应从正面递给幼儿饭菜,禁止从幼儿头顶上传递热汤、热菜等。

8. 进餐过程中,教育幼儿不开玩笑、不打闹、不嬉笑、不哭泣,以防食物误入气管;幼儿嘴里有食物时不催促、咽下最后一口食物后才可离开座位。

9. 进餐完毕后,及时收拾碗筷,清洁桌面、地面,防止幼儿滑倒摔伤。

四、睡眠安全

1. 睡眠前的安全检查

（1）检查幼儿手中是否有易放入口鼻的小物件,如玻璃球、纽扣、发卡、珠子、笔帽、豆子、小玩具、橡皮,把这些小物件放在幼儿拿不到的地方,防止幼儿放入口鼻,发生意外事故。

（2）检查幼儿的被子和枕头的拉链是否脱落。

2. 睡眠中的安全检查

（1）巡视幼儿是否有不良的睡眠习惯,如蒙头睡觉、咬被角、睡姿不正确现象。发现后及时纠正。

（2）幼儿午睡期间教师不得离开教室、睡觉,或从事其他活动,每隔 15 分钟巡视全体幼儿一遍,要特别关注生病的幼儿。

（3）发现幼儿有异常现象时,如出现发热、抽搐、惊厥症状时,要及时报告保健医生。

3. 睡眠后的安全检查

（1）有秩序地组织幼儿起床,教师检查幼儿衣服、鞋袜。避免穿反鞋、穿错衣裤、不穿袜子等情况。

（2）教师认真填写幼儿午睡值班记录情况表。注意发现并消除午睡时的安全隐患。

五、饮水安全

1. 打热水程序规范,保育员提开水要用带盖的容器,避开幼儿（图 3-1-3）。

2. 开水放置到幼儿不会触碰到的地方;暖瓶应放在幼儿接触不到的地方。

图 3-1-3　打水

3. 教育幼儿有秩序地排队饮水,不拥挤、打闹。

4. 教育幼儿饮用安全卫生、温度适中的水。

六、盥洗、如厕安全

1. 教育幼儿按顺序盥洗、如厕,不拥挤、玩耍,不乱插队。

2. 保持洗手间、卫生间地面干爽,无水渍、污渍,以防滑倒。

3. 教育幼儿节约用水,洗手时用小水流洗手,防止溅到别人身上或地面上。

4. 教育幼儿洗手时不把水甩到地上,洗完后随手关好水龙头。

七、其他方面安全

1. 通风制度

(1) 幼儿入园前、到户外活动时、进寝室睡眠时以及离园时,打开所有的窗户通风换气。

注意:把窗户全打开10分钟左右,就可换气一次。

(2) 幼儿在室内活动时,应根据季节的不同以及活动室窗户的设置,定时开启全部或部分的窗户通风换气。

注意:应避免幼儿在穿堂风中活动。根据季节使用空调,夏季保持室温28℃左右。冬季保持室温18℃左右,并开启教室1扇窗,空调开2小时后关闭,开窗通风30分钟。

(3) 通风换气时间的长短,可根据室内外气温的具体状况来决定。

注意:冬季开窗时间应为10~15分钟,而且每半日通风一次。室内外温度相差较大时,通风换气的速度就相应较快,通风时间可短些;反之,则相对长些。

(4) 雾霾天气或室外空气质量不佳时,不适宜开窗通风。

(5) 在传染病高发季节,要加强开窗通风的次数。

案例展示厅 ▶

某幼儿园通风制度范例

依据《中华人民共和国传染病防治法》有关规定,为了预防各种传染病,确保广大师生的身体健康,进一步落实幼儿园的卫生消毒制度,特制订幼儿园的开窗通风制度。

1. 保持教室空气流通,幼儿来园前开窗开门,必要时可用风扇加强通风效果,幼儿集中来园后保持窗的开启。

2. 根据季节使用空调,夏季保持室温28℃左右,冬季保持室温18℃左右,并开启教室1扇窗,空调开2小时后关闭,必须开窗通风0.5小时。

3. 幼儿入睡前保证卧室开窗开门,通风条件差,可借助风扇。

4. 幼儿午睡时做到"二开二关",睡前开窗,入睡关窗,入睡后开小窗,起床时关窗。

5. 活动室使用前开窗开门通风,组织活动时门窗不封闭,留有空隙。

6. 幼儿园幼儿厕所做到全日开窗,无异味,保持干燥。

7. 发生传染病时通风次数和时间都要增加。每天不少于 3 次,每次不少于 20 分钟(图 3-1-4)。

图 3-1-4　开窗通风

2. 雨雪天及时在湿滑处,铺设防滑垫,及时擦干地面,以免地滑摔伤幼儿。

3. 餐厅、教室、寝室要做到人走灯灭,随时切断电源。使用电器时,如电蚊香要特别注意安全,避免引发火灾。

4. 暖气需安装防护罩,要做软包处理以免烫伤幼儿。

 巩固练习

一、选择题

1. 制定幼儿园的一日常规工作有很重要的作用,不包括下列哪方面(　　)。

　A. 有助于幼儿身心健康成长

　B. 有助于幼儿融入集体生活

　C. 有助于幼儿养成良好的生活卫生习惯

　D. 有助于幼儿的自我管理

2. 幼儿缺乏生活经验,自我保护能力较差,(　　)时易发生摔倒、走失、被冒领等安全问题。

　A. 户外活动　　　　　　　　　B. 入园、离园

　C. 盥洗　　　　　　　　　　　D. 进餐

3. 分餐时,应从(　　)递给幼儿饭菜,禁止从幼儿头顶上传递热汤、热菜等。

　A. 背面　　　　B. 头顶上方　　　　C. 正面　　　　D. 幼儿能看见的方向

4. 幼儿午睡期间老师不得离开寝室或自己睡觉,或从事其他活动,每隔( )巡视全体幼儿一遍,要特别关注身体不适的幼儿。

    A. 15 分钟   B. 30 分钟   C. 45 分钟   D. 1 小时

5. 下列关于幼儿着装的安全措施,说法错误的是( )。

    A. 幼儿的鞋子应舒适、方便穿脱

    B. 中小班幼儿提倡穿系鞋带的鞋子

    C. 幼儿应穿着舒适、透气性好的衣服

    D. 幼儿不应穿着紧身裤、喇叭裤等衣服

二、简答题

1. 如何做好一日常规的安全工作?

2. 作为保育员,在进餐环节注意哪些事项?

3. 如何做好晨、午、晚检的安全工作?

4. 如何进行开窗通风?

任务二 活动材料与场地选择的安全

学习目标

1. 了解活动材料与场地的相关知识;

2. 培养学生根据幼儿活动的内容协助教师选择安全、符合活动内容的活动材料和场地的能力。

情境导入

苗苗班最近上了一节制作春天的美术课,在美工区的设置中,保育员把很多春天的组件贴在了墙上,可是保育员投放材料时却没有考虑到幼儿的视线范围,把材料贴在了较高的位置,幼儿在进行制作春天的创作时,很难看到较高位置的材料,使得创作过程显得十分单调,很多幼儿画了一半便没有兴趣再画下去了。

作为保育员,应怎样为幼儿投放活动材料?在活动场地的选择上要注意哪些安全事项呢?

基本知识

一、幼儿活动材料的种类

按照幼儿活动材料的来源,分为:

1. 成品材料

（1）学习性活动区域：积塑、积木、图书、图卡、棋类、数字卡、拼插类。

（2）社会性活动区域：娃娃家玩具、头饰、衣饰、角色区的设施配套。

（3）运动性活动区域：球、跳绳圈、小风车、大型体育器械（图 3-1-5）。

2. 自然材料

（1）学习性活动区域：豆子、瓶子、纸杯、贝壳、易拉罐、木珠、石头、纽扣、磁铁。

注意：在生活中收集一些自然材料，比如石头、豆类、吸管、小铁丝、毛线、木块、植物的果实、树叶等一些唾手可得的自然材料，并能根据材料特点分别加以利用。

（2）社会性活动区域：种子、石头、稻草、贝壳。

（3）运动性活动区域：编织袋、竹子、沙子。

3. 自制材料

（1）学习性活动区域：印章、添画卡、故事卡、数字分解组成卡、穿编、套类、拼图。

（2）社会性活动区域：商品替代物、生活用品替代物、食品替代物、服装道具、场景道具、绣花架。

（3）运动性活动区域：沙包、陀螺、高跷、布飞碟、风筝、飞镖、拉力器。

注意：丰富各区角的自制材料，要结合幼儿的学习目的合理地设计活动材料，将废旧材料变废为宝（图 3-1-6）。

图 3-1-5　运动性活动区域

图 3-1-6　自制教具

4. 本土资源：种子、木头、竹子、泥土、石块、稻草、麦秆、藤条、木块、木屑、黏土、坚果、丝瓜、蔬菜、贝壳等。

注意：本土资源的材料有的可直接利用，有的可装饰、设计，但应先清洗、消毒。

二、幼儿园房舍的配置及卫生原则

1. 幼儿园房舍的配置

（1）幼儿园的生活用房，主要包括：寝室、活动室、各功能用房、卫生间和储物间等。

（2）幼儿园的服务用房，主要包括：医务保健室、隔离室、晨检室、教职工办公室、资料室、会议室、值班室、家长接待室、传达室等。

图 3-1-7　幼儿园房舍

（3）幼儿园供应用房，主要包括：厨房、消毒室、烧水间、库房等。

2. 幼儿园房舍配置的要求

（1）房舍本身应安全、牢固（图 3-1-7）。

（2）房舍的配置要保证幼儿安全及身心健康发展。

（3）房舍的配置要便于控制传染病在幼儿园内流行。

案例展示厅 ▶

我们一起来做布娃娃

在小一班的区域角娃娃家的布置过程中，保育员小黄考虑了材料的安全性，投放了许多颜色鲜艳可爱的毛绒玩具。幼儿对于这些毛绒玩具特别感兴趣，每天都会有大量的幼儿来和毛绒玩具对话，游戏。近几日，小黄在娃娃家发现一个现象，幼儿们特别喜欢和毛绒玩具做角色扮演游戏。但是玩具的数量有限，常常会出现两三个幼儿为了争抢一个毛绒玩具而发生争执的现象。如何解决这个问题呢？小黄及时和教师进行了沟通，搜集了一些自制毛绒玩具的方法，并且给家长布置了一个作业：带上干净的袜子和填充物。在亲子活动课上，幼儿和家长一起制作自己喜欢的毛绒玩具，既锻炼了幼儿的手眼协调能力，又增进了亲子关系，而且还为娃娃家增添了许多新的毛绒玩具！并且在亲子课上，小黄为幼儿讲解不能把活动材料塞进嘴里，那样既不卫生又不安全。每次活动前都认真检查玩具是否开缝漏毛，还不定期地对这些玩具进行清洗并且消毒。

分析 通过一起来做毛绒玩具，使幼儿知道了活动材料不能放进嘴里，并且丰富了游戏的材料。

 **指导策略**

一、选择活动材料

1. 了解活动的内容及活动所需的场地、材料以及材料的数量。

注意：不要给幼儿玩体积过小、锐利、带有毒性的玩具及物品，如：别针、图钉、硬币，以免其塞入耳、鼻等造成异物入体。

2. 投放活动材料摆放位置要合适，既要便于幼儿活动，又要避免因摆放过分拥挤而发生意外。

注意：如果户外活动所需的物质材料很多，需要保育员主动协助教师做好准备工作；如果与他班共用设施和材料，则需提前做好协调工作，帮助教师布置场地。

3. 对所要使用的活动材料进行安全检查，如发现有安全隐患，要及时维修或更换。

注意：如小型玩具有损坏、裂缝、棱角带刺要及时处理，防止活动材料划伤幼儿。定期检查大型运动器械，注意螺帽有无松懈脱落、绳索有无磨损、金属架有无生锈断裂等，发现问题要及时停用，及时维修。

4. 对幼儿进行活动安全教育。幼儿玩不同的玩具，有不同的安全要求（图3-1-8）。

注意：如玩大型玩具滑梯时，要教育幼儿不拥挤，不推搡，前面的幼儿还没滑到底及离开时，后面的孩子不能往下滑；玩秋千架时，要注意坐稳，双手拉紧两边的秋千绳；玩跷跷板时，除了要坐稳，还要双手抓紧扶手。玩中型玩具游戏棍时，不得用棍去打其他幼儿的身体，特别是头部。玩小型玩具玻璃球时，不能将它放入口、耳、鼻中，以免造成伤害。

二、保障活动场所的安全

1. 室内活动场所的安全

（1）活动室内的用具要摆放合理，尽量放置在角落和墙角处，保持活动室宽敞明亮、少障碍物，以便于幼儿活动。活动室内尖锐性器具如剪刀、铅笔等物品妥善存放。

注意：幼儿直接使用的橱柜不应有尖锐的棱角，最好制作成圆角形状的；表面一定要光滑，避免有木刺或者钉子，以免划伤幼儿；橱柜应敦实重心偏低，避免幼儿不小心将橱柜推倒造成伤害。

（2）盥洗室地面保持干爽，可铺设防滑垫，以防止幼儿滑倒，造成摔伤。检查马桶座圈不松动。

（3）午睡前要对幼儿进行必要的检查，防止幼儿将游戏时的一些小物件（珠子、棋子、花生豆等）带在身上，避免幼儿误将其放入口鼻中，给幼儿造成伤害。

（4）给幼儿的水和饭菜都必须降温后端进活动室。暖壶应放置在幼儿拿不到的地方，暖气应有罩，避免幼儿直接接触造成烫伤。给幼儿洗浴的水温应适宜，应先注入冷水再加热水。

（5）要妥善保管好幼儿的药物、消毒用品和用于厕所清洁的化学药品等（图3-1-9），剧毒药品要有专人管理，严禁放在班里。

图3-1-8　幼儿园大型玩具

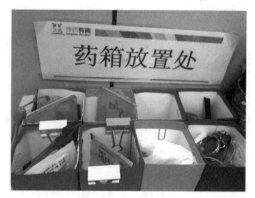

图3-1-9　药箱

注意：保育员要根据用药情况说明，监督幼儿服药，并做好记录，防止幼儿不服药或重复服药。

2. 室外活动场所的安全

（1）在组织幼儿户外活动前，保育员检查器械的安全和活动场地情况，及时清理活动场地的砖头、玻璃碎片、树枝等（图3-1-10）。

注意：如果户外活动场所周围植被有果实时，要注意避免幼儿将植物的果实放入口鼻耳中，防止伤害。

图3-1-10　户外活动场地

（2）户外活动时，检查幼儿的衣服鞋帽是否符合活动的要求。如果活动量较大时，应提醒幼儿脱外衣，返回教室时要再穿上。注意检查幼儿的身上有没有携带危险物品：小刀片、小珠子、小虫子等。

注意：注意幼儿鞋带、裙子的安全，不要绊倒幼儿。如裤腿过长应将其挽起，过宽要用皮筋扎住。提醒幼儿注意提裤子,系紧鞋带。

（3）组织幼儿上下楼梯时,几名老师要分别站在幼儿的前面、中间和后面。幼儿来齐了、组织好队伍后才能开始上下楼,要不断提醒幼儿手扶栏杆、眼睛看着脚下、不要推挤其他幼儿。

（4）检查大型玩具安全性:护栏高度,幼儿是否容易从上面跌落;是否牢靠、松动、摇晃不稳、缺失配件;是否粗糙有尖刺。发现问题及时上报维修。

（5）户外活动时,全班的幼儿应该在自己的视线以内,不要让幼儿单独行动,不要把幼儿单独留在室内。

（6）活动前后或交接班时,要清点人数,防止幼儿走失。

案例展示厅 ▶

都是"牙签"惹的祸

今天早晨,晨检过后我带领孩子们到户外活动:把孩子们分成男、女两组。男孩组骑木马,女孩组跟我一起做"拍拍手、碰一碰、抱一抱"的游戏。当轮到紫妍小朋友跟我"拍拍手、碰一碰、抱一抱"时,我听到她的衣兜里发出沙沙的声音,我循声看过去,原来是一个饼干袋和一件衣服上的商标牌。我如释重负地给她放回口袋里,看到她口袋下面烂了一个洞,洞里居然躺着两根牙签。我真是既惊讶又庆幸:她拿出来玩伤着怎么办? 弄伤别的小朋友怎么办? 心里难免对自己晨检时的"疏忽"而感到自责:晨检时没有发现紫妍衣服口袋里面的洞,更没有发现里面的牙签。

整个上午我对自己的"疏忽"而感到不安。在今后的工作中我除了严格晨、午检外,还要加强对孩子的全日观察,将一切安全隐患随时消灭在萌芽状态,切实使每个孩子在身心各方面都得到健康发展。

分析　切实做好幼儿的一日安全检查,尤其在幼儿户外活动时,检查活动场所的安全隐患,发现情况随时处理。

 巩固练习

一、选择题

1. 组织幼儿上下楼梯时,教师要站在幼儿的（　　）。幼儿来齐了、组织好队伍后才能开始上下楼,要不断提醒幼儿手扶栏杆、眼睛看着脚下、不要推挤其他幼儿。

　　A. 前面　　　　　　B. 中间　　　　　　C. 后面　　　　　　D. 前面、中间和后面

2. 幼儿的活动材料,根据来源不同,可分为成品材料、自然材料、自制材料和（　　）材料。

　　A. 故事　　　　　　B. 本土　　　　　　C. 运动性　　　　　　D. 学习性

3. 以下不属于幼儿园的生活用房的是（　　）。

A. 寝室   B. 活动室   C. 晨检室   D. 卫生间

4. 关于室内活动场所的安全处理方法,错误的是( )。

    A. 室内用具尽量摆放在角落

    B. 尖锐性器具妥善存放

    C. 给幼儿的饭菜必须降温后端进活动室

    D. 幼儿洗浴注入水时,先注入热水,然后根据温度缓慢加入冷水

5. 为保障幼儿室外活动的安全,错误的做法是( )。

    A. 室外活动前要检查幼儿的衣着是否符合活动的要求

    B. 检查大型玩具的安全性

    C. 活动时,要保证全班幼儿应在自己的视线以内

    D. 个别生病的幼儿可单独留在室内休息

二、简答题

1. 保育员如何为幼儿选择玩具?

2. 作为保育员,在为幼儿准备活动场所时要注意什么?

3. 如何保证室内活动场所的安全?

项目二　防止意外伤害

项目导读

　　为了避免幼儿误服有害物品，发生意外伤害，作为保育员要懂得消毒物品和药品的妥善保管方法。懂得如何对幼儿进行急救，正确处置异物入鼻、异物入耳、烧伤和烫伤等事件，最大限度地保护幼儿的生命健康。本项目将从消毒物品和药品的妥善保管，防止异物进入体内，防止烫伤、摔伤三部分内容学习幼儿意外伤害的处理知识。

任务一　消毒物品和药品的妥善保管

学习目标

　　1. 初步培养学生妥善保管消毒物品和药品的工作能力；

　　2. 培养学生的安全意识。

情境导入

　　晨间接待时，幼儿们都高高兴兴地来到幼儿园。保育员刘老师在帮助小一班幼儿整理衣物时，小勇走过来对她说自己口袋里有中午要服用的感冒药。刘老师因为工作正忙就让小勇自己带在兜里面。

　　刘老师的做法对吗？作为保育员，应如何保管药品的？

基本知识

消毒物品和药品妥善保管的重要性

　　1. 防止幼儿误服误用消毒物品、药品（图 3-2-1）。

图 3-2-1　消毒物品

2. 为幼儿营造安全的活动环境,防止幼儿接触到消毒物品、药品,造成意外伤害。

3. 保证幼儿的服药安全,帮助家长解决幼儿服药的问题。

 **指导策略**

一、保管消毒物品

1. 各种消毒液、洗涤清洁用品,必须妥善保管,放在相应的橱柜里。如果橱柜较低,幼儿有可能拿到,应上锁。

2. 保育员要检查消毒物品的保质期,使用这些物品时要登记,使用完后要放好。

3. 保育员要对用完的瓶子做统一的回收处理,切不可随便丢弃,更不要随便放在盥洗室内,以防止幼儿好奇玩耍。

二、妥善保管药品

1. 多观察幼儿,防止幼儿独自带药物到幼儿园中。卫生保健人员和教师把好晨检第一关,如有带药幼儿,需家长与教师交待清楚,并做好相关登记。

2. 保育员要和卫生保健人员将幼儿的用药妥善保管好,贴上标签。

3. 药品要放在幼儿拿不到的固定安全位置。

4. 配合教师给幼儿服药,服药前要核对幼儿的姓名、药名、剂量、用法等,并且督促幼儿服药,及时记录服药情况(图 3-2-2、图 3-2-3)。

图 3-2-2 幼儿带药记录

图 3-2-3 幼儿服药

5. 幼儿服完药后,要将剩余的药物妥善保存好。

注意:

(1) 幼儿自己带来的药,没有家长指示的,一律不喂。

（2）幼儿服剩的药物要及时交还家长带走。如不愿带走则保存至次日下班,可将药物丢弃掉。

6. 在日常生活中,要加强幼儿安全用药意识的培养。用一些事例、故事,让幼儿讨论:如何正确吃药? 让幼儿知道生病了才需吃药,吃药时一定要大人帮助,切勿自己随便乱吃。

案例展示厅 ▶

甜 甜 的 药

上午,幼儿户外活动之后,正在有序地排队喝水。圆圆接了一杯水,走到旁边,从口袋里拿出了一包橘子味的感冒冲剂,自己撕开,倒进了水里,准备喝。我看见了,连忙叫住了圆圆:"圆圆,这个不能喝!"圆圆一脸无辜地看着我。我连忙接过圆圆手里的杯子以及感冒冲剂的包装,问:"圆圆,你知道这个是什么吗?"圆圆说:"是甜甜的药。""是妈妈给你的吗?""是我自己拿的,这个很好吃的。上次我吃过的,是甜的。"我摸了摸圆圆的额头,一点也不烫,再看看她的脸色和神情,都很正常。

我马上拨通了圆圆妈妈的电话,向她询问了圆圆是否感冒,需不需要吃药等。她妈妈听了,也很意外,表示孩子没有生病,不需要吃药,这包药可能是圆圆自己拿的。

分析　如今,儿童药品为了让幼儿能顺利吃下,都添加了甜味,所以,造成了幼儿认为药物仅仅是好吃的、带甜味的冲剂。在家庭中,药物放在孩子能方便拿到的地方,再加上家长们没有向孩子解释这方面的知识,所以孩子没有意识到

图3-2-4　幼儿吃药前核实

随便吃药的害处。在晨检和一日生活环节保育员要时刻留意幼儿有没有自己带药,防止幼儿误服药物(图3-2-4)。

巩固练习

一、选择题

1. 晨检后应把幼儿带到幼儿园的药物(　　)。

　　A. 放在幼儿拿不到的地方　　　　B. 放在玩具架上

　　C. 放在桌面　　　　　　　　　　D. 放在幼儿的口袋里

2. 药品的保管措施,错误的做法是(　　)。

　　A. 防止幼儿私自带药到园所

　　B. 幼儿所服药品要妥善保管好,并贴上标签

　　C. 保育员独自为幼儿服药时,要核对药名等,并做好记录

　　D. 幼儿服完药后,将剩余的药品保存好

二、简答题

1. 妥善保管消毒物品和药品的重要性?

2. 保育员如何保管消毒物品?

3. 保育员如何保管幼儿的药品?

任务二　防止异物进入体内

学习目标

1. 了解常见的异物;

2. 能够及时处理常见的异物入体情况。

情境导入

多多是一名很内向的小女孩,她已经有一段时间没有在幼儿园午睡了。一天午休时间齐齐突然对我说:"老师,多多嘴巴里有东西。"我一听马上走过去,只见多多快速地把嘴里的东西吐在手里,小手紧握成拳头。我让她把小手打开,是扎头发的橡皮筋。原来她不睡觉,把扎头发的橡皮筋放到嘴巴里玩。

作为保育员,怎样预防幼儿异物入体呢? 如果发生异物入体情况,又该如何处理呢?

基本知识

一、异物进入体内的部位

目前,常见的异物进入体内的部位有:鼻腔异物、咽部异物、眼内异物和外耳道异物。

二、异物入体的原因及表现

1. 鼻腔异物:常见异物有豆类、花生米、纸团、纽扣、金属或塑料玩具等,进入鼻腔一侧,会导致通气不畅,呼吸困难(图3-2-5)。

2. 咽部异物:常见的异物有鱼刺、肉刺、糖块、花生米、瓜子、金属异物或塑料玩具等。异物停留在咽喉,可能出现不能进食、吞咽疼痛等症状。吸入气管,则会出现剧烈的呛咳,较

图 3-2-5　鼻腔异物

大的异物可将气管堵塞而发生呼吸困难。

3. 眼内异物:常见的为灰尘、沙土、谷皮等,会引起流泪、不适、异物感,如异物嵌入眼角膜时,刺激疼痛炎症更为严重。

4. 外耳道异物

植物性异物:多为豆类、植物果实等。

动物性异物:多为蚊子、飞虫、苍蝇等小昆虫。

其他异物:纽扣、塑料小玩具等,常引起耳鸣、耳痛、异物感。体积较大的异物可影响听力和引起反射性咳嗽。

指导策略

一、处理鼻腔异物

小异物可嘱咐幼儿用手紧按住无异物的鼻孔,用力擤,使异物排出。如果幼儿年龄较小不合作,可用纸捻刺激鼻黏膜,使其打喷嚏将异物排出。但是异物未取出,切不可擅自用镊子夹取圆形异物,应立即送往医院请专业医生处理。

注意:如果异物在鼻腔内停留的时间太长,不要自行挖去,应去医院取出异物。

案例展示厅 ▶

胡椒粉的妙用

诺诺穿了一条粉红的外套,上面有很多小的珠珠和亮片组成的图案,她没事做的时候就用手抠,意想不到的事情发生了,吃过午饭后,有个小朋友告诉我:"老师,诺诺把一个珠珠塞到鼻子里了。"我赶忙跑过去。这时诺诺神情紧张,嘴巴张开在呼吸,从她的眼神里看出她很害怕,急于求助。

我先让诺诺坐在面向窗户的方向,然后把头抬起来,观察到她鼻腔里面有一粒东西,用肉眼能看见但是位置比较深,我想用手帮她挤压,可是又一想万一挤压到更深处怎么办?于是我就让她尝试自己擤鼻涕,擤了几下也没有出来,可能孩子有些害怕,擤鼻涕只是轻轻地,用不出力气来。珠子在鼻内停留时间越长危险越大,怎么快速地取出呢?

我突然想到用胡椒粉的刺激可让她喷出去。于是,马上请食堂人员拿来一瓶胡椒粉,我拿着胡椒粉的瓶子放在她鼻子下面。她连着打了几个喷嚏,鼻子里的珠子喷了出来,危险解除了。

分析 本案例中保育员掌握了正确的处理鼻腔异物的技能,巧妙地利用胡椒粉使诺诺脱离了危险。作为一名优秀的保育员,不仅要掌握正确的知识,还要灵活应用,保证幼儿的生命安全。

二、处理咽部异物

较大异物嵌在咽喉部位或气管处,幼儿出现呼吸困难现象,要立即抱起幼儿,头朝下,用手拍背,使异物咳出或改变位置,并急送医院处理;异物扎在扁桃体或其周围,引起疼痛,吞咽时疼痛加剧,要立即送到保健室,由保健医生处理,处理不了的通知家长,迅速送往医院专科门诊处理。

注意:首先要安慰幼儿情绪,切不可随意让幼儿吃饭团或馒头强行将异物带下去,这样很可能把异物推向深处,给治疗带来困难(图3-2-6)。

图 3-2-6　咽部异物

三、处理眼内异物

一定要嘱咐幼儿切勿用手揉眼睛,以免擦伤角膜。应立即用生理盐水冲洗眼睛,再滴眼药水,将异物排出;或翻开眼睑用消毒棉签蘸生理盐水将异物取出。若以上方法处理无效时,要立即送医院治疗。

四、处理外耳道异物

植物性异物体积较小时,可用倾斜头部,单脚跳的动作,将异物震出;动物性异物,可用手电筒放在幼儿耳边诱昆虫自行爬出,如果效果不好,应立即去医院处理;体积较大的异物要立即送往医院专科门诊处理。

 巩固练习

一、选择题

1. 幼儿鼻腔出现异物,错误的做法是(　　　)。

　　A. 小异物,可按住无异物一侧鼻孔,用力擤出

　　B. 也可用纸捻刺激鼻部,帮助异物排出体外

　　C. 可用镊子将异物夹出

　　D. 均不能取出异物,要去医院进一步处理

2. 处理咽部异物,错误的是(　　　)。

　　A. 要立即抱起幼儿,头朝下　　　　　　B. 可用手拍背,使异物咳出

　　C. 若幼儿疼痛加剧,应立即送保健室或医院　　　D. 可采用吃饭团方式让幼儿将异物咽下

3. 某幼儿出现剧烈的呛咳,面色发青,可能是(　　　)异物。

　　A. 鼻部　　　　　　　　B. 眼部　　　　　　　　C. 咽部　　　　　　　　D. 耳部

4. 一旦异物进入眼内,可让幼儿轻轻闭上眼睛,切不可以搓揉眼睛,以免损伤(　　)。

　　A. 眉毛　　　　　　　　B. 睫毛　　　　　　　　C. 眼皮　　　　　　　　D. 角膜

5. 外耳道异物如果是(　　),可用倾斜头、单脚跳跃的动作,将异物震出。

　　A. 飞虫　　　　　　　　B. 昆虫　　　　　　　　C. 植物性异物　　　　　D. 生物性异物

二、简答题

1. 幼儿异物入体有几种情况?

2. 外耳道异物分为哪几类?

3. 作为保育员,你怎样指导处理幼儿异物入体的情况?

任务三　防止烫伤、摔伤

学习目标

1. 了解常见烫伤、摔伤的原因;

2. 能够及时处理常见的烫伤、摔伤。

情境导入

　　龙龙和牛牛是一对好朋友,他们经常在一起玩。到了户外活动的时间,由于跳绳的材料有限,一开始他们还是你一次,我一次地轮流跳。可是过了一会儿,两人开始抢了,你不让我我不让你。突然,龙龙把牛牛推倒,牛牛的胳膊摔伤了。

　　幼儿在奔跑、跳跃、玩耍时,很容易发生摔伤,尤其是在夏天更为常见。如何预防幼儿的烫伤、摔伤?作为保育员,如何处理幼儿的烫伤、摔伤呢?

基本知识

一、烫伤、摔伤的原因

1. 幼儿方面

(1) 幼儿运动机能不完善。动作的发育是在神经系统和运动系统的协调下完成的,幼儿小脑发育较晚,身体平衡能力较差,容易发生跌伤。

(2) 幼儿喜欢模仿,对危险因素缺乏认识。幼儿年龄小,缺乏对外界事物的理解和判断力,不知道什么是危险的,更不会去推测后果,常常因茫然无知的行为造成伤害。

（3）幼儿好奇心强,并且活泼好动、易冲动。幼儿有强烈的好奇心,天性活泼好动,对什么都感兴趣,这是他们认识世界的一种方式,但如果不加以看护,很容易发生危险。

2. 保育员方面:很多意外伤害是由于保育员不执行园所规章制度和安全制度造成的。还有一些原因可能与看护不周、安全教育疏忽有关。保育员担负着照顾幼儿在园期间的学习和生活的责任,与幼儿接触密切,工作上有任何闪失都有可能对幼儿造成伤害。

3. 设备设施方面:有些园所在建造时存在先天不足,如楼层过高、通道过窄。有些园所添置的设施设备存在后天隐患,如家具、桌角未做成圆角,栏杆高度不符合要求,运动器械的配备与年龄不符。

二、烫伤、摔伤的预防

1. 教育幼儿远离开水瓶、药品、盛热汤的桶等,防止烫伤。

注意：保育员在给幼儿递汤时,要从正面。

2. 室内烤火炉应有安全措施,如安装烟囱、通风窗、风斗。炉旁应有围栏,暖气管道应加罩,以免幼儿烫伤。

3. 幼儿园公用开水间应设在远离幼儿区域。

4. 教育幼儿上下楼梯不要拥挤,注意地面安全,防止摔伤。

5. 教育幼儿站在攀爬架或其他大型玩具上时,不要相互打闹、推拉,以免摔伤。

三、烫伤程度

1. 一度烧烫伤:表现为受伤处皮肤轻度红、肿、热、痛,感觉过敏,无水疱。

2. 浅二度烧烫伤:表现为受伤处皮肤疼痛剧烈、感觉过敏,有水泡;水疱剥离后可见创面均匀发红、潮湿、水肿明显。

3. 深二度烧烫伤:表现为受伤皮肤痛觉较迟钝,可有或无水疱,基底苍白,间有红色斑点;拔毛时可感觉疼痛。

4. 三度烧烫伤:皮肤感觉消失,无弹性,干燥,无水疱,蜡白、焦黄或炭化;拔毛时无疼痛。严重的烧伤不仅损伤皮肤,还可深达肌肉、骨骼甚至引起全身变化,如休克感染。

指导策略

一、处理烫伤

烫伤的处理步骤分为"冲""脱""泡""盖""送"。

1."冲":幼儿烫伤后,要立即用流动的冷水不断冲洗烫伤处,降低表面温度,减少烫伤处的进一步损伤。然后立即呼叫保健医生。

2.“脱”：在冲洗过程中，尝试边冲洗边将幼儿的衣服脱掉；如衣服与皮肤粘连，千万不要强行将衣服脱掉，应该用剪刀剪开衣服。

3.“泡”：伤口没有破开，可以在冷水中浸泡10分钟，持续降低温度，避免起疱或加重烫伤程度；如果伤口开放不可浸泡。

4.“盖”：随后用干净的毛巾或纱布将伤口包裹起来，避免在阳光下直射。

注意：如果是轻度烫伤，可涂烫伤膏；如果面积较大，不要随便涂药物。

5.“送”：为预防感染，要立即送往保健室或医院，作进一步医治。

注意：若烧、烫伤面积较大，幼儿烦躁口渴，可少量多次给予淡盐水饮用。

二、摔伤的处理

幼儿摔伤后，要及时判断伤口的深浅及部位。

1. 伤口较浅时，如伤口周围有污物（泥沙等），可先用生理盐水或矿泉水、凉白开清洁创伤。其次，局部涂碘伏，或其他外用消毒液，不必包扎。

2. 伤口较深且出血较多时，应立即止血，可用消毒纱布将局部包扎压迫止血后，送医院作进一步处理，途中要把受伤部位抬高。

注意：

（1）不要对着伤口咳嗽、打喷嚏。

（2）包扎时，不要触摸纱布垫与伤口接触的部分，以免污染伤口。

（3）不要把药棉或有绒毛的布块直接覆盖在伤口上，也不可把其他止血物品（如止血散）敷在伤口上。

（4）可以在伤口上涂红汞（红药水），也可以使用创可贴包裹伤口，但不要包扎得太紧，以让伤口透气。（切记：红药水和碘伏不能同时使用，会起毒性反应。）

3. 出现头部摔伤，出血时，立即用一块洁净的纱布轻轻按压伤口，以止血，并及时送医院观察；摔伤未出血，要对其进行24小时密切观察，如出现恶心、呕吐、意识丧失、眼耳鼻周围有血、头部剧烈疼痛、抽风、言语障碍等情况中的任何一种，一定要及时送医院处理。

注意：头部摔伤无论轻重都要通知家长。

案例展示厅 ▶

玩也要讲规矩

一次，我带幼儿去玩滑梯，发现怎么玩的都有：头朝下滑的，从下往上蹿的，好多人挤在一起玩的……看到这里，我把他们都带回了班里。有的幼儿追着问我：“怎么才玩这么一会儿呀?"我说:"因为你们没有好好玩。"回到教室,我从资料室借来了安全教育资料,给他们讲解,做演示,然后又让他们自己对照检查刚才玩滑梯的问题。幼儿知道了,如果不注意安全,会发生什么样的事情。最后,我们总结出儿歌"排排队,滑滑梯,你不推来,我不挤"。

分析 树立幼儿的安全意识,是培养幼儿自我保护的前提。保育员要有意识地在日常生活和教学活动中,对幼儿进行安全教育,防患于未然,使幼儿愉快安全地游戏。

五招应对幼儿园伤害事故

第一招:预防幼儿在游戏时受伤

首先,保育员应对将要做的游戏有充分的估计,如游戏跑动较多,活动量较大,就应选择较宽敞的场地,且最好是软地垫的;其次,对游戏活动所用到的器械要先检修,将安全隐患消除,防患于未然;再次,游戏前可告知幼儿该游戏的危险之处,要怎样做避免伤害,让幼儿有意识地控制、保护自己。

第二招:预防幼儿打闹伤害

一大部分的伤害事故是由于幼儿的打闹造成的。幼儿间的矛盾冲突也来自于利益关系,因此,一方面保育员应采用故事表演等形式,教育幼儿要谦让和宽容,懂得分享是快乐的,要遵守规则,减少矛盾冲突;另一方面,保育员要善于观察,幼儿间发生打闹应及时介入,帮助幼儿化解矛盾,将打闹伤害事故消灭在萌芽状态。

第三招:教学设施要消除安全隐患

有的幼儿园设备(如滑梯、攀登架)陈旧、老化,年久失修,存在安全隐患,教师又未及时发现存在的问题,就很容易发生事故。对于陈旧、老化的器械使用时,保育员要格外注意幼儿的安全。

对楼道等易出事故的地方,可组织幼儿找出不安全的地方,并共同设置警示标志,如在楼梯两边画小脚丫以暗示按秩序行走。教育幼儿在楼道等较危险的地方不奔跑、不拥挤、不攀爬。

为幼儿提供安全的室内环境设施。在设计制作幼儿用具时,要尽量向软、圆的标准靠近,如桌椅柜的边角是弧形的,墙壁和柱子做上软包,避免磕碰致伤。

第四招:组织园外活动要计划周密

幼儿园组织幼儿集体外出活动时,幼儿到了新的场所,接触的环境、人和活动内容都是新鲜的,情绪容易兴奋,很容易出事。对此,外出活动前,保育员要进行细节推敲,尽可能在可预见范围内采取必要的安全措施,制定《外出活动意外事故预案》,履行相应的安全保护职责。另外,活动前和活动中,要向幼儿进行安全教育,增强幼儿的安全意识和自我保护技能,如遵守交通规则、不单独行动、不触摸危险设施、不吃陌生人给的食品,减少安全隐患。

第五招:一旦发生意外事故,要及时处理并争取家长的理解和配合

保育员在处理幼儿之间的伤害事件时要客观,不能凭经验,不能想当然,只要不是亲眼所见就不能随意下结论。另外,在与家长沟通时要注意技巧,当面说比在电话里说要好,轻松幽默的陈述比严肃的说教好。如果发现自己错怪了其中一方,就要冷静对待,并选择一个合适的情境做好解释工作。应本着对幼儿、对家长负责的态度,注意自己的言行,谨慎地处理幼儿之间的冲突以及伤害事件。

 巩固练习

一、选择题

1. 受伤处皮肤轻度红、肿、热、痛,感觉过敏,无水泡,属于(　　)烧烫伤。

　　A. 一度　　　　　　　　B. 浅二度　　　　　　　　C. 深二度　　　　　　　　D. 三度

2. 幼儿出现头部摔伤后要密切观察(　　)小时。如出现恶心、呕吐、意识丧失、眼耳鼻周围有血、头部剧烈疼痛、抽风、言语障碍等情况中的任何一种,一定要及时送医院处理。

　　A. 48　　　　　　　　　B. 24　　　　　　　　　C. 12　　　　　　　　　D. 6

3. 下列对于烫伤的处理,错误的是(　　)。

　　A. 烫伤的处理分为"冲、脱、泡、盖、送"这五步

　　B. 幼儿烫伤后,应立即用流动的冷水不断冲洗烫伤处

　　C. 不管伤口有没有破开,都要在冷水中浸泡10分钟

　　D. 为预防感染,要立即送医院做进一步医治

4. 幼儿摔伤后的处理措施,错误的是(　　)。

　　A. 伤口较浅,可清洗后消毒,不必包扎

　　B. 伤口深且出血较多时,应立即止血

　　C. 可包扎压迫止血后送医院

　　D. 可在伤口处同时涂红药水和碘伏

二、简答题

1. 保育员如何预防幼儿的摔伤、烫伤?

2. 作为保育员,你怎样处理幼儿的摔伤、烫伤?

项目三 意外事故的应急处理

项目导读

"隐患险于明火,责任重于泰山。"在安全问题上,容不得我们有任何的疏忽与闪失。我们要时刻紧绷"安全第一"这根弦,排除工作中的安全隐患。生活中注意对幼儿安全意识的培养,幼儿一旦出现意外事故要懂得如何在第一时间进行正确的急救。本项目将从安全意识的培养和常见意外事故的处理措施两方面进行阐述。

任务一 安全意识的培养

学习目标

1. 知道常见安全标志的种类;
2. 掌握培养幼儿安全意识的意义;
3. 懂得如何培养幼儿的安全意识。

情境导入

某幼儿园中班要组织幼儿安全教育活动"会说话的安全标志"。活动由游戏引入:幼儿尝试从布袋中找出各种安全标志,激发幼儿的学习兴趣。接着讨论我们的生活中为什么会有这么多的安全标志?如果没有这些安全标志行不行?然后组织幼儿进行"看谁找得准"的游戏,进一步加强幼儿对安全标志的记忆力。最后,请幼儿动手画一个自己最喜欢的安全标志并向全班展示。活动结束后,幼儿找出需要安全标志的地方悬挂上自己制作的安全标志,并继续探索相关的标志,尝试理解各种标志的含义(图3-3-1)。

作为保育员,如何帮助幼儿认识安全标志,培养幼儿的安全意识呢?

图 3-3-1　各种标志

基本知识

《幼儿园教育指导纲要（试行）》指出"幼儿园必须把保护幼儿的生命和促进幼儿的健康放在工作的首位"，健康领域教育目标之一就是要让幼儿"知道必要的安全保健常识，学习保护自己"。幼儿活泼好动，好奇心强，模仿力强。但是，幼儿缺乏生活经验，对危险认识不足、安全观念淡薄，对一切都想亲自尝试，不知道自己要去做的动作和行为是不是正确，更不知道这里面有没有暗藏危险。幼儿的运动系统发育不完善，平衡功能差，较易造成意外事故。因此，对幼儿安全意识和自我保护能力的培养很重要。

一、幼儿园的不安全因素

1. 显性不安全因素

（1）概念：显性不安全因素指幼儿园里较明显的，教师平时能看得到的、想得到的一些因素。

（2）内容：主要包括上下楼梯、饮水、洗手、如厕、上下床、户外活动、危险物品、进餐、电源插座等。这些显而易见的不安全因素，教师要时时提醒幼儿。

2. 隐性不安全因素

（1）概念：隐性不安全因素指教师无法估量的、无法看到的、不可预知的不安全因素。

（2）内容：幼儿在户外活动时，玩脚踏车时脚踩空，脸上擦破皮；玩蹦蹦床时，腿骨折等。这些因素往往很容易给幼儿带来身心痛苦，造成一些无法弥补的伤害，甚至会影响幼儿的一生。隐性不安全因素往往是教师防不胜防的。

二、常见的安全标志

安全标志，一般由安全色、几何图形和图形符号构成，其目的要引起人们对危险因素的注意，预防安全事故的发生。

1. 根据现行有关规定，我国目前使用的安全色主要有四种：

（1）红色：表示禁止、停止，也代表防火。

（2）蓝色：表示指令或必须遵守的规定。

（3）黄色：表示警告、注意。

（4）绿色：表示安全状态、提示或通行。

2. 我国目前常用的安全标志（图3-3-2），根据其含义，可分为四种：

（1）禁止标志：即圆形内画一斜杠，并用红色描画较粗的圆环和斜杠，表示"禁止"或"不允许"的含义。

（2）警告标志：即"△"，三角的背景用黄色，三角图形和三角内的图像均用黑色描绘，警告人们注意可能发生的各种危险。

（3）指令标志：即"○"，在圆形内配上指令含义的颜色——蓝色，并用白色绘画必须履行的图形符号，构成"指令标志"，要求到这个地方的人必须遵守。

（4）提示标志：以绿色为背景的长方几何图形，配以白色的文字和图形符号，并标明目标的方向，即构成提示标志，如消防设备提示标志。

图3-3-2　安全标志

案例展示厅 ▶

开水能浇花吗？

一天早上，我在给教室里新种的吊兰浇水。活泼的甜甜小朋友想帮忙，她也连忙拿出自己的喝水杯子，从保温桶接了一杯热水，倒进了一盆绿油油的吊兰里。我想制止，已经来不及了，只听"扑"的一声，花盆里冒起了热气，不一会儿，吊兰的叶子耷拉下来。我想责备她，可看着甜甜天真而又无辜的眼神，到嘴边的话又咽了回去。这时我想到，小朋友们在喝水、喝汤时，有时很着急，会烫到自己，有的怕烫干脆就不喝，正好我抓住这个机会告诉孩子怎样不被烫伤。

上课时,我把那一盆吊兰搬到小朋友面前。请大家看看喝了开水的吊兰跟以前有什么不同。小朋友七嘴八舌地说起来,有的说叶子蔫了,有的说它的根被烫伤了,有的说它快死了。经过讨论大家得出结论:植物不能喝烧开的水(图3-3-3)。于是我提出了问题:我们小朋友能不能喝太烫的水呢?大家的发言更积极了,最后一致认为:不能喝烫水,否则会被烫伤。我端来一杯热水,又提出第二个问题:怎样才不被烫伤?

图3-3-3 幼儿浇水

大家争先恐后地说出自己的办法。果果说:"杯里冒着热气,一定非常烫,不能马上喝。"瑞瑞说:"用手摸摸杯子的外面,如果烫手就不能喝。"汉汉说:"喝水的时候,应该先吹一吹,先小口小口地尝一尝,就不会烫着了。"通过全班幼儿的讨论,最后我们一起归纳了一个办法:摸一摸、吹一吹、尝一尝、喝一喝。从这以后,我发现孩子们变得会喝水,也爱喝水了。

分析 培养幼儿的安全保护意识,不但要使幼儿认识到生活中的危险,还要帮助他们学习如何避免危险的技巧,使孩子们的安全意识变被动为主动。

 指导策略

幼儿由于受生活经验的局限,往往对安全问题没有足够的认识和防范。为了确保幼儿的安全,避免安全事故的发生,教师应该把幼儿安全意识的培养作为日常工作的中心,使之养成良好的习惯。

一、对幼儿进行必要的安全教育

(一)身体的自我保护教育

1. 教育幼儿不要把玩教具放在嘴里,防止这些东西误入食管、气管造成窒息;进餐时不要边吃饭边说笑,以防食物呛入气管。

2. 教育幼儿保护眼睛。注意正确的读写姿势;防止眼外伤;不用脏手揉眼睛;玩沙时不要扬沙,更不能用沙去撒别人。

3. 教育幼儿保护牙齿。要让幼儿懂得牙齿不能接受过冷、过热、过硬的食物,以免引起牙齿酸疼;帮助幼儿纠正不良的习惯:不咬手指头、咬嘴唇、咬笔等;教会幼儿正确的刷牙和漱口方法。

4. 教育幼儿保护耳朵。不要让幼儿掏耳垢,以防划破耳道、鼓膜;教育幼儿听音乐或看电视时音量不可过大;教育幼儿不往耳道塞异物,懂得保护耳朵;教育幼儿放鞭炮或打雷时,捂住耳朵或张开嘴。

5. 教育幼儿保护皮肤。要让幼儿知道冷暖,懂得加衣脱衣的常识;教会幼儿认识体温计,如果身上有寒意,皮肤出现鸡皮疙瘩,打冷战就要及时告诉老师以防感冒;教育幼儿不要摸太烫、锋利的物品,防止烫伤、划伤等。

6. 教育幼儿懂得身体的自我保护。教育幼儿懂得男女有别,不要随意玩弄自己的生殖器;不要随意暴露自己的身体,不能随便让人看,以防坏人借此机会伤害小朋友的身体。

（二）生活环境中的安全教育

1. 进餐。进餐时先用手摸一摸碗,以免烫伤;不能乱吃没有食品安全标志的食物;不要大声说笑,以免食物呛入气管;不能用尖利的牙签剔牙等。

2. 睡眠。不能含着食物睡觉,不能把玩具带到床上玩;不能蒙着头睡觉,注意正确的睡姿;睡前要洗脸、洗脚、漱口。户外行走时手不要插在兜里;扶着栏杆上下楼梯,靠右走,不推挤猛跑;注意地面的安全,会躲避障碍物等;过马路时,要走人行横道和注意来往车辆;懂得交通规则,如红灯停、绿灯行(图3-3-4)。

图3-3-4　安全过马路

3. 防触电。教育幼儿不要接触电插头、插座等,不要靠近电源的地方玩耍;教会幼儿高压电的标志,并远离它们。

案例展示厅 ▶

插座,很危险

晨间接待结束后,我在帮孩子们整理衣服,有个孩子看到墙面上的插座很感兴趣,就踩着椅子去摸。我抬头看见了吓了一跳,但我立刻冷静下来,不能突然制止,会吓着孩子,万一从椅子上摔下来就麻烦了。于是,我用好奇的声音问道:"宝宝,你发现什么了?"这个孩子告诉我他的发现。我趁机抱住他,一边交流一边说,"那里有个插座,很危险"。于是,我利用这个机会,向全班开展了一次安全教育课,全班幼儿都明白了用电的安全。

分析　抓住生活中的机会,及时向幼儿进行防触电的安全教育,可起到事半功倍的效果。

---

4. 开、关门。教会幼儿正确的开关门的方法;教育幼儿不要在门边玩;不要把手放在抽屉、门缝里;教育幼儿懂得安全门的作用。

5. 其他。教育幼儿不要乱服药物;懂得急救电话,认识防毒标志;懂得太烫的水不能喝,更不能随便洒。

（三）意外事故中的安全教育

1. 防火。教育幼儿不要在火源附近玩耍;不玩火柴、打火机等;懂得身体着火了如何进行自救;知道 119 火警电话,认识防火标志;懂得遇到火灾时如何逃生等。

2. 防地震。了解地震时发生的一些现象;教育幼儿懂得地震时如何进行自救,懂得安全逃生的方法,进行简单的自救训练(图 3-3-5)。

3. 防拐骗。教育幼儿记住自己和父母的姓名、电话号码、家庭住址,知道父母的工作单位;不要接受陌生人的玩具、食物等,不跟陌生人走;会使用电话,知道急救电话 120,或懂得遇到危险向周围的人求救等。

二、为幼儿创设安全良好的生活环境

(一)精心创设安全的物质和心理环境

1. 在幼儿的活动场所加注安全标志。中大班的幼儿对文字符号比较感兴趣,可在各个安全隐患处贴上相应的安全标志。如:在保温桶边设置安全标志,提醒幼儿桶里有开水,引导幼儿排队接水,以免烫伤。在阳台栏杆处贴上安全标志,提醒幼儿不能攀爬。在插座的地方贴上安全标志,提醒幼儿这里有电、危险,不能随便玩(图 3-3-6)。

图 3-3-5 安全演练   图 3-3-6 安全标志

在可能存在危险的地方作标志性提示:如在卫生间贴上"地面滑,小心慢行。"在开关门的地方贴上"轻开轻关,小心夹手。"在上下楼梯的地方贴上"靠右行使,不要拥挤。"

2. 做好安全宣传板。可由教师精心设计,收集幼儿园环境相关的标志或标语,及时更换。也可贴上幼儿自己设计的安全标志,增强幼儿的安全意识。

3. 可设置"安全小卫士"。由幼儿作主体,教师作保障,负责监督。每天由幼儿轮流担任"安全小卫士"。负责检查幼儿园的教室、活动室、卫生间等地方,发现不安全的因素马上报告教师或是插上一面小红旗提醒大家注意。

4. 精心营造安全的心理环境。教师在幼儿面前要注意自己的言行,不要在幼儿面前做危险的动作,不要把危险物品放在幼儿触摸到的地方,为幼儿营造安全、舒适的环境。在组织幼儿活动前,做好必要的安全教育和安全措施,让幼儿懂得保护自己。

(二)将"安全教育主题活动"有机地融合在教学的各个领域,集中教育和个别教育相结合

1. 在教学中帮助幼儿了解生活常识,并且有意识提高幼儿辨别危险,分析、解决问题的能

力。例如,药物是幼儿常见的物品。而幼儿对它的危险性认识不足,可通过科学领域相关活动直观形象地帮助幼儿认识到药是不能随便吃的,有病时,在医生指导下服用。

在各种活动中,注意让幼儿了解基本安全常识。

2. 可适当运用"危险后果"教育法。《幼儿园教育指导纲要(试行)》指出"既要高度重视和满足幼儿受保护、受照顾的需要,又要尊重和满足他们不断增长的独立要求,避免过度保护包办代替,鼓励并指导幼儿自理、自立的尝试"。可见,幼儿不是教会的,而是学会的。我们适时地将"危险后果"告诉幼儿,通过各种手段和途径来教育幼儿,让幼儿了解事物的本质。只有这样,才能让幼儿真正学会如何去思考和分析事物,如何避免不必要的意外事故。

案例展示厅 ▶

一次"交通事故"

蓝天幼儿园大班本周的主题教育活动是遵守交通安全,班里的教师通过儿歌、图片等多种方式告诉幼儿走路不能太快,不要撞到其他幼儿,要遵守交通规则。通过教育,孩子们绝大多数能够上下楼梯靠右行走,在楼道里有序行走,不横冲直撞。今天是大二班角色游戏活动时间,天天正在开出租车,突然被快速走来的小东狠狠地撞了一下,天天摔倒在地上,哭了起来,保育员李老师装作不知道刚才发生的事情,走过去问:"怎么了?"天天边哭边说:"小东跑得快,把我撞倒了。""什么,是出车祸了呀!那可不得了,你一定受伤了,咱们去医院检查一下吧!"我要求小东和我一起扶着天天来到了医院,医生给天天检查,并责怪小东:"你怎么过马路跑得那么快,看发生车祸了吧!以后可得小心点儿。"小东惭愧地低下了头。

分析　通过这种"危险后果"教育法,使幼儿通过感知危险后果的严重性,受到教育。

（三）在日常的生活中,注意培养幼儿良好的行为习惯

1. 良好的习惯能帮助幼儿避免伤害。如:如厕、饮水时组织幼儿排队,避免拥挤造成幼儿摔伤;正确有序的穿衣能保护身体,尽量不要穿挂件太多或太长的衣服,鞋带系得牢可避免绊倒;吃鱼时要把鱼刺挑干净再吃,能避免鱼刺扎咽部;上下楼梯时靠右行,可避免与同伴的碰撞(图3-3-7)。

2. 教育幼儿游戏时遵守游戏规则,形成自我保护的习惯。幼儿的自我中心特点非常突出,易冲动,常常玩得高兴忘记了规则和秩序。经常会一哄而上,极易造成意外事故。因此,在游戏时,注意培养幼儿秩序游戏,遵守游戏规则。通过讲故事、模范游戏、编儿歌等方式让幼儿辨别是非,知道遵守规则、互相谦让的重要性。

图3-3-7　有序上楼

总之,为幼儿创设安全的生活环境,有利于每个幼儿的健康成长。保教结合,使幼儿形成

安全意识,是一项重要的工作。幼儿安全意识的形成,不是一朝一夕的事,需要长期的、连续的培养教育过程。唯有让幼儿有了一定的安全意识,才能远离伤害、远离危险。

案例展示厅 ▶

老师,我不碰门

户外活动结束了,小班的孩子们有秩序地返回教室。最后一名回来的莉莉随手关门时手被夹了一下,手指立即红了一块,她伤心地哭了。孩子们看到她痛苦的表情,都纷纷说:"以后再也不关门了。"幼儿知道不关门、玩门了,受伤的概率就会很小,但这不是安全教育的目的。如果以后幼儿一开门、关门就会想到夹手,想着需要人帮忙,这样被动接受保护的心理越多就越容易出错,幼儿会越发地丧失自我保护的能力。那孩子们以后怎么办?我抓住这个契机,请莉莉讲一讲怎么夹的手,我们一起讨论分析怎么才能不夹手?鼓励她再关一次门,做到不夹手。

分析　幼儿的每日生活中蕴含着诸多的教育契机,要做个有心人抓住这些机会,随时对幼儿进行安全教育。

 巩固练习

一、选择题

1.《幼儿园教育指导纲要(试行)》指出"幼儿园必须把(　　)和促进幼儿的健康放在工作的首位"。

A. 保护幼儿的生命　　　　　　　　B. 维护幼儿的身体健康

C. 促进幼儿苗壮成长　　　　　　　D. 保护幼儿身心健康

2. 常见的安全标志红色表示(　　)。

A. 禁止、停止,也代表防火　　　　B. 指令或必须遵守的规定

C. 警告、注意　　　　　　　　　　D. 安全状态、提示或通行

3. 目前,我国常用的安全标志,根据其含义可分为四种。以下不属于的是(　　)。

A. 禁止标志　　　　　　　　　　　B. 警告标志

C. 指示标志　　　　　　　　　　　D. 提示标志

4. 防拐骗的方法是要教育幼儿记住(　　)的姓名、电话号码、家庭住址,知道父母的工作单位。

A. 自己　　　　B. 父母　　　　C. 自己和父母　　　　D. 自己和老师

5. 教会幼儿识别(　　)的食物和饮料的简单方法,以及防烫、防噎、防呛、防咬舌等的知识。

A. 腐败变质　　　　B. 便宜　　　　C. 优质　　　　D. 高级

6. 教育幼儿过马路要识别交通安全标志,过马路时(　　)。

A. 红灯亮时通行　　　B. 走人行横道　　　C. 可横穿　　　　D. 黄灯亮时通行

二、简答题

1. 幼儿园的不安全因素有哪些？

2. 如何为幼儿创造安全的生活环境？

3. 如何对幼儿进行安全教育？

三、实操题

请根据所学安全标志的内容，为幼儿园设计一个安全标志。

任务二　常见意外事故的处理措施

学习目标

1. 了解常见意外事故的种类及原因；

2. 能够及时处理常见的意外事故。

情境导入

5 岁的壮壮刚从外地到北京，上幼儿园的第一天，壮壮和小朋友们跟着教师在幼儿园里的小花园里"找春天"，其他小朋友听到老师集合的口令，都随教师返回了班里，而壮壮看幼儿园的大门是开着的，就趁教师没有注意，离开了幼儿园，自己回家了。教师发现少人后第一时间和壮壮的家长联系，得知他安全到家了。

像壮壮这种情况属于幼儿走失的事故，幼儿园的意外事故，如火灾、触电、溺水、食物中毒、走失、骨折、高空坠落等一旦发生，会给幼儿造成严重的伤害。作为保育员，该怎样避免意外事故的发生呢？

基本知识

一、常见意外事故的种类

常见的意外事故一般分为以下几种：

1. 一般事故：由于幼儿缺乏自身保护能力或客观条件所限等原因，而发生的骨折、脱臼、擦伤、划伤、头部摔伤等外伤事故，属一般事故。

2. 责任事故：由于保教人员责任心不强、照顾幼儿不细心、擅离岗位、不执行安全制度或园所其他规章制度，而发生的错服药物、食物中毒、煤气中毒、走失、被遗忘在空房间里、高空坠落、触电、溺水等事故,经积极采取措施未造成重大伤害的,属责任事故。

3. 重大责任事故:导致幼儿死亡、伤残、重要组织器官损害或使幼儿产生严重痛苦的事故,为重大责任事故。这类事故发生例数少,但性质严重,后果危害很大,必须引起高度重视,杜绝事故发生。

二、预防常见意外事故

1. 幼儿园应建立健全安全管理制度,设立安全应急预案,定期对保教人员进行安全培训学习及预案演练。

2. 提高幼儿的自身保护能力,减少幼儿发生意外事故的可能。教育幼儿不要相互打闹,对大中班幼儿要让他们知道身体各部位最宝贵的东西是眼睛、鼻子、内脏(心和肝)等,一定要注意保护;对小班的幼儿要照顾好,以免相互打伤,少数幼儿有咬人、抓人的习惯,要注意使其改掉不良习惯(图 3-3-8、图 3-3-9)。

图 3-3-8　安全宣传栏

图 3-3-9　幼儿安全教育

三、常见意外事故的处理原则

1. 挽救生命:呼吸和心跳是最重要的生命体征。通常情况下,呼吸、心跳完全停止4分钟以上,生命就会有危险;超过10分钟则很难起死回生。可通过看、听、摸,感触得到幼儿的呼吸、心跳情况。如果出现呼吸急促或心跳停止,要立即实行心肺复苏。

2. 防止伤残:在处理时要尽量防止幼儿日后留下残疾。如幼儿发生腰椎骨折时,处理措施就不宜抱或者背幼儿,这样会损伤幼儿的脊髓,造成终身残疾。可以通过用门板之类的木板担架来转运幼儿,以避免伤残的发生。

3. 减少痛苦:在处理时,要保持冷静,语气要温和,动作要轻柔。不要认为救命要紧,其他的都不管不顾,这样会加重幼儿的病情。

四、常见意外事故的处理步骤

1. 观察现场。利用非常短的时间观察现场,了解以下情况:现场是否安全?有多少人受伤?大概发生了什么?观察评估三要素,即:外观、呼吸和血液循环,并决定是否需要打急救电话。这个步骤应在15~30秒内完成。

2. 看管其他幼儿。立即对现场的其他幼儿进行妥善安排。

3. 检查评估五要素。即:外观、呼吸、血液循环、身体活动及其他可能的情况,并再次决定是否需要打急救电话及需要何种急救措施。

4. 对受伤幼儿进行紧急救助。

5. 尽快通知幼儿家长,且与幼儿及时沟通。安慰幼儿情绪,了解发生了什么事情,并向幼儿解释要怎样做。

6. 记录。完成现场记录报告。

 **指导策略**

一、火灾的应急处理

1. 保育员要沉着冷静:根据火势选择最佳的自救方案,千万不要因慌乱、手足无措,导致幼儿拥挤、踩踏。

2. 防烟堵火:当火势尚未蔓延到房间内时,紧闭门窗、堵塞孔隙,防止烟火窜入。若发现门、墙发热,说明大火逼近,这时千万不要开窗、开门,可用浸湿的棉被等封堵,并不断浇水,同时用折成8层的湿毛巾捂住口鼻。

3. 设法脱离险境:利用地形、设施选择比较安全的办法下楼。首先是从正常楼梯下楼,如果没有起火或火势不大,可以裹上用水浸湿的被褥,迅速从楼梯冲下去。如果楼梯脱险不可能,可利用墙外排水管道;或将被单、窗帘等连成长绳,顺绳而下。切不可从较高的楼上跳下。

注意:被烟火围困时,烟雾对人的威胁很大。要用湿毛巾堵住口鼻,防止吸入烟雾而造成呼吸道灼伤或死亡。如果活动空间浓烟弥漫时,不宜快跑,应弯腰低姿爬行,尽量接近地面,减少烟雾的吸入,找准安全疏散出口,直至安全地带。

4. 拨打119急救电话,并显示求救信号。可用鲜艳的衣物不断摇晃,红色最好。

案例展示厅 ▶

散步活动中的火灾安全教育

饭后散步活动时,涛涛看见焚烧树叶的烟,大叫起来:"老师,着火了!"我观察了一下情况,没有安全隐患,正好借此机会进行安全教育。于是,我弯下腰来问他:"你怎么知道着火了?"我们的交谈吸引了其他幼儿,有的幼儿呈现紧张表情,有的幼儿紧张大叫(这说明幼儿已有初步的自我保护意识)。为保护幼儿这种意识,我蹲下来和幼儿们聊了起来:"着火了我们该怎么办呢?"我用石头写了大大的"119",并告诉幼儿:这是火警电话119。当有火灾时,你们要赶快离开,告诉大人请他们帮忙。

在回教室的路上,我还讲了一个发生在大哥哥身上的事,由于玩火,点着了稻草堆,引燃了房屋,最后是在消防叔叔和大人的帮助下这场火才被扑灭,孩子们听得津津有味,我相信在他们幼小的心灵中已经种下了安全意识的种子,使他们明辨是非,知道什么能玩,什么不能玩,知道如何自护。

分析　保护幼儿的生命是幼儿园的首要任务,保育员要重视在日常生活中向幼儿进行随机安全教育,使幼儿掌握一些基本的安全常识,培养幼儿自我保护的意识和能力,要和家长密切配合,共同做好幼儿安全教育和保护工作(图3-3-10)。

图3-3-10　火灾安全宣传栏

二、触电的急救

1. 立即使幼儿脱离电源:关闭电门或用干木棒等非导电物体将幼儿与电源分离(图3-3-11)。

注意:人是导电体,千万不要用手拉触电幼儿。要分秒必争,电流通过人体的时间越长,人体受损越严重。

2. 脱离电源后,立即检查幼儿呼吸、心跳,如仅有微弱的呼吸和心跳或者已停止了呼吸和心跳,马上进行心肺复苏。

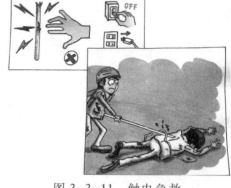

图 3-3-11 触电急救

三、溺水的急救

1. 倒水:可将幼儿俯卧在救助者的膝头,头朝下,不断按压,将水从体内倒出。

2. 使幼儿仰卧,头尽量后仰,并清除呼吸道内的淤泥、污物,拉出舌头,使呼吸道畅通。

3. 立即进行心肺复苏,并抓紧联系急救中心,争取最大的抢救机会。

四、食物中毒的急救

1. 尽快抢救幼儿,将其送往医院。如幼儿神志清醒,可帮助尽早消除胃内尚未吸收的食物,进行催吐。可用手指、舌压板或筷子轻轻刺激咽部,引起呕吐,然后送医院处理。

2. 将幼儿送往医院后,厨房内设施设备应保留现场,食品留样封存,供化验和查明原因。

3. 立即报告有关单位,如卫生防疫站、妇幼保健站、管辖地所属医院防保部门。

五、骨折的急救

1. 骨折的处理原则为:固定。将毛巾或衣物等较柔软的物品放在伤处周围,帮助幼儿支撑骨折的部位,以达到最舒适体位。

注意:建议由专业急救人员进行固定制动处理,不建议保育员进行固定。

2. 如骨折处有开放性伤口,需要在受伤部位近端或远端进行加压,控制出血,需要用清洁、干净的纱布覆盖,并尽可能保持伤口干净。

3. 用毛巾包住冰袋进行冷敷,以减轻水肿和疼痛。

4. 立即送幼儿去医院。

六、高空坠落的急救

1. 去除幼儿身上的用具和口袋中的硬物。

2. 在转运过程中,颈部和躯干不能前屈或扭转,应使其脊柱伸直。绝对禁止一人抬肩一人抬腿的方法,以免加重截瘫。

注意:如脊柱受伤严重,最好不要移动幼儿。

3. 颌面部受伤,首先应保持呼吸道畅通,清除移位的组织碎片、血凝块、口腔分泌物等,同时松解幼儿的衣扣,防止舌根后坠。

4. 周围血管损伤,尽快止血。

5. 拨打120急救电话及时通知家长,快速平稳地送医院救治。

七、走失的急救

1. 发现幼儿走失要通知家长,并发动人员沿可能路线寻找。

2. 同时尽快报警,详细描述幼儿衣帽特征等。

3. 通过媒体发布幼儿情况,请更多的人帮助寻找或提供线索。

 巩固练习

一、选择题

1. 走失属于(　　)安全事故。

　　A. 一般　　　　　B. 责任　　　　　C. 重大责任　　　　D. 不确定

2. 关于预防常见意外事故的说法,错误的是(　　)。

　　A. 幼儿园应建立健全安全管理制度

　　B. 幼儿园应定期进行预案演练

　　C. 教育幼儿提高自身保护能力

　　D. 对小班幼儿要教育幼儿知道身体各部分的重要性

3. 意外事故发生后,必须在现场争分夺秒地进行正确而有效的急救,以防止造成死亡或终身残疾。急救的原则主要包括(　　)、防止伤残和减少痛苦。

　　A. 挽救生命　　B. 防止失语　　　C. 防止失明　　　D. 防止耳聋

4. 常见意外事故的处理步骤中的检查评估五要素。即:外观、(　　)、血液循环、身体活动及其他可能的情况,并再次决定是否需要打急救电话及需要何种急救措施。

　　A. 眼睛　　　　B. 呼吸　　　　　C. 脸色　　　　　D. 脉搏

5. 火灾的处理错误的是(　　)。

　　A. 保育员要沉着、冷静

　　B. 防烟堵火

　　C. 室内浓烟弥漫时,可快速逃跑,脱离现场

　　D. 拨打119急救电话求助

6. 在触电的处理中,(　　)、按压心脏和进行人工呼吸、立即送往最近的医院抢救是非常重要的三步。

　　A. 找干木棍挑电线　　　　　　　B. 打119电话

　　C. 找医生　　　　　　　　　　　D. 尽快切断电源和脱离电源

7. 骨折的急救处理原则为(　　)。

A. 止血   B. 防止伤残

C. 固定   D. 防止刺伤周围的肌肉和组织

二、简答题

1. 保育员如何预防意外事故？

2. 意外事故的处理六步骤包括哪些？

3. 火灾的应急处理怎样进行？

三、论述题

简述骨折的急救措施。

附　录

附录 1　保育员国家职业技能标准

1. 职业概况

1.1　职业名称
保育员

1.2　职业编码
4-10-01-03

1.3　职业定义
在托幼园所、社会福利及其他保育机构中,从事儿童基本生活照料、保健、自理能力培养和辅助教育工作的人员。

1.4　职业技能等级
本职业共设三个等级,分别为:五级/初级工、四级/中级工、三级/高级工。

1.5　职业环境条件
室内、外,常温。

1.6　职业能力特征
人格健全,身心健康,热爱儿童,有责任心,有一定的语言表达和组织能力,观察力敏锐,身体灵活。

1.7　普通受教育程度
高中毕业(或同等学力)。

1.8　职业技能鉴定要求

1.8.1　申报条件
具备以下条件之一者,可申报五级/初级工:

(1)累计从事本职业或相关职业[①]工作 1 年(含)以上。

(2)本职业或相关职业学徒期满。

具备以下条件之一者,可申报四级/中级工:

[①] 相关职业:包括婴幼儿发展引导员、幼儿教师、儿科医师、儿科护士、孤残儿童护理员、母婴保健技术服务人员、保健护理师、健康管理师、育婴员、家政服务员等,下同。

（1）取得本职业或相关职业五级/初级工职业资格证书（技能等级证书）后，累计从事本职业或相关职业工作 4 年（含）以上。

（2）累计从事本职业或相关职业工作 6 年（含）以上。

（3）取得技工学校本专业①或相关专业②毕业证书（含尚未取得毕业证书的在校应届毕业生）；或取得经评估论证、以中级技能为培养目标的中等及以上职业学校本专业或相关专业毕业证书（含尚未取得毕业证书的在校应届毕业生）。

具备以下条件之一者，可申报三级/高级工：

（1）取得本职业四级/中级工职业资格证书（技能等级证书）后，累计从事本职业或相关职业工作 5 年（含）以上。

（2）取得本职业或相关职业四级/中级工职业资格证书（技能等级证书），并具有高级技工学校、技师学院毕业证书（含尚未取得毕业证书的在校应届毕业生）；或取得本职业四级/中级工职业资格证书（技能等级证书），并具有经评估论证、以高级技能为培养目标的高等职业学校本专业或相关专业毕业证书（含尚未取得毕业证书的在校应届毕业生）。

（3）具有大专及以上本专业或相关专业毕业证书，并取得本职业或相关职业四级/中级工职业资格证书（技能等级证书）后，累计从事本职业或相关职业工作 2 年（含）以上。

1.8.2 鉴定方式

分为理论知识考试和技能考核。理论知识考试采用闭卷笔试或机考等方式进行，技能考核采用模拟操作、实际操作或笔试的方式进行。理论知识考试和技能考核均实行百分制，成绩皆达 60 分及以上者为合格。

1.8.3 监考人员、考评人员与考生配比

理论知识考试中的监考人员与考生配比不低于 1∶15，且每个考场不少于 2 名监考人员。技能考核采用模拟操作或实际操作时考评人员为 3 人（含）以上单数，每组考评员人数不低于 3 人；技能考核采用笔试时监考人员与考生配比为 1∶15，每个考场不少于 2 名监考人员。

1.8.4 鉴定时间

理论知识考试时间为 90 min；技能考核时间：笔试考核不少于 90 min，模拟操作考核或实际操作考核时间不少于 30 min。

1.8.5 鉴定场所设备

理论知识考试应在标准教室进行。技能考核采取模拟操作考核或实际操作考核的，应在

---

① 本专业：包括学前教育、早期教育，下同。

② 相关专业：中职相关专业包括护理、中医护理、家政服务与管理、营养与保健、助产；高职高专相关专业包括：护理、预防医学、公共卫生管理、人口与家庭发展服务、临床医学、中医学、食品营养与卫生、健康管理、医学营养、心理咨询、特殊教育、心理健康教育、幼儿发展与健康管理；普通高校相关专业包括护理学、基础医学、预防医学、中医学、妇幼保健医学、教育学，下同。

具有必要的流动水源,具有玩具、婴幼儿睡眠和进餐物品、桌椅及其他物品,且室内卫生和风条件良好、光线充足、设施安全的场所进行。技能考核采取笔试形式的,应在配备投影仪和音、视频播放设备的标准教室进行。

2. 基本要求

2.1 职业道德

2.1.1 职业道德基本知识

2.1.2 职业守则

(1)为人师表,遵纪守法。

(2)关爱儿童,平等尊重。

(3)勤奋好学,恪尽职守。

(4)认真观察,合规操作。

(5)文明礼貌,友善协作。

2.2 基础知识

2.2.1 婴幼儿生理、心理教育基本知识

(1)婴幼儿生理学知识。

(2)婴幼儿卫生保健知识。

(3)婴幼儿心理学知识。

(4)婴幼儿教育学知识。

2.2.2 常见病及常见传染病基础知识

(1)婴幼儿常见病及其保健知识。

(2)婴幼儿常见传染病及其预防知识。

2.2.3 婴幼儿安全知识

(1)婴幼儿安全常识。

(2)婴幼儿伤害预防及紧急处理。

2.2.4 婴幼儿营养学知识

(1)婴幼儿的营养需要。

(2)婴幼儿常见营养问题及合理膳食。

2.2.5 婴幼儿发育行为知识

(1)婴幼儿发育行为基础知识。

(2)婴幼儿发育和行为障碍。

2.2.6 相关环境知识

(1)学前教育机构的环境及其利用知识。

（2）班级环境及其利用知识。

2.2.7　相关法律、法规知识

（1）《中华人民共和国未成年人保护法》的相关知识。

（2）《中华人民共和国教育法》的相关知识。

（3）《中华人民共和国劳动法》的相关知识。

（4）《幼儿园教育指导纲要》的相关知识。

（5）《幼儿园工作规程》的相关知识。

（6）《幼儿园饮食卫生条例》的相关知识。

（7）《幼儿教师专业标准（试行）》的相关知识。

（8）《托儿所、幼儿园卫生保健管理办法》的相关知识。

（9）《托儿所、幼儿园卫生保健工作规范》的相关知识。

（10）《3—6岁儿童学习与发展指南》的相关知识。

（11）《全国家庭教育指导大纲》的相关知识。

3. 工作要求

本标准对五级/初级工、四级/中级工、三级/高级工的技能要求和相关知识要求依次递进，高级别涵盖低级别的要求。

3.1　五级/初级工

职业功能	工作内容	技能要求	相关知识要求
1. 卫生管理与教育	1.1 清洁	1.1.1 能按程序清洁婴幼儿活动场所及各类设施、用具、玩具，保持室内无污垢、无异味、无蚊蝇，地面干燥、洁净 1.1.2 能清洁、整理、分类摆放日常用品，使其井然有序 1.1.3 能按时、按要求开窗通风 1.1.4 能在婴幼儿一日生活中指导幼儿正确洗手、洗脸、漱口和擦鼻涕，帮助其养成良好习惯	1.1.1 清洁卫生的操作程序和注意事项 1.1.2 除"四害"相关知识 1.1.3 病毒和细菌感染传播知识 1.1.4 开窗通风的作用 1.1.5 正确的洗手、洗脸、漱口的步骤和方法
	1.2 消毒	1.2.1 能对婴幼儿活动场所及各类设施、用具和玩具进行消毒并做好消毒记录 1.2.2 能配制常用消毒液	1.2.1 常用消毒液的作用 1.2.2 托幼机构常用的消毒方法 1.2.3 传染病传染传播的知识
	1.3 物品管理	1.3.1 能保管班级的卫生消毒用品、清洁工具及危险品 1.3.2 能发现物品使用过程中的不安全因素，并及时处理	1.3.1 清洁卫生物品保管方法 1.3.2 常见清洁、消毒危险品的特性及安全管理的流程

职业功能	工作内容	技能要求	相关知识要求
2. 生活管理与教育	2.1 进餐管理与指导	2.1.1 能保证饭菜的温度适宜 2.1.2 能按照婴幼儿不同年龄要求分发餐具 2.1.3 能根据婴幼儿的个别需要分发、添加饭菜 2.1.4 能指导婴幼儿正确进餐 2.1.5 能指导幼儿饭后漱口、正确使用餐巾	2.1.1 合理营养膳食的重要性 2.1.2 不同年龄婴幼儿的进餐特点 2.1.3 良好进餐习惯养成规范 2.1.4 分发饭菜的程序和要求 2.1.5 幼儿自理能力培养及不同阶段应知应会内容
	2.2 饮水管理与指导	2.2.1 能按要求清洗饮水设备 2.2.2 能根据婴幼儿的活动量、天气、饮食等情况提供温度适宜的饮水 2.2.3 能指导婴幼儿饮水，帮助其养成良好的饮水习惯	2.2.1 饮水对婴幼儿健康的作用 2.2.2 不同年龄、不同情况下婴幼儿的饮水量知识 2.2.3 婴幼儿饮水心理需求的知识
	2.3 盥洗、如厕管理与指导	2.3.1 能指导婴幼儿正确盥洗 2.3.2 能指导婴幼儿独立安全使用蹲便、排便及便后清洁 2.3.3 能提醒婴幼儿及时如厕	2.3.1 婴幼儿盥洗的要求 2.3.2 婴幼儿排泄的生理卫生常识及两便清洁方法 2.3.3 婴幼儿消化系统和泌尿系统的保健知识
	2.4 睡眠照料	2.4.1 能为婴幼儿营造良好安全的睡眠环境 2.4.2 能帮助婴幼儿穿脱衣服、鞋子，晾被、叠被、整理铺床 2.4.3 能做好婴幼儿的睡眠护理，如纠正不良睡姿等 2.4.4 能指导婴幼儿养成良好的睡眠习惯	2.4.1 穿脱衣服、鞋子的程序和注意事项 2.4.2 准备及整理睡眠室、寝具的程序和要求 2.4.3 婴幼儿睡眠特点和安全睡眠常识 2.4.4 婴幼儿睡眠心理与习惯养成方式
	2.5 物品管理	2.5.1 能够保管好班级的设备、用具，做到不丢失、不损坏 2.5.2 能发现物品使用过程中的不安全因素并及时处理	2.5.1 生活物品保管方式 2.5.2 常见生活危险品的正确放置方式及使用方法
3. 健康管理与教育	3.1 健康观察	3.1.1 能协助教师进行晨、午、晚检并做好登记工作 3.1.2 能结合婴幼儿精神、情绪、饮食、睡眠、大小便和体温等，对婴幼儿健康状况进行全日观察	3.1.1 晨、午、晚检和全日观察的知识与基本流程 3.1.2 危害婴幼儿安全的常见物品种类 3.1.3 婴幼儿身心健康相关知识 3.1.4 婴幼儿健康基本体征指标
	3.2 体格检查	3.2.1 能配合教师和保健医（员）对婴幼儿进行定期体检 3.2.2 能对婴幼儿进行水浴、空气浴、日光浴"三浴"锻炼	3.2.1 婴幼儿定期体检知识 3.2.2 "三浴"锻炼

职业功能	工作内容	技能要求	相关知识要求
3. 健康管理与教育	3.3 情绪管理	3.3.1 能营造不同场景下婴幼儿愉快的健康心理环境 3.3.2 能体察婴幼儿的心理感受,给予及时的安慰 3.3.3 能通过榜样示范等形式帮助幼儿掌握一些简单的情绪管理方法	3.3.1 婴幼儿心理环境营造和心理保健的知识 3.3.2 婴幼儿个别心理需求识别与满足方法 3.3.3 婴幼儿情绪管理的知识
4. 辅助教育活动与家长工作	4.1 辅助室内教育活动	4.1.1 能够按照教师的要求做好活动前的准备和活动结束后的整理工作 4.1.2 能够纠正婴幼儿的不良姿势 4.1.3 能检查活动场地地面及桌椅、教具等,排除安全隐患	4.1.1 婴幼儿室内活动材料的选择 4.1.2 室内活动及应注意的常见问题 4.1.3 安全排查标准及要求
	4.2 辅助室外教育活动	4.2.1 能够按照户外活动要求做好室外活动材料摆放、场地准备和收尾整理工作 4.2.2 能根据气温和活动量的变化随时提醒婴幼儿增减衣服 4.2.3 能及时发现并制止婴幼儿的危险行为	4.2.1 室外活动材料的选择 4.2.2 婴幼儿体能活动知识 4.2.3 活动后的保育工作要求及操作流程
	4.3 家长工作指导	4.3.1 能与家长沟通婴幼儿在园情况 4.3.2 能正面积极评价和描述幼儿的表现	4.3.1 与家长沟通交往的基本技能和技巧 4.3.2 幼儿发展评价基础知识

3.2 四级/中级工

职业功能	工作内容	技能要求	相关知识要求
1. 卫生管理与教育	1.1 清洁	1.1.1 能根据季节和室内温度变化,确定通风的时间和方式 1.1.2 能根据实际需要,及时开展清洁工作	1.1.1 开窗通风的注意事项 1.1.2 婴幼儿呕吐物和排泄物的隐患 1.1.3 净化空气和环境清洁的方法
	1.2 消毒	1.2.1 能根据物品的属性选择消毒方法 1.2.2 能根据婴幼儿常见传染病特征做好消毒工作	1.2.1 托幼机构空气、桌面、地面、玩具、盥洗室、餐具用具等的消毒一般操作程序 1.2.2 使用消毒药品的注意事项
	1.3 资产管理	1.3.1 能做好卫生设施、设备资产登记 1.3.2 能对设备资产进行科学规范管理	1.3.1 卫生材料设施、设备知识 1.3.2 资产管理的一般知识

职业功能	工作内容	技能要求	相关知识要求
2.生活管理与教育	2.1 进餐、饮水管理与指导	2.1.1 能够向婴幼儿介绍不同饭菜的营养特点,并引导婴幼儿不挑食、不偏食 2.1.2 能指导幼儿独立进餐及自主进餐 2.1.3 能引导幼儿养成良好的饮水习惯,在组织幼儿饮水和养成饮水习惯时注意幼儿的心理感受	2.1.1 创设良好进餐环境的方法 2.1.2 幼儿独立进餐注意事项 2.1.3 幼儿饮水常见问题及解决方法
	2.2 盥洗、如厕管理与指导	2.2.1 能够处理婴幼儿盥洗、漱口、如厕中的问题 2.2.2 能指导幼儿正确盥洗及衣服整理	2.2.1 婴幼儿盥洗的程序、方法和要求 2.2.2 婴幼儿盥洗过程中的常见问题
	2.3 睡眠照料	2.3.1 能指导婴幼儿独立就寝 2.3.2 能根据个别婴幼儿的排尿规律及时提醒其排尿	2.3.1 培养婴幼儿良好睡眠习惯的方法 2.3.2 遗尿发生的原因和预防方法
3.健康管理与教育	3.1 健康观察	3.1.1 能对健康状况异常的婴幼儿进行重点观察并记录 3.1.2 能及时发现常见传染病患儿,并做好登记与隔离 3.1.3 能观察预防接种后婴幼儿的不良反应,并能够进行基本护理	3.1.1 婴幼儿健康指标 3.1.2 托幼、福利机构常规健康检查制度 3.1.3 常见传染病知识,传染病预防及隔离的知识 3.1.4 预防接种护理要求及注意事项
	3.2 体格检查	3.2.1 能根据不同阶段体格发育指标,了解幼儿生长发育状况 3.2.2 能对体弱儿进行过程管理并做好登记	3.2.1 促进幼儿体格发育知识 3.2.2 体弱儿保健管理知识
	3.3 行为观察与情绪管理	3.3.1 能发现孤僻、口吃、吮指癖等心理行为异常的幼儿,并做好登记 3.3.2 能关注和理解幼儿的特殊心理需要,帮助幼儿克服一些轻微的异常行为 3.3.3 能对有特殊需要的幼儿进行积极的关注和情感支持 3.3.4 能鼓励幼儿进行情绪表达和情感分享	3.3.1 儿童发育行为异常表现及成因 3.3.2 幼儿发育行为的基础知识 3.3.3《3—6岁儿童学习与发展指南》健康领域相关知识 3.3.4 情绪管理知识

职业功能	工作内容	技能要求	相关知识要求
4. 辅助教育活动与家长工作	4.1 辅助室内教育活动	4.1.1 能按照教育目标的要求,参与婴幼儿部分游戏的教学活动 4.1.2 能根据教育目标及内容,协助教师进行环境创设 4.1.3 能帮助和指导个别婴幼儿参与教育活动	4.1.1 不同类型的游戏和教育活动的内容、方法 4.1.2 环境创设的方法
	4.2 辅助室外教育活动	4.2.1 能协助教师组织婴幼儿进行部分游戏的教学活动 4.2.2 能照顾体弱儿、肥胖儿适当参与室外活动 4.2.3 能观察婴幼儿的行为,并杜绝事故隐患	4.2.1 体弱儿的护理方法 4.2.2 观察婴幼儿行为的方法
	4.3 家长工作指导	4.3.1 能依据所做的婴幼儿保育工作记录,与家长沟通和交流 4.3.2 能协助教师组织家园共育活动	4.3.1 保育工作记录的格式与要求 4.3.2 家园共育活动的类型及组织

3.3　三级/高级工

职业功能	工作内容	技能要求	相关知识要求
1. 卫生管理与教育	1.1 卫生管理	1.1.1 能参与卫生、清洁制度的建设并能提出合理化建议 1.1.2 能及时发现环境中可能危害婴幼儿健康的因素 1.1.3 能通过体验式教育,培养幼儿的良好卫生习惯	1.1.1 托幼、福利机构卫生、清洁制度的内容及流程 1.1.2 环境中危害婴幼儿身体健康的元素 1.1.3 幼儿个人卫生知识及幼儿卫生习惯培养的方法
	1.2 消毒管理	1.2.1 能对常见传染病进行终末消毒 1.2.2 能对疑似传染病患儿进行隔离,对其接触者进行检疫	1.2.1 托幼、福利机构相关消毒知识 1.2.2 传染病知识 1.2.3 传染病时期的消毒和应急措施
	1.3 人员管理	1.3.1 能对初级、中级保育员进行一日保育工作流程管理 1.3.2 能开展保育工作教研,对常见保育工作中出现的问题提出解决方案	1.3.1 托幼、福利机构保育人员工作管理规范 1.3.2 保育人员教研组织与学习内容

职业功能	工作内容	技能要求	相关知识要求
2. 生活管理与教育	2.1 进餐指导	2.1.1 能对体弱儿及需要特殊照料期的婴幼儿的进餐活动进行个别指导 2.1.2 能在进餐时根据不同季节蔬菜的营养特点进行饮食教育	2.1.1 体弱儿、特殊照料期婴幼儿的饮食调理知识 2.1.2 婴幼儿饮食教育基本内容
	2.2 盥洗、如厕管理	2.2.1 能够观察并发现婴幼儿大、小便的异常 2.2.2 能对出现的问题做出合理的应对	2.2.1 大、小便异常的表现及识别方法 2.2.2 盥洗、如厕应急处理流程
	2.3 睡眠观察	2.3.1 能够发现睡眠中的婴幼儿身体和行为异常,做出判断并能及时妥善处理 2.3.2 能运用观察、记录的方式引导婴幼儿养成良好的睡眠习惯	2.3.1 睡眠中容易出现的生理和行为问题及应对方法 2.3.2 睡眠观察的记录内容
3. 健康管理与教育	3.1 预防伤害	3.1.1 能排查、发现安全隐患并及时排除或上报 3.1.2 能对婴幼儿意外伤害事故及时处理	3.1.1 婴幼儿生活环境中安全隐患甄别 3.1.2 婴幼儿常见意外伤害及其处理办法
	3.2 健康观察	3.2.1 能对幼儿园晨、午、晚检以及传染病预防提出建议和方案 3.2.2 能对常见病患儿进行初步处理	3.2.1 健康观察流程及处理规范 3.2.2 常见病基本处理知识
	3.3 健康指导	3.3.1 能依据幼儿定期体检的结果进行健康指导 3.3.2 能在体弱儿健康管理中做好对家长的指导 3.3.3 能对婴幼儿视力、听力、牙齿等问题进行登记并配合引导矫治	3.3.1 幼儿体格发育评价知识 3.3.2 视力、听力、牙齿保健知识 3.3.3 幼儿体格发育监测知识
	3.4 行为干预	3.4.1 能对发育行为异常的婴幼儿进行初步干预 3.4.2 能对心理行为异常的婴幼儿进行干预并做好家长沟通工作 3.4.3 能在保育过程中积极引导、帮助幼儿增长自信	3.4.1 发育行为障碍知识 3.4.2 幼儿心理问题干预的知识 3.4.3 幼儿自我意识及正面教育方法
4. 辅助教育活动与家长工作	4.1 辅助室内教育活动	4.1.1 能主动了解教师的教育计划,并配合教育活动 4.1.2 能用科学的观念辅助教师开展婴幼儿游戏和教育活动 4.1.3 能根据教育目标及内容,协助教师进行玩具、教具制作	4.1.1 室内教育活动的形式与内容 4.1.2 常见游戏活动的一般指导方法 4.1.3 简单玩具、教具制作的方法
	4.2 辅助室外教育活动	4.2.1 能参与组织婴幼儿室外教育活动 4.2.2 能关注婴幼儿的个体差异并进行针对性的指导	4.2.1 婴幼儿体质测定知识及基本动作要领 4.2.2 婴幼儿肢体动作发展的一般规律及安全防护常识
	4.3 家长工作指导	4.3.1 能为家长提供科学保育咨询与家庭指导 4.3.2 能撰写并利用幼儿个案跟踪记录开展家长工作	4.3.1 婴幼儿家庭科学保育知识 4.3.2 婴幼儿早期发展分析与家庭指导方法 4.3.3 个案记录书写格式

续表

职业功能	工作内容	技能要求	相关知识要求
5. 培训与指导	5.1 技能培训	5.1.1 能对初级、中级保育员进行室内外清洁、日常消毒等操作技能培训 5.1.2 能对初级、中级保育员进行健康观察、健康指导、心理健康、意外伤害处理等技能操作培训 5.1.3 能对初级、中级保育员进行室内外教育活动、家长工作指导等配合教育的技能培训	5.1.1 培训的目的、类型、内容及流程 5.1.2 培训计划的编制与培训方法的选择 5.1.3 课程设计与组织的基本要素
	5.2 工作指导	5.2.1 能根据初级、中级保育员日常工作出现的问题进行指导 5.2.2 能对初级、中级保育员在促进婴幼儿发展工作中出现的不适宜行为进行指导 5.2.3 能对婴幼儿家长进行个性化的保育保健指导 5.2.4 能进行保育保健科普知识讲座	5.2.1 婴幼儿保育工作常见问题 5.2.2 保育员工作经验交流、分享及指导方法

4. 权重表

4.1 理论知识权重表

项目	技能等级	五级/初级工（%）	四级/中级工（%）	三级/高级工（%）
基本要求	职业道德	5	5	5
	基础知识	20	15	10
相关知识要求	卫生管理与教育	20	20	14
	生活管理与教育	25	20	15
	健康管理与教育	15	20	25
	辅助教育活动与家长工作	15	20	21
	培训与指导	–	–	10
合计		100	100	100

4.2　技能要求权重表

	技能等级	五级/ 初级工 （%）	四级/ 中级工 （%）	三级/ 高级工 （%）
技能 要求	卫生管理与教育	20	20	20
	生活管理与教育	35	30	20
	健康管理与教育	20	23	26
	辅助教育活动与家长工作	25	27	24
	培训与指导	–	–	10
合计		100	100	100

附录 2　托儿所幼儿园卫生保健工作规范

　　为贯彻落实《托儿所幼儿园卫生保健管理办法》（卫生部、教育部令第 76 号）（以下简称《管理办法》），加强托儿所、幼儿园（以下简称托幼机构）卫生保健工作，切实提高托幼机构卫生保健工作质量，2012 年 5 月 9 日，卫生部以卫妇社发〔2012〕35 号印发《托儿所幼儿园卫生保健工作规范》（以下简称《规范》）。

　　托幼机构卫生保健工作的主要任务是贯彻预防为主、保教结合的工作方针，为集体儿童创造良好的生活环境，预防控制传染病，降低常见病的发病率，培养健康的生活习惯，保障儿童的身心健康。

第一部分　卫生保健工作职责

一、托幼机构

　　（一）按照《管理办法》要求，设立保健室或卫生室，其设置应当符合本《规范》保健室设置基本要求。根据接收儿童数量配备符合相关资质的卫生保健人员。

　　（二）新设立的托幼机构，应当按照本《规范》卫生评价的要求进行设计和建设，招生前应当取得县级以上卫生行政部门指定的医疗卫生机构出具的符合本《规范》的卫生评价报告。

　　（三）制订适合本园（所）的卫生保健工作制度和年度工作计划，定期检查各项卫生保健制度的落实情况。

　　（四）严格执行工作人员和儿童入园（所）及定期健康检查制度。坚持晨午检及全日健康观察工作，卫生保健人员应当深入各班巡视。做好儿童转园（所）健康管理工作。定期开展儿童生长发育监测和五官保健，将儿童体检结果及时反馈给家长。

　　（五）加强园（所）的传染病预防控制工作。做好入园（所）儿童预防接种证的查验，配合有关部门按时完成各项预防接种工作。建立儿童传染病预防控制制度，做好晨午检，儿童缺勤要追查，因病缺勤要登记。明确传染病疫情报告人，发现传染病病人或疑似传染病人要早报告、早治疗，相关班级要重点消毒管理。做好园（所）内环境卫生、各项日常卫生和消毒工作。

　　（六）加强园（所）的伤害预防控制工作，建立因伤害缺勤登记报告制度，及时发现安全隐患,做好园(所)内伤害干预和评估工作。

（七）根据各年龄段儿童的生理、心理特点,在卫生保健人员参与下制订合理的一日生活制度和体格锻炼计划,开展适合儿童年龄特点的保育工作和体格锻炼。

（八）严格执行食品安全工作要求,配备食堂从业、管理人员和食品安全监管人员,制订各岗位工作职责,上岗前应当参加食品安全法律法规和儿童营养等专业知识培训。做好儿童的膳食管理工作,为儿童提供符合营养要求的平衡膳食。

（九）卫生保健人员应当按时参加妇幼保健机构召开的工作例会,并接受相关业务培训与指导;定期对托幼机构内工作人员进行卫生保健知识的培训;积极开展传染病、常见病防治的健康教育,负责消毒隔离工作的检查指导,做好疾病的预防与管理。

（十）根据工作要求,完成各项卫生保健工作记录的填写,作好各种统计分析,并将数据按要求及时上报辖区内妇幼保健机构。

二、妇幼保健机构

（一）配合卫生行政部门,制订辖区内托幼机构卫生保健工作规划、年度计划并组织实施,制订辖区内托幼机构卫生保健工作评估实施细则,建立完善的质量控制体系和评估制度。

（二）依据《管理办法》,由卫生行政部门指定的妇幼保健机构对新设立的托幼机构进行招生前的卫生评价工作,并出具卫生评价报告。

（三）受卫生行政部门委托,妇幼保健机构对取得办园(所)资格的托幼机构每3年进行1次卫生保健工作综合评估,并将结果上报卫生行政部门。

（四）地市级以上妇幼保健机构负责对当地托幼机构卫生保健人员进行岗前培训及考核,合格者颁发培训合格证。县级以上妇幼保健机构每年至少组织1次相关知识的业务培训或现场观摩活动。

（五）妇幼保健机构定期对辖区内的托幼机构卫生保健工作进行业务指导。内容包括一日生活安排、儿童膳食、体格锻炼、健康检查、卫生消毒、疾病预防、伤害预防、心理行为保健、健康教育、卫生保健资料管理等工作。

（六）协助辖区内食品药品监督管理、卫生监督和疾病预防控制等部门,开展食品安全、传染病预防与控制宣传教育等工作。

（七）对辖区内承担托幼机构儿童和工作人员健康检查服务的医疗卫生机构进行相关专业技术的指导和培训。

（八）负责定期组织召开辖区内托幼机构卫生保健工作例会,交流经验、学习卫生保健知识和技能。收集信息,掌握辖区内托幼机构卫生保健情况,为卫生行政部门决策提供相关依据。

三、相关机构

（一）疾病预防控制机构负责定期为托幼机构提供疾病预防控制的宣传、咨询服务和指导。

（二）卫生监督执法机构依法对托幼机构的饮用水卫生、传染病预防和控制等工作进行监督检查。

（三）食品药品监督管理机构中负责餐饮服务监督管理的部门依法加强对托幼机构食品安全的指导与监督检查。

（四）乡镇卫生院、村卫生室和社区卫生服务中心（站）应通过妇幼卫生网络、预防接种系统以及日常医疗卫生服务等多种途径掌握辖区中的适龄儿童数，并加强与托幼机构的联系，取得配合，做好儿童的健康管理。

第二部分　卫生保健工作内容与要求

一、一日生活安排

（一）托幼机构应当根据各年龄段儿童的生理、心理特点，结合本地区的季节变化和本托幼机构的实际情况，制订合理的生活制度。

（二）合理安排儿童作息时间和睡眠、进餐、大小便、活动、游戏等各个生活环节的时间、顺序和次数，注意动静结合、集体活动与自由活动结合、室内活动与室外活动结合，不同形式的活动交替进行。

（三）保证儿童每日充足的户外活动时间。全日制儿童每日不少于2小时，寄宿制儿童不少于3小时，寒冷、炎热季节可酌情调整。

（四）根据儿童年龄特点和托幼机构服务形式合理安排每日进餐和睡眠时间。制订餐、点数，儿童正餐间隔时间3.5~4小时，进餐时间20~30分钟/餐，餐后安静活动或散步时间10~15分钟。3~6岁儿童午睡时间根据季节以2~2.5小时/日为宜，3岁以下儿童日间睡眠时间可适当延长。

（五）严格执行一日生活制度，卫生保健人员应当每日巡视，观察班级执行情况，发现问题及时予以纠正，以保证儿童在托幼机构内生活的规律性和稳定性。

二、儿童膳食

（一）膳食管理。

1. 托幼机构食堂应当按照《食品安全法》《食品安全法实施条例》以及《餐饮服务许可管理办法》《餐饮服务食品安全监督管理办法》《学校食堂与学生集体用餐卫生管理规定》等有关法律法规和规章的要求，取得《餐饮服务许可证》，建立健全各项食品安全管理制度。

2. 托幼机构应当为儿童提供符合国家《生活饮用水卫生标准》的生活饮用水。保证儿童按需饮水。每日上、下午各 1~2 次集中饮水,1~3 岁儿童饮水量 50~100 毫升/次,3~6 岁儿童饮水量 100~150 毫升/次,并根据季节变化酌情调整饮水量。

3. 儿童膳食应当专人负责,建立有家长代表参加的膳食委员会并定期召开会议,进行民主管理。工作人员与儿童膳食要严格分开,儿童膳食费专款专用,账目每月公布,每学期膳食收支盈亏不超过 2%。

4. 儿童食品应当在具有《食品生产许可证》或《食品流通许可证》的单位采购。食品进货前必须采购查验及索票索证,托幼机构应建立食品采购和验收记录。

5. 儿童食堂应当每日清扫、消毒,保持内外环境整洁。食品加工用具必须生熟标识明确、分开使用、定位存放。餐饮具、熟食盛器应在食堂或清洗消毒间集中清洗消毒,消毒后保洁存放。库存食品应当分类、注有标识、注明保质日期、定位储藏。

6. 禁止加工变质、有毒、不洁、超过保质期的食物,不得制作和提供冷荤凉菜。留样食品应当按品种分别盛放于清洗消毒后的密闭专用容器内,在冷藏条件下存放 48 小时以上;每样品种不少于 100 克以满足检验需要,并做好记录。

7. 进餐环境应当卫生、整洁、舒适。餐前做好充分准备,按时进餐,保证儿童情绪愉快,培养儿童良好的饮食行为和卫生习惯。

(二)膳食营养。

1. 托幼机构应当根据儿童生理需求,以《中国居民膳食指南》为指导,参考"中国居民膳食营养素参考摄入量(DRIs)"和各类食物每日参考摄入量(见表),制订儿童膳食计划。

2. 根据膳食计划制订带量食谱,1~2 周更换 1 次。食物品种要多样化且合理搭配。

3. 在主副食的选料、洗涤、切配、烹调的过程中,方法应当科学合理,减少营养素的损失,符合儿童清淡口味,达到营养膳食的要求。烹调食物注意色、香、味、形,提高儿童的进食兴趣。

4. 托幼机构至少每季度进行 1 次膳食调查和营养评估。儿童热量和蛋白质平均摄入量全日制托幼机构应当达到"DRIs"的 80% 以上,寄宿制托幼机构应当达到"DRIs"的 90% 以上。维生素 A、维生素 B_1、维生素 B_2、维生素 C 及矿物质钙、铁、锌等应当达到"DRIs"的 80% 以上。三大营养素热量占总热量的百分比是蛋白质 12%~15%,脂肪 30%~35%,碳水化合物 50%~60%。每日早餐、午餐、晚餐热量分配比例为 30%、40% 和 30%。优质蛋白质占蛋白质总量的 50% 以上。

5. 有条件的托幼机构可为贫血、营养不良、食物过敏等儿童提供特殊膳食。不提供正餐的托幼机构,每日至少提供 1 次点心。

儿童各类食物每日参考摄入量

食物种类	1～3 岁	4～6 岁
谷类	100～150 克	180～260 克
蔬菜类	150～200 克	200～250 克
水果类	150～200 克	150～300 克
鱼虾类		40～50 克
禽畜肉类	100 克	30～40 克
蛋类		60 克
液态奶	350～500 毫升	300～400 毫升
大豆及豆制品	—	25 克
烹调油	20～25 克	25～30 克

注:《中国孕期、哺乳期妇女和 0～6 岁儿童膳食指南》(中国营养学会妇幼分会,2010 年)

三、体格锻炼

（一）托幼机构应当根据儿童的年龄及生理特点,每日有组织地开展各种形式的体格锻炼,掌握适宜的运动强度,保证运动量,提高儿童身体素质。

（二）保证儿童室内外运动场地和运动器械的清洁、卫生、安全,做好场地布置和运动器械的准备。定期进行室内外安全隐患排查。

（三）利用日光、空气、水和器械,有计划地进行儿童体格锻炼。做好运动前的准备工作。运动中注意观察儿童面色、精神状态、呼吸、出汗量和儿童对锻炼的反应,若有不良反应要及时采取措施或停止锻炼;加强运动中的保护,避免运动伤害。运动后注意观察儿童的精神、食欲、睡眠等状况。

（四）全面了解儿童健康状况,患病儿童停止锻炼;病愈恢复期的儿童运动量要根据身体状况予以调整;体弱儿童的体格锻炼进程应当较健康儿童缓慢,时间缩短,并要对儿童运动反应进行仔细的观察。

四、健康检查

（一）儿童健康检查。

1. 入园(所)健康检查

（1）儿童入托幼机构前应当经医疗卫生机构进行健康检查,合格后方可入园(所)。

（2）承担儿童入园(所)体检的医疗卫生机构及人员应当取得相应的资格,并接受相关专业技术培训。应当按照《管理办法》规定的项目开展健康检查,规范填写"儿童入园(所)健康检查表(见附件 1)",不得违反规定擅自改变健康检查项目。

（3）儿童入园(所)体检中发现疑似传染病者应当"暂缓入园(所)",及时确诊治疗。

（4）儿童入园(所)时,托幼机构应当查验"儿童入园(所)健康检查表""0～6 岁儿童保健手册""预防接种证"。

发现没有预防接种证或未依照国家免疫规划受种的儿童,应当在30日内向托幼机构所在地的接种单位或县级疾病预防控制机构报告,督促监护人带儿童到当地规定的接种单位补证或补种。托幼机构应当在儿童补证或补种后复验预防接种证。

2. 定期健康检查

(1)承担儿童定期健康检查的医疗卫生机构及人员应当取得相应的资格。儿童定期健康检查项目包括:测量身长(身高)、体重,检查口腔、皮肤、心肺、肝脾、脊柱、四肢等,测查视力、听力,检测血红蛋白或血常规。

(2)1~3岁儿童每年健康检查2次,每次间隔6个月;4岁以上儿童每年健康检查1次。所有儿童每年进行1次血红蛋白或血常规检测。1~3岁儿童每年进行1次听力筛查;4岁以上儿童每年检查1次视力。体检后应当及时向家长反馈健康检查结果。

(3)儿童离开园(所)3个月以上需重新按照入园(所)检查项目进行健康检查。

(4)转园(所)儿童持原托幼机构提供的"儿童转园(所)健康证明""0~6岁儿童保健手册"可直接转园(所)。"儿童转园(所)健康证明"有效期3个月。

3. 晨午检及全日健康观察

(1)做好每日晨间或午间入园(所)检查。检查内容包括询问儿童在家有无异常情况,观察精神状况、有无发热和皮肤异常,检查有无携带不安全物品等,发现问题及时处理。

(2)应当对儿童进行全日健康观察,内容包括饮食、睡眠、大小便、精神状况、情绪、行为等,并做好观察及处理记录。

(3)卫生保健人员每日深入班级巡视2次,发现患病、疑似传染病儿童应当尽快隔离并与家长联系,及时到医院诊治,并追访诊治结果。

(4)患病儿童应当离园(所)休息治疗。如果接受家长委托喂药时,应当做好药品交接和登记,并请家长签字确认。

(二)工作人员健康检查。

1. 上岗前健康检查

(1)托幼机构工作人员上岗前必须按照《管理办法》的规定,经县级以上人民政府卫生行政部门指定的医疗卫生机构进行健康检查(见附件2),取得《托幼机构工作人员健康合格证》后方可上岗。

(2)精神病患者或者有精神病史者不得在托幼机构工作。

2. 定期健康检查

(1)托幼机构在岗工作人员必须按照《管理办法》规定的项目每年进行1次健康检查(见附件2)。

(2)在岗工作人员患有精神病者,应当立即调离托幼机构。

(3)凡患有下列症状或疾病者须离岗,治愈后须持县级以上人民政府卫生行政部门指定的医疗卫生机构出具的诊断证明,并取得"托幼机构工作人员健康合格证"后,方可回园(所)工作。

1)发热、腹泻等症状;

2)流感、活动性肺结核等呼吸道传染性疾病;

3）痢疾、伤寒、甲型病毒性肝炎、戊型病毒性肝炎等消化道传染性疾病；

4）淋病、梅毒、滴虫性阴道炎、化脓性或者渗出性皮肤病等。

（4）体检过程中发现异常者，由体检的医疗卫生机构通知托幼机构的患病工作人员到相关专科进行复查和确诊，并追访诊治结果。

五、卫生与消毒

（一）环境卫生。

1. 托幼机构应当建立室内外环境卫生清扫和检查制度，每周全面检查 1 次并记录，为儿童提供整洁、安全、舒适的环境。

2. 室内应当有防蚊、蝇、鼠、虫及防暑和防寒设备，并放置在儿童接触不到的地方。集中消毒应在儿童离园（所）后进行。

3. 保持室内空气清新、阳光充足。采取湿式清扫方式清洁地面。厕所做到清洁通风、无异味，每日定时打扫，保持地面干燥。便器每次用后及时清洗干净。

4. 卫生洁具各班专用专放并有标记。抹布用后及时清洗干净，晾晒、干燥后存放；拖布清洗后应当晾晒或控干后存放。

5. 枕席、凉席每日用温水擦拭，被褥每月曝晒 1~2 次，床上用品每月清洗 1~2 次。

6. 保持玩具、图书表面的清洁卫生，每周至少进行 1 次玩具清洗，每 2 周图书翻晒 1 次。

（二）个人卫生。

1. 儿童日常生活用品专人专用，保持清洁。要求每人每日 1 巾 1 杯专用，每人 1 床位 1 被。

2. 培养儿童良好卫生习惯。饭前便后应当用肥皂、流动水洗手，早晚洗脸、刷牙，饭后漱口，做到勤洗头洗澡换衣、勤剪指（趾）甲，保持服装整洁。

3. 工作人员应当保持仪表整洁，注意个人卫生。饭前便后和护理儿童前应用肥皂、流动水洗手；上班时不戴戒指，不留长指甲；不在园（所）内吸烟。

（三）预防性消毒。

1. 儿童活动室、卧室应当经常开窗通风，保持室内空气清新。每日至少开窗通风 2 次，每次至少 10~15 分钟。在不适宜开窗通风时，每日应当采取其他方法对室内空气消毒 2 次。

2. 餐桌每餐使用前消毒。水杯每日清洗消毒，用水杯喝豆浆、牛奶等易附着于杯壁的饮品后，应当及时清洗消毒。反复使用的餐巾每次使用后消毒。擦手毛巾每日消毒 1 次。

3. 门把手、水龙头、床围栏等儿童易触摸的物体表面每日消毒 1 次。坐便器每次使用后及时冲洗，接触皮肤部位及时消毒。

4. 使用符合国家标准或规定的消毒器械和消毒剂。环境和物品的预防性消毒方法应当符合要求（见附件 3）。

六、传染病预防与控制

（一）督促家长按免疫程序和要求完成儿童预防接种。配合疾病预防控制机构做好托幼机构儿童常规接种、群体性接种或应急接种工作。

（二）托幼机构应当建立传染病管理制度。托幼机构内发现传染病疫情或疑似病例后，应当立即向属地疾病预防控制机构（农村乡镇卫生院防保组）报告。

（三）班级老师每日登记本班儿童的出勤情况。对因病缺勤的儿童，应当了解儿童的患病情况和可能的原因，对疑似患传染病的，要及时报告给园（所）疫情报告人。园（所）疫情报告人接到报告后应当及时追查儿童的患病情况和可能的病因,以做到对传染病人的早发现。

（四）托幼机构内发现疑似传染病例时,应当及时设立临时隔离室,对患儿采取有效的隔离控制措施。临时隔离室内环境、物品应当便于实施随时性消毒与终末消毒,控制传染病在园（所）内暴发和续发。

（五）托幼机构应当配合当地疾病预防控制机构对被传染病病原体污染（或可疑污染）的物品和环境实施随时性消毒与终末消毒。

（六）发生传染病期间,托幼机构应当加强晨午检和全日健康观察,并采取必要的预防措施,保护易感儿童。对发生传染病的班级按要求进行医学观察,医学观察期间该班与其他班相对隔离,不办理入托和转园（所）手续。

（七）卫生保健人员应当定期对儿童及其家长开展预防接种和传染病防治知识的健康教育,提高其防护能力和意识。传染病流行期间,加强对家长的宣传工作。

（八）患传染病的儿童隔离期满后,凭医疗卫生机构出具的痊愈证明方可返回园（所）。根据需要,来自疫区或有传染病接触史的儿童,检疫期过后方可入园（所）。

七、常见病预防与管理

（一）托幼机构应当通过健康教育普及卫生知识,培养儿童良好的卫生习惯;提供合理平衡膳食;加强体格锻炼,增强儿童体质,提高对疾病的抵抗能力。

（二）定期开展儿童眼、耳、口腔保健,发现视力低常、听力异常、龋齿等问题进行登记管理,督促家长及时带患病儿童到医疗卫生机构进行诊断及矫治。

（三）对贫血、营养不良、肥胖等营养性疾病儿童进行登记管理,对中重度贫血和营养不良儿童进行专案管理,督促家长及时带患病儿童进行治疗和复诊。

（四）对先心病、哮喘、癫痫等疾病儿童,及对有药物过敏史或食物过敏史的儿童进行登记,加强日常健康观察和保育护理工作。

（五）重视儿童心理行为保健,开展儿童心理卫生知识的宣传教育,发现心理行为问题的儿童及时告知家长到医疗保健机构进行诊疗。

八、伤害预防

（一）托幼机构的各项活动应当以儿童安全为前提,建立定期全园（所）安全排查制度,落实预防儿童伤害的各项措施。

（二）托幼机构的房屋、场地、家具、玩教具、生活设施等应当符合国家相关安全标准和规定。

（三）托幼机构应当建立重大自然灾害、食物中毒、踩踏、火灾、暴力等突发事件的应急预案,如果发生重大伤害时应当立即采取有效措施,并及时向上级有关部门报告。

（四）托幼机构应当加强对工作人员、儿童及监护人的安全教育和突发事件应急处理能力的培训,定期进行安全演练,普及安全知识,提高自我保护和自救的能力。

（五）保教人员应当定期接受预防儿童伤害相关知识和急救技能的培训,做好儿童安全工作,消除安全隐患,预防跌落、溺水、交通事故、烧（烫）伤、中毒、动物致伤等伤害的发生。

九、健康教育

（一）托幼机构应当根据不同季节、疾病流行等情况制订全年健康教育工作计划,并组织实施。

（二）健康教育的内容包括膳食营养、心理卫生、疾病预防、儿童安全以及良好行为习惯的培养等。健康教育的形式包括举办健康教育课堂、发放健康教育资料、宣传专栏、咨询指导、家长开放日等。

（三）采取多种途径开展健康教育宣传。每季度对保教人员开展 1 次健康讲座,每学期至少举办 1 次家长讲座。每班有健康教育图书,并组织儿童开展健康教育活动。

（四）做好健康教育记录,定期评估相关知识知晓率、良好生活卫生习惯养成、儿童健康状况等健康教育效果。

十、信息收集

（一）托幼机构应当建立健康档案,包括:托幼机构工作人员健康合格证、儿童入园(所)健康检查表、儿童健康检查表或手册、儿童转园(所)健康证明。

（二）托幼机构应当对卫生保健工作进行记录,内容包括:出勤、晨午检及全日健康观察、膳食管理、卫生消毒、营养性疾病、常见病、传染病、伤害和健康教育等记录(见附件 4)。

（三）工作记录和健康档案应当真实、完整、字迹清晰。工作记录应当及时归档,至少保存 3 年。

（四）定期对儿童出勤、健康检查、膳食营养、常见病和传染病等进行统计分析,掌握儿童健康及营养状况(见附件 5)。

（五）有条件的托幼机构可应用计算机软件对儿童体格发育评价、膳食营养评估等卫生保健工作进行管理。

第三部分　新设立托幼机构招生前卫生评价

一、卫生评价流程

（一）新设立的托幼机构,应当按照本《规范》卫生评价的标准进行设计和建设,招生前须向县级以上地方人民政府卫生行政部门指定的医疗卫生机构提交"托幼机构卫生评价申请书"(见附件 6)。

（二）由县级以上地方人民政府卫生行政部门指定的医疗卫生机构负责组织专业人员,根据"新设立托幼机构招生前卫生评价表"(见附件 7)的要求,在 20 个工作日内对提交申请的托幼机构进行卫生评价。根据检查结果出具"托幼机构卫生评价报告"(见附件 8)。

（三）凡卫生评价为"合格"的托幼机构,即可向教育部门申请注册;凡卫生评价为"不合格"的托幼机构,整改后方可重新申请评价。

二、卫生评价标准

（一）环境卫生。

1. 园(所)内建筑物、户外场地、绿化用地及杂物堆放场地等总体布局合理,有明确功能分区。

2. 室外活动场地地面应平整、防滑,无障碍,无尖锐突出物。

3. 活动器材安全性符合国家相关规定。园(所)内严禁种植有毒、带刺的植物。

4. 室内环境的甲醛、苯及苯系物等检测结果符合国家要求。

5. 室内空气清新、光线明亮,安装防蚊蝇等有害昆虫的设施。

6. 每班有独立的厕所、盥洗室。每班厕所内设有污水池,盥洗室内有洗涤池。

7. 盥洗室内有流动水洗手装置,水龙头数量和间距设置合理。

(二)个人卫生。

1. 保证儿童每人每日 1 巾 1 杯专用,并有相应消毒设施。寄宿制儿童每人有专用洗漱用品。

2. 每班应当有专用的儿童水杯架、饮水设施及毛巾架,标识清楚,毛巾间距合理。

3. 儿童有安全、卫生、独自使用的床位和被褥。

(三)食堂卫生。

1. 食堂按照《餐饮服务许可审查规范》建设,必须获得《餐饮服务许可证》。

2. 园(所)内应设置区域性餐饮具集中清洗消毒间,消毒后有保洁存放设施。应当配有食物留样专用冰箱,并有专人管理。

3. 炊事人员与儿童配备比例:提供每日三餐一点的托幼机构应当达到 1:50,提供每日一餐二点或二餐一点的 1:80。

(四)保健室或卫生室设置。

1. 根据《托儿所幼儿园卫生保健管理办法》要求,设立保健室或卫生室。卫生室需有《医疗机构执业许可证》。

2. 保健室面积不少于 12 平方米,设有儿童观察床、桌椅、药品柜、资料柜、流动水或代用流动水等设施。

3. 保健室应配备儿童杠杆式体重秤、身高计(供 2 岁以上儿童使用)、量床(供 2 岁及以下儿童使用)、国际标准视力表或标准对数视力表灯箱、体围测量软尺等设备,以及消毒压舌板、体温计、手电筒等晨检用品。

4. 保健室应配备消毒剂、紫外线消毒灯或其他空气消毒装置。

(五)卫生保健人员配备。

1. 托幼机构的法定代表人或者负责人是本机构卫生保健工作的第一责任人。

2. 根据预招收儿童的数量配备符合国家规定的卫生保健人员。按照收托 150 名儿童至少设 1 名专职卫生保健人员的比例配备卫生保健人员,收托 150 名以下儿童的可配备兼职卫生保健人员。

3. 卫生保健人员上岗前应当接受当地妇幼保健机构组织的卫生保健专业知识培训并考核合格。

(六)工作人员健康检查。

1. 托幼机构工作人员上岗前应当经县级以上卫生行政部门指定的医疗卫生机构进行健康检查,并取得《托幼机构工作人员健康合格证》。

2. 炊事人员上岗前须取得《食品从业人员健康证》。

(七)卫生保健制度。

托幼机构应根据实际情况建立健全卫生保健制度,并具有可操作性。卫生保健制度包括一日生活安排、膳食管理、体格锻炼、卫生与消毒、入园(所)及定期健康检查、传染病预防与控制、常见疾病预防与管理、伤害预防、健康教育、卫生保健信息收集的制度。

第四部分　附件

附件 1　儿童入园(所)健康检查表

姓名		性别		年龄		出生日期		年　月　日		
既往病史		1. 先天性心脏病　2. 癫痫　3. 高热惊厥　4. 哮喘　5. 其他								
过敏史					儿童家长确认签名					
体格检查	体重	kg		评价		身长(高)	cm	评价		皮肤
	眼	左	视力	左	耳	左	口腔		牙齿数	
		右		右		右			龋齿数	
	头颅		胸廓			脊柱四肢			咽部	
	心肺		肝脾			外生殖器			其他	
辅助检查	血红蛋白(Hb)				丙氨酸氨基转移酶(ALT)					
	其他									
检查结果				医生意见						

医生签名：

体检日期：　　年　月　日

检查单位：

(检查单位盖章)

填表说明：

1. 基本情况

既往病史：在对应的疾病上画"√"，"其他"栏中填写未注明的疾病；

过敏史：注明过敏的药物或食物等；

家长签字：儿童既往病史和过敏史须经家长确认后签字。

2. 体格检查

体重、身长(高)：填写检查实测数值，评价按离差法(上、中、下)或百分位数法(<P3,P3~P97,>P97)填写；

皮肤：未见异常填写(-)，异常填写阳性体征；

眼：按左右眼填写，未见异常填写(-)，眼外观异常，填写阳性体征；

视力：4 岁以上儿童应查视力，填写实测数值，未进行视力检查应注明"未测"，测查不合作者填写"不合作"；

耳：按左右耳填写，未见异常填写(-)，外耳异常填写阳性体征；

口腔：填写牙齿萌出数，按牙位填写龋齿位置；

咽部：咽部检查未见异常填写(-)，异常填写阳性体征；

头颅、胸廓、脊柱四肢：相关项目中未见异常填写(-)，异常填写阳性体征；

心肺：听诊未见异常填写(-)，异常注明阳性体征；

肝脾：填写肝脾触诊情况，未触及填写(-)，触及肋下肝脾，按厘米填写；

外生殖器：检查男童，未见异常填写(-)，异常者填写阳性体征；

其他：填写表格上未列入的其他阳性体征。

3. 辅助检查

血红蛋白(Hb)、丙氨酸氨基转移酶(ALT)：填写实际检测数值，并将化验报告贴附于儿童入园(所)健康检查表背面。

其他：根据需要，填写相关辅助检查结果，并将化验报告贴附于儿童入园(所)健康检查表背面。

4. 检查结果：注明检查中发现的疾病或阳性体征，如未见异常填写(-)。

5. 医生意见：根据检查结果，注明"体检合格""暂缓入园(所)"。

6. 医生签名：由主检医生签字，并填写日期。

7. 检查单位：加盖检查单位体检专用章。

附件 2　托幼机构工作人员健康检查表

姓名		性别		年龄		婚否		编号		照片
单位				岗位				民族		
既往史		1. 肝炎（甲肝、戊肝等消化道传染病）2. 结核　　3. 皮肤病 4. 性传播性疾病　　5. 精神病　　6. 其他 受检者确认签字：_____								
体格检查	身份证号									
	血压			心肺				肝脾		
	皮肤			五官				其他		
化验检查	丙氨酸氨基转移酶（ALT）				滴　虫					
	淋球菌				梅毒螺旋体					
	外阴阴道假丝酵母菌（念珠菌）				其他					
胸片检查										
其他检查										
检查结果				医生意见						
	医生签名： 体检日期：　　年　月　日				检查单位： （检查单位盖章）					
备注：1. 滴虫、外阴阴道假丝酵母菌指妇科检查项目。 2. 胸片检查只限于上岗前及上岗后出现呼吸系统疑似症状者。 3. 凡体检合格者，由健康检查单位签发健康合格证。										

填表说明：

托幼机构工作人员健康检查表为工作人员上岗前和定期健康检查使用。

1. 基本情况

编号：根据工作需要排序编号；

单位：填写所在任职单位的全称；

岗位：按所在实际岗位填写，如园（所）长、教师、保育员、炊事人员、保健人员等；

身份证号：如实填写受检者身份证号；

照片：受检者本人近期照片贴于右上角。

2. 既往史：在对应的疾病上划"√"；"其他"栏中填写未注明的疾病；既往史经受检者确认后签字。

3. 体格检查

血压：填写检查实测数值，单位为 mmHg；

皮肤：未见异常填写（-），异常填写阳性体征；

五官：未见异常填写（-），异常填写阳性体征；

心肺：听诊未见异常填写（-），异常填写阳性体征；

肝脾：填写肝脾触诊情况，未触及填写（-），触及肋下肝脾，按厘米填写；

其他：填写表格上未列入的其他阳性体征。

4. 辅助检查

丙氨酸氨基转移酶（ALT）、梅毒螺旋体：填写实际血清检测数值；

滴虫、淋球菌、外阴阴道假丝酵母菌：按照阴道分泌物实际检测结果填写"（-）"或"（+）"；

胸片检查：上岗前必须检查，上岗后出现呼吸系统疑似症状时检查，未见异常填写"（-）"，异常填写阳性体征；

其他：根据需要填写相关辅助检查结果；

将所有辅助检查报告及复查报告单贴于托幼机构工作人员健康检查表背面。

5. 检查结果：注明检查中发现的疾病或阳性体征，如未见异常填写"（-）"。

6. 医生意见：根据检查结果，符合上岗条件者，填写"体检合格"及日期；发现不符合上岗条件者填写"体检不合格"，并及时离岗诊断治疗。

7. 医生签名：由主检医生签字，并填写日期。

8. 检查单位：加盖检查单位体检专用章。

附件 3　托幼机构环境和物品预防性消毒方法

消毒对象	物理消毒方法	化学消毒方法	备注
空气	开窗通风每日至少 2 次；每次至少 10 ~ 15 分钟。		在外界温度适宜、空气质量较好、保障安全性的条件下，应采取持续开窗通风的方式。
	采用紫外线杀菌灯进行照射消毒每日 1 次，每次持续照射时间 60 分钟。		1. 不具备开窗通风空气消毒条件时使用。 2. 应使用移动式紫外线杀菌灯。按照每立方米 1.5 瓦计算紫外线杀菌灯管需要量。 3. 禁止紫外线杀菌灯照射人体体表。 4. 采用反向式紫外线杀菌灯在室内有人环境持续照射消毒时，应使用无臭氧式紫外线杀菌灯。
餐具、炊具、水杯	煮沸消毒 15 分钟或蒸汽消毒 10 分钟。		1. 对食具必须先去残渣、清洗后再进行消毒。 2. 煮沸消毒时，被煮物品应全部浸没在水中；蒸汽消毒时，被蒸物品应疏松放置，水沸后开始计算时间。
	餐具消毒柜、消毒碗柜消毒。 按产品说明使用。		1. 使用符合国家标准规定的产品。 2. 保洁柜无消毒作用。不得用保洁柜代替消毒柜进行消毒。
毛巾类织物	用洗涤剂清洗干净后，置阳光直接照射下曝晒干燥。		曝晒时不得相互叠夹。曝晒时间不低于 6 小时。
	煮沸消毒 15 分钟或蒸汽消毒 10 分钟。		煮沸消毒时，被煮物品应全部浸没在水中；蒸汽消毒时，被蒸物品应疏松放置。
		使用次氯酸钠类消毒剂消毒。 使用浓度为有效氯 250 ~ 400 mg/L、浸泡消毒 20 分钟。	消毒时将织物全部浸没在消毒液中，消毒后用生活饮用水将残留消毒剂冲净。
抹布	煮沸消毒 15 分钟或蒸汽消毒 10 分钟。		煮沸消毒时，抹布应全部浸没在水中；蒸汽消毒时，抹布应疏松放置。
		使用次氯酸钠类消毒剂消毒。 使用浓度为有效氯 400 mg/L、浸泡消毒 20 分钟。	消毒时将抹布全部浸没在消毒液中，消毒后可直接控干或晾干存放；或用生活饮用水将残留消毒剂冲净后控干或晾干存放。

续表

消毒对象	物理消毒方法	化学消毒方法	备注
餐桌、床围栏、门把手、水龙头等物体表面		使用次氯酸钠类消毒剂消毒。使用浓度为有效氯 100～250 mg/L、消毒 10～30 分钟。	1. 可采用表面擦拭、冲洗消毒方式。 2. 餐桌消毒后要用生活饮用水将残留消毒剂擦净。 3. 家具等物体表面消毒后可用生活饮用水将残留消毒剂去除。
玩具、图书	每两周至少通风晾晒一次。		适用于不能湿式擦拭、清洗的物品。曝晒时不得相互叠夹。曝晒时间不低于 6 小时。
		使用次氯酸钠类消毒剂消毒。使用浓度为有效氯 100～250 mg/L、表面擦拭、浸泡消毒 10～30 分钟。	根据污染情况,每周至少消毒 1 次。
便盆、坐便器与皮肤接触部位、盛装吐泻物的容器		使用次氯酸钠类消毒剂消毒。使用浓度为有效氯 400～700 mg/L、浸泡或擦拭消毒 30 分钟。	1. 必须先清洗后消毒。 2. 浸泡消毒时将便盆全部浸没在消毒液中。 3. 消毒后用生活饮用水将残留消毒剂冲净后控干或晾干存放。
体温计		使用 75%～80%乙醇溶液、浸泡消毒 3～5 分钟。	使用符合《中华人民共和国药典》规定的乙醇溶液。

备注:
1. 表中有效氯剂量是指使用符合卫生部《次氯酸钠类消毒剂卫生质量技术规范》规定的次氯酸钠类消毒剂;
2. 传染病消毒根据国家法规《中华人民共和国传染病防治法》规定,配合当地疾病预防控制机构实施。

附件 4　卫生保健工作记录(登记)表

表 1　晨午检及全日健康观察记录表

日期	姓名	班级	晨检情况	全日健康观察（症状与体检）	处理	检查者
			家长主诉与检查			

备注:
记录晨午检和全日健康观察中发现的儿童异常情况。

表 2　在园(所)儿童带药服药记录表

日期	班级	姓名	药物名称	服用剂量和时间	家长签字	喂药时间及签字

表 3 儿童出勤登记表

班级：   年   月

姓名	日期							备注
	1	2	3	4	5	……	31	

备注：

1. "√"代表出勤，"○"代表缺勤；

2. 缺勤儿童查明原因后在"○"内补全相应的符号："×"代表病假，"—"代表事假；

3. 因病缺勤，需在备注栏注明疾病名称。

表 4 儿童传染病登记表

姓名	性别	年龄	发病日期	传染病名称									诊断单位	诊断日期	处置
				手足口病	水痘	流行性腮腺炎	猩红热	急性出血性结膜炎	痢疾	麻疹	风疹	传染性肝炎	其他			
合计															

备注：

患某种传染病在该栏内画"√"。

表 5 儿童营养性疾病及常见疾病登记表

班级	姓名	疾病名称	确诊日期	干预与治疗	转归

备注：

登记范围包括营养不良、贫血、单纯性肥胖、先心病、哮喘、癫痫、听力障碍、视力低常、龋齿等。

表 6 班级卫生消毒检查记录表

日期	班级	消毒物体										
		开窗通风	餐桌	床围栏	门把手	水龙头	图书晾晒	玩具	被褥晾晒	厕所	其他	…

备注：

以"√"的方式完成此表。

表7 健康教育记录表

日期	地点	对象	形式	内容

备注:

1. 对象是指儿童、家长、保教人员等;
2. 形式是指宣传专栏、咨询指导、讲座、培训、发放健康教育资料等;
3. 内容是指园(所)内各项健康教育活动的主要内容。

表8 膳食委员会会议记录表

时间:
出席会议人员:
主持人:
会议议题:
会议记录:

备注:

1. 由负责召开膳食委员会会议的人员记录;
2. 会议议题:简单注明主要讨论急需解决的问题;
3. 会议记录:记录围绕会议议题讨论的主要内容。

表9 儿童伤害登记表

年 月 日

姓名:	性别:	年龄:	班级:

伤害发生日期: 年 月 日 伤害发生时间:_____:_____(用24小时记时法)

当班责任人: 填表人:

伤害类型:

1=交通事故 2=跌伤(跌、摔、滑、绊) 3=被下落物击中(高处落下物) 4=锐器伤(刺、割、扎、划)

5=钝器伤(碰、砸) 6=烧烫伤(火焰、高温固/液体、化学物质、锅炉、烟火、爆竹炸伤)

7=溺水(经医护人员救治存活) 8=动物伤害(狗、猫、蛇等咬伤、蜜蜂、黄蜂等刺蜇)

9=窒息(异物,压、闷、捂窒息、鱼刺/骨头卡喉)

10=中毒(药品、化学物质、一氧化碳等有毒气体,农药,鼠药,杀虫剂,腐败变质食物除外)

11=电击伤(触电、雷电) 12=他伤/攻击伤

伤害发生地点:

1=户外活动场 2=活动室 3=寝室 4=卫生间 5=盥洗室 6=其他(请说明_____)

伤害发生时活动:

1=玩耍娱乐 2=吃饭 3=睡觉 4=上厕所 5=洗澡 6=行走 7=乘车

8=其他(请说明_____) 9=不知道

伤害发生时和谁在一起:

1=独自一人 2=老师 3=小伙伴 4=其他(请说明_____) 5=不知道

受伤后处理方式(最后处理方式):

1=自行处理(保健人员)且未再就诊 2=医疗卫生机构就诊 3=其他(请说明_____)

如果就诊,诊断是:_____

因伤害休息多长时间(包括节日、假期及周末):_____天

转归:1=痊愈 2=好转 3=残疾 4=死亡

简述伤害发生经过(对损伤过程作综合描述):

附件 5　卫生保健资料统计表

表 1　儿童出勤统计分析表

托幼机构名称：_____

年份	月份	在册儿童数（1）	应出勤日数（2）	出勤情况			缺勤原因分析				
				应出勤人次数（3）	实际出勤人次数（4）	出勤率（%）（5）	缺勤人次数（6）	因病	因事	寒暑假	其他
	9 月										
	10 月										
	11 月										
	12 月										
	1 月										
	2 月										
	3 月										
	4 月										
	5 月										
	6 月										
	7 月										
	8 月										

备注：

1. 出勤率 =（实际出勤人次数/应出勤人次数）×100%；

2. 缺勤人次数 = 应出勤人次数 - 实际出勤人次数；

3. 各项百分率要求保留小数点后 1 位。

表 2　_____学年（上、下）儿童健康检查统计分析表

托幼机构名称：_____

年龄组	在册人数	体检人数	体检率（%）	体格评价（人数）				血红蛋白			视力		听力		龋齿	
				低体重	生长迟缓	消瘦	肥胖	检测人数	轻度贫血人数	中重度贫血人数	检查人数	视力不良人数	检查人数	听力异常人数	检查人数	患龋齿人数
0～ 岁																
1～ 岁																
2～ 岁																
3～ 岁																
4～ 岁																
5～ 岁																
6～7 岁																
总　计																

备注：

1. 体检率 =（体检人数/在册人数）×100%；

2. 某病患病率 =（某病患病人数/检查人数）×100%。

表3　传染病发病统计表

托幼机构名称：_____

年份	月份	在册儿童数	传染病发病数	各类传染病发病人数									
				手足口病	水痘	流行性腮腺炎	猩红热	急性出血性结膜炎	痢疾	麻疹	风疹	传染性肝炎	其他
	9月												
	10月												
	11月												
	12月												
	1月												
	2月												
	3月												
	4月												
	5月												
	6月												
	7月												
	8月												
合计													

表4　膳食营养分析表

一、平均每人进食量　　　　　　　　　　　　　　　　　　　　　　年　　月

食物类别	细粮	杂粮	糕点	干豆类	豆制品	蔬菜总量	绿橙蔬菜	水果	乳类	蛋类	肉类	肝	鱼	糖	食油
数量（g）															

二、营养素摄入量

	热量		蛋白质（克）	脂肪（克）	视黄醇当量（微克）	维生素A（微克）	胡萝卜素（微克）	维生素B_1（毫克）	维生素B_2（毫克）	维生素C（毫克）	钙（毫克）	锌（毫克）	铁（毫克）	
	（千卡）	（千焦）												
平均每人每日														
DRIs														
比较 %														

三、热量来源分布

		脂肪		蛋白质	
		要求	现状	要求	现状
摄入量	（千卡）				
	（千焦）				
占总热量%		30%~35%		12%~15%	

四、蛋白质来源

	优质蛋白质		
	要求	动物性食物	豆类
摄入量(克)			
占蛋白质总量%	≥50%		

五、膳食费使用:当月膳食费：　　/人

本月总收入：　　元
本月支出：　　元
盈亏：　　元
占总收入：　　%

附件 6　托幼机构卫生评价申请书

＿＿＿＿＿＿＿＿＿＿＿:

　　本园(所)拟于　　　年　月开始招生,依据《托儿所幼儿园卫生保健管理办法》的要求,特向您单位申请对我园(所)进行卫生评估。

　　申请单位地址:

　　申请单位电话:

　　　　　　　　　　　　　　　　　　　　　　申请单位(签章):

　　　　　　　　　　　　　　　　　　　　　　申请人:

　　　　　　　　　　　　　　　　　　　　　　申请日期:

附件7　新设立托幼机构招生前卫生评价表

评价内容	分值	评价标准	评价方法	得分	备注
环境卫生	20分	◇ 园(所)内建筑物、户外场地、绿化用地及杂物堆放场地等总体布局合理,有明确功能分区(2分) ◇ 室外活动场地地面应平整、防滑,无障碍,无尖锐突出物(2分) ◇ 活动器材安全性符合国家相关规定(1分) ◇ 未种植有毒、带刺的植物(1分)	查看现场		
		◇ 室内环境的甲醛、苯及苯系物等检测结果符合国家要求(4分)	查验检测报告		
		◇ 室内空气清新、光线明亮(2分) ◇ 有防蚊蝇等有害昆虫的设施(2分)	查看现场		
		◇ 每个班级有独立的厕所和盥洗室(2分) ◇ 每班厕所内有污水池,盥洗室内有洗涤池(2分)			
		◇ 盥洗室内有流动水洗手装置(必达项目) ◇ 盥洗室内水龙头数量和间距设置合理(2分)	查看现场		
个人卫生	15分	◇ 保证儿童每日1巾1杯专用,寄宿制儿童每人有专用洗漱用品(必达项目)	查看现场		
		◇ 每班有专用水杯架,标识清楚,有饮水设施(4分) ◇ 每班有专用毛巾架,标识清楚,毛巾间距合理(3分) ◇ 有专用水杯、毛巾消毒设施(4分)			
		◇ 儿童有安全、卫生、独自使用的床位和被褥(4分)			
食堂卫生	10分	◇ 食堂获得《餐饮服务许可证》(必达项目)	查验证件		
		◇ 园(所)内应设置区域性的餐饮具集中清洗消毒间,消毒后有保洁存放设施(4分) ◇ 配有食物留样专用冰箱,有专人管理(3分)	查看现场		
		◇ 炊事人员与儿童配备比例:提供每日三餐一点的托幼机构应达1∶50,提供每日一餐二点或二餐一点的1∶80(3分)	查看资料		
保健室或卫生室设置	20分	◇ 设立保健室或卫生室(必达项目) ◇ 卫生室需有《医疗机构执业许可证》(必达项目)	查看现场查验证件		
		◇ 保健室面积不少于12平方米(2分)			
		◇ 保健室设有儿童观察床(2分) ◇ 配备桌椅、药品柜、资料柜(3分) ◇ 有流动水或代用流动水的设施(2分)	查看现场		

续表

评价内容	分值	评价标准	评价方法	得分	备注
保健室或卫生室设置		◇ 配备儿童杠杆式体重秤、身高计(供 2 岁以上儿童使用)、量床(供 2 岁及以下儿童使用)、国际标准视力表或标准对数视力表灯箱、体围测量软尺等设备(4 分) ◇ 配备消毒压舌板、体温计、手电筒等晨检用品(3 分)	查看现场		
		◇ 有消毒剂(2 分) ◇ 配备紫外线消毒灯或其他空气消毒装置(2 分)			
卫生保健人员配备	15 分	◇ 配备符合国家规定的卫生保健人员(必达项目)	查看资料		
		◇ 卫生保健工作的第一责任人是托幼机构的法定代表人或负责人(5 分)			
		◇ 按照收托 150 名儿童设 1 名专职卫生保健人员的比例配备(收托 150 名以下儿童的可配备兼职卫生保健人员)(5 分) ◇ 卫生保健人员上岗前接受培训并考核合格(5 分)			
工作人员健康检查	10 分	◇ 托幼机构工作人员上岗前经县级以上卫生行政部门指定的医疗卫生机构进行健康检查,并取得《托幼机构工作人员健康合格证》。炊事人员取得《食品从业人员健康证》(10 分)	查看证件		
卫生保健制度	10 分	◇ 建立 10 项卫生保健制度,并符合实际情况,具有可操作性 1)一日生活制度(1 分) 2)膳食管理制度(1 分) 3)体格锻炼制度(1 分) 4)卫生与消毒制度(1 分) 5)入园(所)及定期健康检查制度(1 分) 6)传染病预防与控制制度(1 分) 7)常见疾病预防与管理制度(1 分) 8)伤害预防制度(1 分) 9)健康教育制度(1 分) 10)卫生保健信息收集制度(1 分)	查看资料		

备注:

1. 托幼机构总分达到 80 分以上,并且"必达项目"全部通过,才可评价为"合格"。

2. 若托幼机构不提供儿童膳食,则不予评价食堂卫生、工作人员健康检查和卫生保健制度的相应部分。托幼机构分数达到剩余项目总分的 80%以上,并且"必达项目"全部通过,才可评价为"合格"。

3. 如果评价结果为"不合格",托幼机构应当根据评价报告给予的整改意见和指导,整改后可重新申请卫生评价。

附件8　托幼机构卫生评价报告

_____幼儿园(托儿所):

　　根据你园(所)申请,按照《托儿所幼儿园卫生保健工作规范》的卫生评价基本要求,我单位组织专家于　　年　月　日对你园(所)招生前的卫生保健状况进行评价。

评价结果:　　1. 合格　　　　2. 不合格

评价意见:

评价单位(签章):

评价人员:

(此报告一式两份,一份交申请单位,一份由评价单位留存。)

参 考 文 献

［1］国家人力资源和社会保障部．国家职业技能标准——保育员［M］．北京：中国劳动社会保障出版社，2019．

［2］中华人民共和国国家教育部．幼儿园工作规程［Z］．2016．

［3］中华人民共和国国家卫生和计划生育委员会．托儿所幼儿园卫生保健工作规范［Z］．2012．

［4］中国社会科学院语言研究所．现代汉语词典［M］．北京：商务印书馆出版社，2012．

［5］劳动和社会保障部，中国就业培训技术指导中心组织编写．保育员：初级技能、中级技能、高级技能［M］．北京：中国劳动社会保障出版社，2003．

［6］劳动和社会保障部，中国就业培训技术指导中心组织编写．保育员［M］．北京：中国劳动社会保障出版社，2010．

［7］上海市职业培训研究发展中心组织编写．保育员：中级［M］．北京：中国劳动社会保障出版社，2009．

［8］北京师范大学实验幼儿园主编．幼儿园保育员工作指南［M］．北京：北京师范大学出版社，2012．

［9］高铁．幼儿园实习指导（第三版）［M］．北京：高等教育出版社，2019．

［10］阎岩．幼儿园保育［M］．北京：北京师范大学出版社，2001．

［11］教育部人事司，教育部工人考核委员会主编．保育员应知应会［M］．北京：北京师范大学出版社，2013．

［12］孔宝刚，盘海鹰．0—3岁婴幼儿的保育与教育［M］．上海：复旦大学出版社，2012．

［13］教育部师范教育司．幼儿卫生保育教程［M］．北京：北京师范大学出版社，2007．

［14］黄欣欣．托幼机构卫生保健实用指南［M］．南京：江苏教育出版社，2010．

［15］浙江大学幼儿教育发展中心编著．儿童保健指南［M］．杭州：浙江大学出版社，2004．

［16］万钫．幼儿卫生学［M］．北京：人民教育出版社，2009．

［17］北京小红花图书工作室编．幼儿园礼仪教育4［M］．北京：新时代出版社，2011．

［18］伍香平，彭丽华．幼儿园保育员工作指南［M］．北京：中国轻工业出版社，2014．

［19］中华人民共和国卫生部基层卫生与妇幼保健司组织编写．全国托幼机构保健医务人员岗位培训教材［M］．北京：中国中医药出版社，2000．

［20］石淑华．儿童保健学（第2版）［M］．北京：人民卫生出版社，2014．

［21］沈晓明，王卫平．儿科学（第7版）［M］．北京：人民卫生出版社，2008．

郑重声明

高等教育出版社依法对本书享有专有出版权。任何未经许可的复制、销售行为均违反《中华人民共和国著作权法》,其行为人将承担相应的民事责任和行政责任;构成犯罪的,将被依法追究刑事责任。为了维护市场秩序,保护读者的合法权益,避免读者误用盗版书造成不良后果,我社将配合行政执法部门和司法机关对违法犯罪的单位和个人进行严厉打击。社会各界人士如发现上述侵权行为,希望及时举报,本社将奖励举报有功人员。

反盗版举报电话　(010)58581999　58582371　58582488

反盗版举报传真　(010)82086060

反盗版举报邮箱　dd@hep.com.cn

通信地址　北京市西城区德外大街4号　高等教育出版社法律事务与版权管理部

邮政编码　100120

防伪查询说明

用户购书后刮开封底防伪涂层,利用手机微信等软件扫描二维码,会跳转至防伪查询网页,获得所购图书详细信息。也可将防伪二维码下的20位密码按从左到右、从上到下的顺序发送短信至106695881280,免费查询所购图书真伪。

反盗版短信举报

编辑短信"JB,图书名称,出版社,购买地点"发送至10669588128

防伪客服电话

(010)58582300

学习卡账号使用说明

一、注册/登录

访问http://abook.hep.com.cn/sve,点击"注册",在注册页面输入用户名、密码及常用的邮箱进行注册。已注册的用户直接输入用户名和密码登录即可进入"我的课程"页面。

二、课程绑定

点击"我的课程"页面右上方"绑定课程",正确输入教材封底防伪标签上的20位密码,点击"确定"完成课程绑定。

三、访问课程

在"正在学习"列表中选择已绑定的课程,点击"进入课程"即可浏览或下载与本书配套的课程资源。刚绑定的课程请在"申请学习"列表中选择相应课程并点击"进入课程"。

如有账号问题,请发邮件至:4a_admin_zz@pub.hep.cn。